U0946771

德勒兹“差异”思想研究

Research on Deleuze's Thought of "Difference"

吴娱玉 著

上海人民出版社

国家社科基金后期资助项目
出版说明

后期资助项目是国家社科基金设立的一类重要项目，旨在鼓励广大社科研究者潜心治学，支持基础研究多出优秀成果。它是经过严格评审，从接近完成的科研成果中遴选立项的。为扩大后期资助项目的影响，更好地推动学术发展，促进成果转化，全国哲学社会科学工作办公室按照“统一设计、统一标识、统一版式、形成系列”的总体要求，组织出版国家社科基金后期资助项目成果。

全国哲学社会科学工作办公室

目　　录

第二部分　德勒兹概念体系的设想

第三部分　德勒兹差异哲学的重建及影响

绪　论

德勒兹认为自己的学术思想分为三个阶段：最初关注的是哲学史研究，1961年德勒兹完成了关于萨克-莫索克性虐的一篇研究和一本专著《普鲁斯特与符号》(后又经扩充再版)，1962年完成《尼采与哲学》，1963年出版《康德的批判哲学》，1966年出版《柏格森主义》，1968年出版《斯宾诺莎的实践哲学》，1969年完成博士论文《差异与重复》。德勒兹在起步阶段就对欧洲哲学史进行了全面的梳理和辨析，正如他所说，“不读柏拉图、笛卡尔、康德和海德格尔以及某某写的关于他们的书，你怎么能思考呢？”[①]在德勒兹的哲学史研究阶段，他对哲学史上的诸多哲学家都进行了较为深入的研究：“过去的哲学家——斯多葛、卢克莱修、休谟、柏格森、尼采，甚至重要体系的创立者如斯宾诺莎和康德——为德勒兹提供了大部分材料，德勒兹把这些材料用于构建他的实在的景象，构建为不可简化的复多之流”。[②]接着是个人特色的哲学创作，德勒兹认为哲学是对传统思考的批判和对新思考方式的创造，哲学家的任务在于创造新的概念。于是，这一阶段德勒兹完成了诸多概念的创造，如“块茎”“游牧”“逃逸线”“欲望机器”“生成动物”“生成女人”“褶皱”“内在性平面”等，在这一阶段，德勒兹于1972年与加塔利合作完成《反俄狄浦斯》，1980年两人合作完成《千高原》。第三个阶段是与绘画和电影相关的文艺研究。这一时期德勒兹用已经成熟的思维模式阐释文学、绘画和艺术，主要著作有：1981年完成的《弗朗西斯·培根：感觉的逻辑》，1983年完成的《电影I：图像—运动》，1985年完成的《电影II：图像—时间》，1986年出版的《福柯》，1988年出版的《褶子：莱布尼茨和巴洛克》，1991年与加塔利合作完成的《什么是哲学》。德勒兹的这三个阶段相互渗透、互为补充，正如他自己所言，“所有三个阶段都在连

① Gilles Deleuze, Claire Parnet. *Dialogues*. Trans. Hugh Tomlinson, Barbara Habberjam. New York: Columbia University Press, 1987, p.13.

② 加里·古廷：《20世纪法国哲学》，辛岩译，南京：江苏人民出版社，2005年，第408页。

绵延伸，相互混合……”。[①]可以看出，德勒兹从哲学研究转入文艺阐释，但如果要深入研究其文艺阐释的思路就必须回到哲学理论。故本书的宗旨是对德勒兹的哲学思想、关键概念进行梳理，进而探讨其差异思想。

① 吉尔·德勒兹：《哲学与权力的谈判——德勒兹访谈录》，刘汉全译，北京：商务印书馆，2001年，第155页。

第一部分

德勒兹对哲学史的清理

第一章　表象世界的诞生
——《差异与重复》与《词与物》的对读

人与世界接触的一刹那如何存在，该如何思考？此即哲学的开端（commencement），几乎每个哲学家都试图为哲学寻找一个客观的前提，这意味着要排除一切主观前提。但哲学的前提有多科学、客观，往往就有多主观。德勒兹谈道："所谓客观前提，必须被一个既有概念明确地当作条件的概念。"[①]他认为在第二个沉思中，笛卡尔不愿像亚里士多德一样将人定义为"理性动物"，因为这预设了"理性""动物"的概念众所周知。于是，笛卡尔将 cogito［我思］当作人的定义来消除一切客观前提，德勒兹认为他的努力恰恰陷入另外一种思想的陷阱，即主观的、隐含的前提，这种前提虽然不存在于概念中，却存在于感受里，因为每个人不借助概念就知道"我""思""在"意味着什么。主观的或隐含的前提是"人人都知道……"，人人都以一种先于概念的方式知道，即预设了人人都知道"思"与"在"意味着什么。于是，笛卡尔将"我思"这一个纯粹自我引向了经验自我。

黑格尔已经发现并反思了笛卡尔的漏洞，在《逻辑学》中，他重新思考了哲学的开端，认为第一个概念是 sein，[②]它从古希腊的 ον 发展而来，是、有的意思，还可以翻译为存在、本体。"存在"既可以作名词，也可以作动词，作名词用法时，被海德格尔生发为 seinede，即存在者，他认为存在和存在者不可混淆，但从词源来看，"是"是作为动词的。黑格尔从康德理论中引申而来，康德认为 S 是 P 构成了一个判断，"是"不只是把主词谓词机械地连接起来，还具有能动的、综合的作用，它不是外在的叠加，而是一种把两个方面统

---

① Gilles Deleuze. *Différence et répétition*. Presses Universitaires de France, 1968, p.169.中译本参见吉尔·德勒兹：《差异与重复》，安靖，张子岳译，上海：华东师范大学出版社，2019年，第 226 页。

② 参见黑格尔：《逻辑学》，杨一之译，北京：商务印书馆，2001 年，第 51—68 页。另参见黑格尔：《小逻辑》，贺麟译，北京：商务印书馆，1980 年，第 189—194 页。

摄起来的主体性。这种能动性被费希特理解为一种行动:存在即行动,最初是自我行动,立足于自我而没有立足于“是”。

黑格尔认为哲学的开端不是“自我”,而是作为动词的“是”(存在起来)。sein 在黑格尔看来是一个“决心”,虽然没有做,但是有一种做的意向,如果要将逻辑学本身的前提自然地呈现出来,唯一可能的是“决心”,这是一个没有前提的、最抽象的概念。不能以“开端”为开端,因为有开端就有结束,一旦开端开始了就不再是开端了,里面已经有存在和非存在两个范畴了;也不能以费希特的“我”为开端,因为以“我”为开端,那么,什么是“我”,里面已经包含了“是”;同样,不能以“我思故我在”为起点,因为“我”怀疑一切,剩下的只有“我”。黑格尔认为只能以 sein 为开端,因为以任何事物为开端,都要面临“什么是”这个的问题,唯有“是”本身是哲学唯一的开端。

但德勒兹认为黑格尔的“存在”和笛卡尔的“我思”一样,都将哲学的前提指向了经验的、感性的、具体的存在。这种态度看似拒斥种种客观前提,但却以允许同样多的主观前提为条件,两者都可能只是不同形式下的同一种思维模式,它依然乞灵于海德格尔所持有的一种先于存在论的存在领会。于是,德勒兹谈道,哲学并没有真正的开端,真正的哲学开端即差异,其本身已然是重复。德勒兹自称是一个纯粹的形而上学家,他承接先行者关于哲学的开端问题重新思索,引出了差异和重复概念。这是对从古希腊以来的整栋哲学大厦根基的反思,他想说明的是,哲学最初的思考模式就建立在同一性的基础上,这已然发生了偏差,他试图从哲学史的角度清理同一性的暴力,拯救出被同一性裹挟的差异世界。

事实上,对同一性的批判和对差异的重新思考已是当代西方理论家思考的一个问题域,不同的理论家都从自己的角度反思同一性的暴力,如阿多诺、拉康、德里达、福柯等不胜枚举,然而,德勒兹执着于形而上学,从哲学史的角度进行梳理和排查,反思这个表象世界即同一性思维模式的起源。需要说明的是,表象(representation,德语为 Vorstellung)是一个心理学术语,“指基于知觉在头脑内形成的感性形象。包括记忆表象和想象表象。前者指感知过的事物不在面前而在脑中再现出来的该事物的形象。后者指对知觉形象或记忆表象进行一定的加工改造而形成的新形象。表象具有直观性,但不如知觉印象鲜明、完整和稳定。具有一定的概括性,是从感知过渡到思维的中间环节。根据表象形成时其主导的感觉通道不同,可分为视觉表象、听觉表象、运动表象、嗅觉表象、味觉表象、触觉表象等”。①凡是内心

① 林崇德:《心理学大辞典》,上海:上海教育出版社,2003 年。

"表现"出来的这样一个"象",凡是能够作为对象来考察的所有东西都成为"表象",包括感性直观、知性概念、理性的理念,甚至包括这些概念的活动。"表象"体现的是认识论的思维模式,物质自在的状态不叫表象,只是物质自身,只有呈现给我的东西才叫表象。"表象世界"是叔本华的用语,指相对于主体之外的客体世界。他认为"一切为认识而存在的东西,即整个世界,只不过是与主体发生关系的客体,只不过是直观者的直观,总之,只不过是表象而已"。①常识所知道的事物,如太阳、月亮、地球是表象,时间、空间、因果性、物质、客体、力、自然规律等,也都是直观表象或抽象表象的产物。

第一节　世界本源与制造差异

德勒兹在《差异与重复》②提到世界的原初状态是无差异的,"无差异(indifférence)有两个方面:一个方面是未分化的深渊、黑色的虚无、无规定的动物,一切都在其中消解了;另一个方面是白色的虚无,是恢复平静的表面,上面漂浮着种种互不联系的规定,就像是一些散乱的肢体:没有颈项的脸、失掉肩膀的胳膊、缺少前额的眼睛"。③德勒兹认为世界的本源有两种相反的样态,一端是无规定的、自在的,即全然无差异的世界,类似于佛法中的无分别心,美丑善恶都是外在的标准,而世界的原初状态是混沌的,也类似于老庄哲学中的"道",道以虚、无的形式存在,是一种混沌未分的初始态,无为自化,清静自正,道是天地之始,万物之母,为化生万物的根源,道常无名,无为而无不为;另一端是"漂浮的规定",互不相干的规定,同样也是无差异的。如同福柯在《词与物》中借用博尔赫斯谈论的中国百科全书,在这里,动物的划分方式没有章法,是按照属于皇帝所有的,进行防腐处理的,驯顺的,乳猪,传说中的……分类方法,它们是差异的,却是完全不相干的,这种"被博尔赫斯引用的中国百科全书,以及它所提出的分类法,导致了一种没有空间的思想,没有家园(feu)和场所的词与范畴,但是这种词和范畴却植根于

---

① 金炳华:《哲学大辞典》,上海:上海辞书出版社,2001年。

② 托德·梅认为《差异和重复》是一本被忽略的书,英文版在1994年才被翻译出来,但其理论深度和研究价值已经被发现并越来越受到重视,参见乔·休斯:《导读德勒兹〈差异与重复〉》,廖鸿飞译,重庆:重庆大学出版社,2020年,第212—214页。

③ Gilles Deleuze. *Différence et répétition*. Presses Universitaires de France, 1968, p.43.参见中译本第56页。

庄重的空间，它们全都超载了复杂的画像、紊乱的路径、奇异的场所、秘密的通道和出乎意料的交往；于是，在我们居住的地球的另一端，似乎存在着一种文化，它完全致力于空间的有序(l'ordonnance de l'étendue)，但是，它并不在任何使我们有可能命名、讲话和思考的场所中去分类大量的存在物”。[①]可以说，世界的本来面貌是含混无序的。面对这样的深渊和虚无，人类只有恐惧，于是，人类在最初思考这个世界之时，就选取了两个极端的中间项——差异，用明确性的规定来展现这个世界，将深渊或虚无的状态变成一个通过规定得以明确把握的世界。但多种规定(les détermination)其实是人们在经验基础上给事物添加的外在的规定，它只能凸显出某种事物，却并没有使它与其他事物区别开来。德勒兹举了一个非常有趣的例子：闪电“虽然在漆黑的天空中凸显出来，但这漆黑的天空并没有和它分离，它就好像是与那并不与它相区分的东西区分开来”。[②]原初世界晦暗不明，没有明显的对比和差异，差异是被制造出来的，德勒兹称之为“制造差异”(faire la différence)。德勒兹关于世界本源和制造差异的思想资源集中体现在两个关键词：

一是“基底”。德勒兹受谢林的影响，基底(fond，德语为 Grund)就是德勒兹借用自谢林哲学的一个专有术语，“它表现的是过去在当前中的持存，表现的是生成过程的支撑物。过去从未被完全取消。它不是存在的超绝因(cause éminente)，而只是它的充足理由，因为存在是基底的规定理由(raison déterminante)”。[③]德勒兹沿用了这一词，他认为基底即便上升到表面也仍然是基底，被区分出来之物与它本不能与之区分的部分相分离。德勒兹认为：“差异即这种作为单方面区别(distinction unilatérale)的规定之状态……柏拉图主义者曾经说过，是非一(non-Un)与一(Un)区分开来，而不是一与非一区分开来，因为一并不躲避那躲避它的东西：而在另一极上，是形式与质料或基底区分开来，而不是质料或基底与形式区分开来，因为区别本身就是一种形式。”[④]这在某种意义上可以对照海德格尔的“世界”和“大地”，“世界”具有一种赋形的功能，表征的是一种敞开性，敞开性地召唤和显现；而“大地”是隐匿之所，它只在未被揭示、未被解释之际才显示自身，

① 福柯：《词与物：人文科学的考古学》，莫伟民译，上海：上海三联书店，2016 年，第 7 页。

② Gilles Deleuze. *Différence et répétition*. Presses Universitaires de France, 1968, p.43.参见中译本第 56 页。

③ Gilles Deleuze. *Différence et répétition*. Presses Universitaires de France, 1968, p.43.参见中译本第 57 页。

④ Gilles Deleuze. *Différence et répétition*. Presses Universitaires de France, 1968, p.44.参见中译本第 57 页。

它让穿透它的事物变得无力。大地退隐于任何展开状态，就如同漆黑的天空，如同谢林所说的“基底”，“基底本身已然不再是停留于底部的纯粹无规定者，诸形式亦不再是种种共存的或互补的规定。重新上升的基底不再停留在底部，它获得了一种独立的实存；被映射在这一基底中的形式不再是一种形式，而是一条直接作用于灵魂之上的抽象线。当基底上升至表面时，人类的面容消解在了一面镜子中——在这面镜子中，无规定者和诸规定在唯一‘制造’差异的规定中浑然一体”。①可以看出，基底以潜能的方式蕴含一切，是不在场的在场，是决定意识的潜意识，是一个未被划分、未被规定的浑然之物，而差异就是将这段混沌暂时显现出来的一种规定方式，当基底上升，这一切又将回到一种原初的无差别之中。不仅如此，在时间层面上，过去就如同基底，它没有显现却以潜在的方式共存，也就是说，过去一直都在当前中持存着，过去从未被完全取消，当下是混合了过去的当下，这意味着当下的存在是潜在上升到表面的一种形式，但它仍然是基底，并未与基底分离。

二是“残酷”。德勒兹非常欣赏残酷戏剧理论家阿尔托，阿尔托在《残酷戏剧：戏剧及其重影》中将“残酷”比作“吞没黑暗的、神秘的生命旋风，指的是无情的必然性之外的痛苦”。②实际上，残酷也就是基底的上升，差异的消失。残酷让神秘的旋风将一切规定消弭。阿尔托从印度教的宇宙论中获得某种感悟，认为宇宙本身是残酷的，自然界和人类社会充满暴力，人性中隐藏着残酷的因素，残酷是一种全方位的存在，它无处不在、无法避免。阿尔托认识到，自文艺复兴以来，西方戏剧的语言倾向于表达人们现实生活中的心理冲突，而舞台演出的目的并不是要解决这种冲突。而这种倚重于有序的话语来应对心理冲突的语言戏剧离戏剧的本质相去甚远。他认为：“真正的戏剧，正如真正的诗一样（但以另一种方式），诞生于自律的无秩序之中。”③人们因此在混乱中接近了混沌。阿尔托旨在确立戏剧所蕴含的宗教仪式和神秘体验的本质，恢复戏剧古老的神圣性。获得了彻底自由的戏剧不再是一种单纯的艺术，它需要以一种代表宇宙固有残酷性的宗教典仪的

① Gilles Deleuze. *Différence et répétition*. Presses Universitaires de France, 1968, p.44.参见中译本第58页。

② 安托南·阿尔托：《残酷戏剧：戏剧及其重影》，桂裕芳译，北京：中国戏剧出版社，1993年，第93页。

③ 安托南·阿尔托：《残酷戏剧：戏剧及其重影》，桂裕芳译，北京：中国戏剧出版社，1993年，第70页。

方式来组合各种因素，运用各种古老艺术手段和原始仪式的魔力去猛烈袭击观众并且迫使观众面对它，突破他们的戒备，直捣心灵深处，把观众暴露在他们自己隐蔽的罪恶、纠葛和仇恨面前，将人的潜意识解放出来，以此洗涤并净化观众内心深处的罪恶感，从而对社会和人起一种精神治疗作用。

可以看出，“残酷戏剧”试图恢复戏剧所蕴含的宗教仪式和神秘感，它不再是当时在西方所盛行的心理剧，而是要回到原初的形式、状态、仪式，回到在悲剧诞生之前，人们进行巫术仪式等宗教仪式的时期。德勒兹受阿尔托的启发，认为残酷戏剧就是朝向混沌的、无差别的最初形式的回归。德勒兹谈道：“残酷仅仅是规定，它既是一个明确点——被规定者与无规定者在该点上维持着一种本质性的关系，又是一条通过明暗法得到的精确的抽象线。”①其论说与关于基底的论述非常相似，残酷就是一条抽象线，它展现了自己的造像，却没有脱离基底，而是在基底之中，这是德勒兹所认同的表现世界的方式，而非用概念制造出来的差异。

德勒兹与加塔利多次提到抽象线，在《千高原》里，抽象线被用来说明身体纯粹的时间性运动：“线被刻写在无器官的身体之上，在上面所有的一切都被绘制出来、都在逃逸，而这个身体自身就是一条抽象线”。②可以说，抽象线就是构成复多体的逃逸线或解域线，逃逸就是连续解域的运动。这种身体的动态抽象不同于观念化与客体化的抽象，瞬间感知到的抽象线即运动的显象。这种感受不是在视觉之内获得对象的感官所予，而是一种视觉—效果，“通过与穿过”视觉来非感官地感受将视觉本身卷入其中的运动与力量，如此，事物的可见性就抵达身体—运动层面的不可见性的根源。事实上，可见性不过是通过主体预设好的范畴体系、认知框架显现出来的，它不是真正的事物本身，而是被制造的、规范的表象世界，而抽象线可以脱离主体对客体居高临下的占有和改写，通过一种身体的感觉，抵达事物的不可见性，触及事物的晦暗地带。德勒兹举了 18 世纪西班牙画家戈雅、法国 19 世纪象征主义画家雷东的画以及阿尔托的观点来说明这点。戈雅的一幅名为《理性沉睡，心魔生焉》的画采用的是蚀刻法和蚀镂法，“他所凭借的是前

---

① Gilles Deleuze. *Différence et répétition*. Presses Universitaires de France, 1968, p.44.参见中译本第 58 页。

② Gilles Deleuze, Félix Guattari. *Capitalism and Schizophrenia*: *A Thousand Plateaus*. trans. Brian Massumi. University of Minnesota Press, 1987, p.203.中译本参见吉尔·德勒兹，菲利克斯·加塔利：《资本主义与精神分裂(卷 2)：千高原》，姜宇辉译，上海：上海书店出版社，2010 年，第 284 页。

者的灰色单色画技术(grisaille)和后者的严格性。而雷东则是借助明暗法(clair-obscure)和抽象线。通过放弃突出(modelé),也就是形式的造型象征,抽象线便获得了自身的全部力量。而且,由于它将自身与那没有和它区分开来的基底区分开来,它就更加粗暴地参与到基底之中。……规定在其中由于与无规定者维持着单向的、明确的关系而成为一个规定”。①

思想“制造”着差异,差异是对未规定的黑暗基底的某种显现,而德勒兹试图反思一直以来的思维方式,让基底上升、秩序消解,让一切归于原初的混沌,只有这样世界才不再是单一的、固化的认知模式,才能获得新的打开方式,那些被压抑的、忽略的未思之处才能被重新思考。向我们显现出的世界是从未规定到规定的过程,也是制造差异的过程,但差异从一开始便被当作怪物、错误或罪行,是注定要被流放的恶之形态,只有在同一性的逻辑框架下,差异才是有用的,从柏拉图《巴门尼德篇》的“一”“多”之辩到黑格尔《逻辑学》的“同一”“差异”之论,都可以看出“一”是本源,“多”是派生,差异被收编在同一之中,同一是差异的源头,差异最终成为同一的差异,差异被当作一种中介构成了我们所在的“表象世界”。

第二节　亚里士多德关于差异的遴选方法

在同一性的逻辑架构中,差异便成为可以为我所用的工具,正是在这种模式下,差异构成了表象世界。德勒兹认为构成表象的元素分为四个主要方面:同一、类比、对立和类似,具体来看分别是“未规定(indéterminé)概念之形式中的同一性,终极的可规定(déterminables)概念之间的关系中的类比,内在于概念的诸规定(déterminations)之关系中的对立,概念自身的被规定(déterminé)对象中的类似性”,②哲学史的努力就是要使差异服从于同一、对立、类比与类似的四重根(quadruple racine),差异在这四重根中成为认识世界的工具和中介。

德勒兹指出,早在古希腊,哲学就已经形成了这样的思维模式,亚里士

① Gilles Deleuze. *Différence et répétition*. Presses Universitaires de France, 1968, p.44.参见中译本第58页。

② Gilles Deleuze. *Différence et répétition*. Presses Universitaires de France, 1968, p.44.参见中译本第59页。

多德的《形而上学》确定了一个最圆满、有效且合适的差异，并将其视为把握混沌世界的工具，完全不同的事物经由这一差异抵达同一性的概念，并通过一连串概念锁链构建出一个表象世界。这样一来，差异不再是一个不可预知的怪物，而是被我们利用和把握的中介。"制造差异"就是一种遴选、甄别与考验的方案，即通过多方对比确定差异的尺度、范围，使其可以更普遍、更广泛地运用在各个领域。这一种遴选在大与小的比照中完成。"大和小首先述说的是差异，而并不是自然地述说着一(Un)，……差异为了重回到概念的界限之中，既不迷失在'以内'，又不逃避到'以外'，它能够以及应当一直行进到哪里？有多大？有多小？"[①]这需要确切地限定这个圆满差异的本质和边界，于是，亚里士多德引入了差异概念：一种对立的且本质上的差异——种。这个差异不大不小，正好合适，且可以完成差异的传递。亚里士多德认为种差是最大的、最完满的，它"不同于多样性(diversité)或他异性(altérité)；当两个项相异(autres)时，它们是有差异的(diffèrent)。这不是针对自身而言，而是针对某物而言，当两个项在另一物上表现为相同时，它们是有差异的，也就推导出在种(èspece)上有差异的东西在属(genre)上可以是相同的，在数量上有差异的东西在种上是可以相同的，就连在属上有差异的东西都'依据类比的存在(être selon l'analogie)'可以相同。"[②]可以看出，种差不是表面的不同，而是本质的相反，它不是事物的细枝末节之差，也非大而无当之别，它可以归属于更高一级的同一。于是，随着一级一级的传递，事物间的差异在更高的层面被同化、被取消，可以说，差异层层推演的遴选过程像盖房子一样垒积成了表象世界。那么，它是如何被遴选为最完满的差异的？

首先，德勒兹援引了亚里士多德在《形而上学》中的观点，亚里士多德认为事物只有在对立中才能确认自己、才能呈现自身的变化，而对立有四种形式，分别是矛盾、缺失、相关和相反，在所有的对立形式中，最适合且最有效地凸显事物的对立是相反。具体来看，矛盾(contradiction)"虽然已经述说着一个主体，但它使主体无法作为实体存在，旨在主体开始或停止的瞬间得以显现"，[③]换句话说，矛盾处于一种不稳定的、运动的、博弈的状态，它促使

① Gilles Deleuze. *Différence et répétition*. Presses Universitaires de France, 1968, p.44.参见中译本第59—60页。

② Gilles Deleuze. *Différence et répétition*. Presses Universitaires de France, 1968, p.45.参见中译本第60页。

③ Gilles Deleuze. *Différence et répétition*. Presses Universitaires de France, 1968, p.45.参见中译本第61页。

事物一直处于发展变化之中，无法使主体作为实体固定下来，例如，生死、黑白这一对矛盾，不能同时存在于一个生物体中，只有两者中的某一方处于开始或者停止的状态中才能让生物存在。接着，排除“缺失”（privation），缺失意味着实存主体的残缺和不足。而“相关”意味着彼此归属，不能很好地描绘事物的差异，也非最佳选择。只有“相反”能表现主体在对立中持存的能力。亚里士多德认为：“事物之互异者，其为异可大可小，最大的差异，我称之为‘对反性’。”①所以，对反性即相反是最完美的、最大的差异。

其次，在相反中，什么才是独一无二、不可被替代的特质？这首先不能是“质料”上的差异，因为质料差异仅仅是外在的、非本质的、偶然的。有些质料特质并不是主体的本质特征，有些特性能够与主体分离，属于偶然属性。德勒兹再次援引了亚里士多德的相关论述，譬如“白”和“黑”之于“人”；有些特性专属于主体，不能与之分离，如“雄”和“雌”之于“动物”。但这些特性不能真正让事物区别开来，而真正的差异是指“形式”上，即本质上的相反。“如‘有脚’和‘有翼’成为动物种别之征，而‘白脸’与‘黑脸’却不成种别之征。”②而最合适、最完满，且行之有效的差异是种差（différence spécifique），相比更高一级的属差（différence générique）而言，属差太大，且非相反关系，无法进行组合，而更低一级的个体差异（différence individuelle）又太小，也非相反关系，无法进行区分。于是，在大与小、本质与形式的双重遴选中，最完美的差异——“种差”就被制造出来。“种差始终是形式因：‘最短’是直线的种差，‘收缩’是黑色的种差，‘分散’是白色的种差。”③任何高于种差或低于种差的差异都会让差异会变得无可掌控，不能被高一级的概念所涵盖。例如，我们谈论骆驼和铅笔的差异时，就会变得模棱两可，因为两者不在同一科属，界限太过宽泛导致讨论两者的区别变得无意义，但如果我们谈骆驼和狮子的差别，就变得有据可依。可以看出，过大的差异会让差异变为绝对的他异性，但“种差”却让差异很好地融合到概念的同一性中，于是，亚里士多德选择了大小合适的“种差”，并令其在此之上被更高一级的同一概念串联，一级服从一级，环环相扣，这样，世界被组织、编码到一个个概念的网络中。

德勒兹在《差异与重复》中梳理了亚里士多德关于差异的遴选步骤并指

①② 亚里士多德：《形而上学》，吴寿彭译，北京：商务印书馆，1959 年，第 219 页。

③ Gilles Deleuze. *Différence et répétition*. Presses Universitaires de France, 1968, p.44.参见中译本第 62 页。

出:在哲学的源头,人们思考差异的路径就是错误的,亚里士多德将差异的概念与概念性的差异混淆了。于是种差成为一个兼具普遍性和特殊性的概念,可以有效地定义世界、组织世界。它是纯粹的、形式的、内在的、本质的。种差于是成为构成表象世界的中介,且极具生产性。

第三节　差异构成表象世界

差异遵循着认同的逻辑,甚至暗含着一种更普遍更深层的认同。朱利安认为认同至少有三种方式围绕着差异:“一、认同在差异的上游,并且暗示差异;二、在差异制造期间,认同与差异构成对峙的一组;三、最后,在差异的下游,认同是差异要达到的目的。”[①]认同与差异出双入对、紧密相依,它们遵循着相同的逻辑,甚至差异就是为了认同,但事实上,差异常常伪装成认同的反题,充当解构的有力武器,并一直潜伏在同一性的逻辑下隐隐作祟。当遭遇外来思想时,固有的逻辑便自动启动同化原则,真正的差别被吸收消化,而呈现出的差异恰恰是同化的结果,或者说唯有经过同化的加工锻造,差异才得以呈现。不得不说,在思想萌芽时期,“他者”以及“他者”的潜能就已被生生泯灭了。德勒兹试图刨根问底,从西方思想的根基——亚里士多德那里反思差异是如何被同一性裹挟,进而构成表象世界的。

首先,概念的内在逻辑是同一性,差异归属于同一。德勒兹指出亚里士多德的逻辑理路:“一个是种的逻各斯,是被我们思维与言说着的东西的逻各斯,其建立在一个被视为属的概念一般的同一性条件或单义性条件的基础上;另一个是属的逻各斯,是通过我们被思维与言说的东西的逻各斯”,[②]这意味着差异被制造出来以服务于概念,而概念是在同一性的前提下对差异的征用,差异只是证明同一性的一种手段。

其次,差异是具有生产性的谓词,传递差异。德勒兹认为种差是一类极为特殊的谓词,它具有生产性、传递性,事物自身归属于种,同时意味着属归于种。例如人是有理性的,理性这个差异规定了人本身,因而成为人这个“属”的标志,可以说,种差具有综合的构型能力,差异被运送和传递着,事物

① 弗朗索瓦·朱利安:《间距与之间:论中国于欧洲思想之间的哲学策略》,卓立,林志明译,台北:五南图书出版股份有限公司,2013年,第25页。

② Gilles Deleuze. *Différence et répétition*. Presses Universitaires de France, 1968, p.49.参见中译本第66页。

像锁链一样与更高一级的属链接在一起。然而，德勒兹认为，亚里士多德所谓差异之运送只不过是虚假的运送，事实上，事物之间不是同质的，不能进行等量代换，在同质化的传输中，事物的真正的样貌被遮蔽了，其自身携带的奇异点、多样性、含混性都被编码为一个普遍性的元素。不同的人天壤之别，且同一个人在不同的时空场域都会千差万别，但在种差编制的概念世界中，人被定义为直立行走的理性动物，不同的人根据肤色、年龄、性别、职业、信仰区分为不同的校色，这些概念无法穷尽人之间的差别，反而掩盖了人内部的真正差异。正如赛马与耕马之间的差别远比耕马和牛之间的差别更大，人们只看到了概念化差异，世界由此变成概念聚合的堡垒。在这个意义上，亚里士多德遴选出的种差只是一个可以把握、可被传输、指向同一的中介，它已经失去了狄奥尼索斯变形的运输力和奇异的感受力。以至于德勒兹说道："对全部差异哲学都具有毁灭性的混淆的原则便是：人们将'确定一个恰切的差异概念'和'将差异纳入到概念一般之中'混为一谈——人们将'规定差异概念'和'将差异纳入到一个未规定概念的同一性之中'混为一谈。"[①]

第三，人们通过类比做出判断，取消差异。事物对于各种概念、范畴来说是被规定的，但事物本身是多义、特殊且无法被定义的。例如，快乐的感觉是各种各样的，但人们将其定义为舒服，或精神性的愉悦之时，快乐的多样性和奇异性就被取消了。在表象世界里，事物是概念中的事物，存在是定义中的存在，一个最重要的手段就是将概念用断定链接各项或主词关系，于是构成了判断，即S是P的形式。判断不是自明的，具有潜藏的预设，西方哲学从一开始就预设了人先验地拥有通感的能力，以及"人人都知道"、人人都拥有一种良知，如笛卡尔所说，"良知（思想的能力）是人间分配得最均匀的东西"，"良知，即 le bon sens，只是被限定的意义，只是在某个单一的方向上的意义（sens 在法语中还有'方向'的含义，例如 sens unique，'单向街'）"。[②]德勒兹认为判断潜藏了两种功能："一种是它以概念之划分来保证的分配，一种是它以主词之考量来保证的等级化。与前者对应的是判断中那种被称为通感（sens commun）的能力，与后者对应的是判断中那种被称为良知（bon sens）（或第一意义）的能力。"[③]可以说，一切范畴、定义、秩序、

---

① Gilles Deleuze. *Différence et répétition*. Presses Universitaires de France，1968，p.48.参见中译本第 64 页。

② 罗纳德·博格：《德勒兹论文学》，石绘译，南京：南京大学出版社，2022 年，第 31 页。

③ Gilles Deleuze. *Différence et répétition*. Presses Universitaires de France，1968，p.49.参见中译本第 66 页。

概念都是在同一性的框架中进行的。

第四,知觉将类似的事物联系在一起,延伸同一性。德勒兹认为差异之所以能被捕获,一方面构建起了一种制造差异的方案,将属差和种差缔结成共谋关系;另一方面,在更细微的层面,起作用的是知觉之类似性,它保证了感性直观的连续性,正如德勒兹所说:"根据那些类比关系得到规定,而这种关系假定了一种由判断在抽象表象中施行的特征遴选(choix de caractères);同时,那些小的单元、小的属或种,则在诸类似性的直接知觉中被规定,这种直接知觉假定了具体表象中的感性直观的连续性"。[①]基于此,德勒兹断定差异是作为一个反思概念出现的。在《纯粹理性批判》中,康德认为"反省(reflexio)并不与诸对象本身发生关系以直接获得它们的概念,而是这种内心状态,在其中我们首先准备去发现我们由以达到这些概念的那些主观条件……",[②]"一种内心状态里的诸概念能够在其中互相从属的那种关系就是相同性和差异性、一致与冲突、内部和外部的关系,最后是可规定的和规定(质料和形式)的关系"。[③]反思判断力是康德在《判断力批判》中提出的重要概念,与"规定判断力"相对,指对外在事物的形式进行情感性判断的能力,或情感性的反应能力,即审美判断力,是一种不同于认识活动的特殊的心理过程。康德认为"规定判断力"是一种在普遍的法则、原理、规律中已预先被给予的,是只需把某种特殊事物归摄在它之下,便能构成关于对象的知识的认识性思维能力。[④]但在非认识性的审美的活动中,不可能有任何先天原理,规定的判断力不适用,需要一种适用于审美活动的对对象形式的情感判断力,即"反思判断力"。可以看出,反思判断力在康德看来是一种内心的状态,与客观事物并不发生直接的关系,这意味着差异不是存在所自身拥有的,而是人根据自身的主观意愿建构出来,是人为己所用的。作为反思概念,差异表现了自身对表象所有要求的完全服从,而表象恰恰通过差异而成了"有机的表象"。作为中介者和被中介者的差异在反思概念中理所当然地服从于概念之同一、谓词之对立、判断之类比、知觉之类似的表象的四重特征。可以说,"德勒兹在亚里士多德那里发现的差异有三个特征:差异是具有生产性的;差异自身就是综合;但是在种化的行为之中也存在着一种差异

① Gilles Deleuze. *Différence et répétition*. Presses Universitaires de France, 1968, p.51.参见中译本第68页。

②③ 康德:《纯粹理性批判》,邓晓芒译,北京:人民出版社,2004年,第236页。

④ 朱立元:《美学大辞典》,上海:上海辞书出版社,2010年。

的综合。种化让一种差异与另一种相联系”。①

第四节　福柯《词与物》对德勒兹的影响

上文梳理了德勒兹的论证脉络，他认为通过同一、对立、类比、类似，表象世界得以建构，这与福柯在《词与物》中对认知类型的考察有异曲同工之妙。《词与物》于1966年完成，在法国学界名声大噪，一直都关注福柯的德勒兹不可能没有读过，而《差异与重复》正好写于那段时间，于1969年完成，可以说，德勒兹深受福柯的启发。但对于表象世界的批判，两者亦有明显的不同，德勒兹关注哲学史，福柯着眼于认识论，两者从不同的视域出发，共同揭示了同一性的暴力。

福柯考察了从文艺复兴时代的认识型到古典时代认识型的转变。在福柯看来，相似性是主导文艺复兴时期知识型的基本原则。“直到16世纪末，相似性(la ressemblance)在西方文化知识中一直起着创建者的作用。正是相似性在很大程度上引导着对文本的注解与解释；正是相似性才组织着符号的游戏，使人类认识种种可见的和不可见的事物，并引导着对这些事物进行表象的艺术。”②相似性既是认识的形式，也是认识所产生的知识的形式，在16世纪之前的知识型中，相似性成为最普遍的东西，构成相似性的四种主要形式是：

一、“适合”，福柯认为“适合”这个词比相似性更加说明了位置邻近的重要性。福柯列举了“适合”的范围：“它们彼此充分靠近，处于并置之中；它们的边界彼此接触，它们的边缘彼此混合，一物的末端意味着另一物的开头。以此方式，运动，还有影响、激情和属性，都相互传递着。”③于是，相似性就出现在两物之间的结合处。相似性具有双重指涉：空间和场所的相似性与属性的相似性。在自然界中，邻近并不是物之间的外部关系，而是模糊的相似关系，有时并不相似的物体因为邻近也被归结为一种相似物。福柯举例进行了说明：“身和心就是双重含义上的‘适合’：心灵必须做得厚实、沉重和世俗，以便上帝能把它放入物质的心脏处。但是，通过这种邻近，心灵

---

① 乔·休斯：《导读德勒兹〈差异与重复〉》，廖鸿飞译，重庆：重庆大学出版社，2020年，第51页。

② 福柯：《词与物：人文科学的考古学》，莫伟民译，上海：上海三联书店，2016年，第18页。

③ 福柯：《词与物：人文科学的考古学》，莫伟民译，上海：上海三联书店，2016年，第19页。

就接受了身体的运动,并把自己比作这个身体,而‘身体则被心灵的激情所改变和腐蚀’。在世界事物的广泛联系体系中,不同的存在物相互适应”,[1]如天空大地、陆地海洋,花草树木。可以说,相似性规定了邻近,而邻近反过来又保证更多的相似性。

“适合”是相似性实现的逻辑起点,这与德勒兹表象世界的诞生相互呼应。福柯认为适合是一种与呈现出“逐渐的”邻近形式的空间相联系的相似性,这意味着差异通过相似、适合被裹挟到了同一性的逻辑框架中。福柯关注的是相似,认为适合具有与连结和调节相同的秩序。世界是物的普遍“适合”;凭着表象与空间位置的这一联系,凭着这一把类似的物凑在一起、使相似的物靠近的“适合”,世界像一根链条一样被联系在一起了。而德勒兹关注的是差异,他厘清了差异是如何一步步被把握,进而变成构成世界的中介的。德勒兹的论述从哲学史的概念、思路、理论及论证系统出发,自上而下一路披荆斩棘,他与福柯殊途同归,都试图解释表象世界的同一性暴力。

二、“仿效”,福柯认为与“适合”相比,“效仿”是一种不受位置律束缚的“契合”,“并能够静止地在远处起作用。看上去似乎空间的默契被打破了,这样,链条的环节不再相联,并依照一种没有接触的相似性,在相互远离的情况下,复制自己的循环。在仿效中,存在着某种映像和镜子:它是散布在世界上的物借以能彼此应答的工具”。[2]效仿和相似不同,不经联系、不邻近的事物都可以彼此仿效:凭着在镜子中复制自己,世界废除了适合于自己的距离,世界克服了每个物固定的位置。这使得物与物之间的联系更加广泛、随机。在物的互相仿效中,实在的、初始的、投影的相互交互、彼此混淆、无法确定,仿效是一种存在于事物中的自然双胞胎,它产生于存在物中的折叠,仿效所对照的两个相互面对的被映照的形象此消彼长,相互对抗,相互角力。可以说,位置的临近非常有限,但相似性的能量如果要渗透、延伸,于是有了效仿,效仿不受位置的限制,因而让相似的逻辑蔓延得更远。

这与德勒兹“判断之类似”的思路极为相似,德勒兹认为西方思想模式预设了人先验地拥有通感和良知,并形成判断能力,判断的核心是类比,它勾连起了两个不相干的事物,在常识和良知的作用下,完成了对同一性判断的认同。福柯做了进一步说明:仿效出现在简单的映照中,并且是诡秘的、遥远的;它悄无声息地遍布宇宙空间。但是,它跨过的距离并不被仿效的微

---

① 福柯:《词与物:人文科学的考古学》,莫伟民译,上海:上海三联书店,2016 年,第 19 页。

② 福柯:《词与物:人文科学的考古学》,莫伟民译,上海:上海三联书店,2016 年,第 21 页。

妙隐喻所废除;它仍向可见性敞开着。在这场争斗中,这两个相互对抗的人物各自控制了对方。相似物包容相似物,这反过来又围住了其他的东西,进入无限延伸的效仿中。适合形成一个链条,但效仿形成一系列彼此映照和竞争的同心圆。

三、"类推",福柯认为这个概念早在古希腊和中世纪就已被广泛使用,但是,它的用法在今天发生了变化。在这一类推中,适合与仿效重叠在一起。类似于仿效,类推确保穿越空间的相似性神奇地相对抗;但是,类似于适合,它也谈及配合、联系和接合。类推的力量是巨大的,因为它所处理的相似性并不是事物本身之间的可见的实体的相似性;它们只需是较为微妙的关系相似性。这样得到消释以后,类推就可以从同一个点拓展到无数的关系。"这一可逆性,如同这一多价性一样,为类推提供了一个普遍的应用场所。通过这个类推,宇宙中的所有人和物都能相互靠近了。然而,在这个四面八方都纵横交叉的场所中,的确存在着一个特别幸运的点:它充满了类推(每个类推都能在那里发现自己的一个支撑点),并且当类推通过这个点时,也许会被逆转而不丧失自己的任何力量。"①可以看出,类推更能将相似性原则推进一步,它将适合与效仿叠加,哪怕有一点微妙的关系都可以用类推的方式将各种事物链接,类推将个别的联系普遍化。福柯比德勒兹更侧重认识论,因而也更具有想象力,德勒兹从"种差"谈起,论证方式偏向于实证,以哲学史的脉络进行梳理。

四、"交感","交感"与其他不同,它"没有事先确定的路径,没有假想的距离,没有规定的联系。交感自由自在地在宇宙深处发挥作用。它能在瞬间穿越最广阔的空间:它的落下,好比遥远星球上的雷声落在受制于该星球的人上一样;相反,一个简单的接触,又能让它产生——如同那些'在葬礼上使用的纪念死者的月季花',这些花只是因为与死亡接近,就使得所有闻到其味道的人感到'悲伤和憔悴'"。②交感激发了不同事物的运动,能使最遥远的事物相互接近,甚至可以使不同事物的内在性质发生交换。

福柯关于交感的讨论与德勒兹知觉的类似性相互映射,德勒兹认为,作为中介的差异勾连了相似的、邻近的事物,作为反思性概念的差异不是对客体的客观陈述,而是客体服从主体的建构,差异表现了自身对表象所有要求的完全服从,而表象恰恰通过差异成了"有机的表象"。福柯的"交感"也是

① 福柯:《词与物:人文科学的考古学》,莫伟民译,上海:上海三联书店,2016年,第23页。
② 福柯:《词与物:人文科学的考古学》,莫伟民译,上海:上海三联书店,2016年,第25页。

一种反思判断力，人在认识的过程中以相似性的原则把握世界万物，将毫无联系的事物在类比的原则中勾连成一体，完成了表象世界的塑造。福柯断定：整个世界，适合的全部邻近，仿效的所有重复，类推的所有联系，都被受制于交感和恶感的这个空间所支撑、保持和重复，交感和恶感不停地使物接近和分开。通过这作用，世界保持为同一；相似性继续成其为所是并彼此相似，相同物仍是相同物，被封闭在自己身上。可以说，近代以前，西方知识构造的原则是“相似性”。这是一种被制造的事物之间、主客体之间的内在必然关联和有序性。这一时期词与物同一。相似性构造出文本的阐释模型，解释成为知识的核心，解释学与符号学构筑了知识的网络。人们致力于认识“同”的事物，这种相似性使得宇宙成为一个整体。

小　结

论述至此，我们可以看出，差异一步步被遴选出来，彼此相连，进而完成对表象世界的构成。德勒兹以亚里士多德《形而上学》为例，认为在古希腊的哲学模式中，通过确定一个合适的差异，通过差异传输，来进行差异的生产，但这个差异运输是指向同一性的过程。德勒兹认为制造出的差异只是作为一个反思性概念而出现。差异使邻近的相似的种过渡到一个将其归摄于属的同一性，因此差异允许在一个感觉的连续系列之流中提取出各种属的同一性。通过各自同一的属过渡到了类比关系那里，这些类比关系在理智物之中彼此互相维持着。作为反思概念，差异服从表象世界的所有要求，表象恰恰通过它而成了“有机的表象”。作为中介者，反思概念理所当然地服从于概念之同一性、谓词之对立、判断之类比、知觉之类似性表象的四重特征。与此相较，福柯从认识论出发，与德勒兹殊途同归，完成了对表象世界的批判。《词与物》追问的是在何种基础上知识和理论才是可能的，知识是在一个什么样的秩序空间中被构建起来的。福柯认为在不同时代的知识论中，事物都是按照一定秩序被构建起来的，直到16世纪末，相似性在西方知识体系中一直起着创建和构型的作用，以适合、仿效、类推、交感四种相似性的主要形式建构了表象世界。哲学从一开始就是一个将差异的世界交托给同一性的思维模式，而后现代理论家所批判和揭示的就是同一性的暴力，他们要求恢复差异的优先性，试图击碎那个固定、僵化、系统化的表象世界，让被压抑的差异、处于边缘的少数、被同一性遮蔽的多元世界最终浮出水面。可以说,“差异哲学建构了一种彻底的离散、碎裂与妖魔化的系列,其整体吊诡地由裂解与离散整体的元素所构成,换言之,每一加入系列的元素都企图再撕裂与离散这个系列”,[①]德勒兹正是要呈现出一种去中心、去组织、非理性、非同一的绝对差异世界。

① 杨凯麟:《分裂分析德勒兹》,郑州:河南大学出版社,2017 年,第 194 页。

第二章　表象世界与拟像世界

——德勒兹论柏拉图和颠转的柏拉图主义

德勒兹从作为起点的古希腊思想中寻找构成表象世界的理论根源，他发现柏拉图及柏拉图主义与亚里士多德的认识路径截然不同，柏拉图思想内核中已经有了颠覆同一性大厦的能量。现代的差异哲学保留了许多柏拉图的色彩，正如德勒兹所说，"现代哲学的任务已然被确定为：颠转柏拉图主义(renversement du platonisme)。这一颠转保留了大量的柏拉图主义特征"。①在柏拉图那里，制造差异的过程还不成熟、逻辑还不严密，作为中介，差异没有顺利地生产和运输，理念尚未使差异与同一性发生关系，故理念并非一个使世界从属于表象的概念，而是一种遥远的、绝对的原始在场。正是在这个意义上，德勒兹从柏拉图入手，探究在柏拉图思想中差异是如何被遴选、被组织的，进而发掘拯救差异的契机。与亚里士多德通过差异制造表象世界不同的是，柏拉图开启了拟像世界的先声。

第一节　柏拉图遴选差异的方法

一、"分有"而非"概念"

亚里士多德批评柏拉图制造差异的方法不够严谨，这是因为柏拉图及柏拉图主义采用一种特殊的差异辩证法——分有(division)。分有不依靠理性进行运作、不经过中介进行传输，它直接作用于事物，它需要的不是一个严丝合缝的概念体系，而是理念的灵感启发。相对于概念那种假定的同

① Gilles Deleuze. *Différence et répétition*. Presses Universitaires de France, 1968, p.82.参见中译本第110页。

一性来说，分有是一种任意随机、变化无常、缺乏条理的方案，它不设章法，从一个奇异性直接跳到另一个奇异性。分有具有一种反同一性的力量，它激发了差异哲学的潜能，下面从两个方面来论述分有的特点：

首先，分有没有采用特殊与一般的区分方案，而是一种含混的、模棱两可的手段。亚里士多德将属分为对立的种，但柏拉图的分有无法断定某物是属于这个种或那个种，它缺少一个固定的标准和确切的理由，显得并不正当合理。他举了柏拉图《智者》的例子来进行论证：文中将技艺分有为制作术和占有术，制作术意味着“农艺以及对各种生物的料理，还有对合成物和制造物，即所谓的‘器具’料理，还有‘模仿术’”，“只要有人将某个‘非存在者’，导致为‘存在’，那么，我们说，这个导致者‘制作’，这个被导致者‘被制作’”，[①]而占有术通过“学习、认知、赚钱、争斗和捕猎这些的整个类型，由于它不制造任何东西，只是用言语或动作对‘现存者’和‘已生成者’进行控制，或者不屈服于被控制”。[②]那么，钓鱼为什么要算作占有术？德勒兹认为这里缺少一个中介，即一个能够充当中项的概念的同一性。柏拉图打算规定一个属中的多个种，不过这种打算只是表面文章，分有不是特殊化，它没有通过外在标准制造差异，而是一种遴选差异的方法，它并非“将一个被规定的属分有为确定的‘种’，而是将一个含混的种分有为纯粹的派系(lignées pures)，或者是从某种并非纯粹派系的材料出发，遴选出一支纯粹的派系”。[③]可以说，亚里士多德所确定的把握差异的最合适的中介“种”是被制造和强加的，但柏拉图并没有设置一个外在的、充当中介的，且具有同一性的概念，而是通过遴选的方式，而这某种程度上祛除了同一，保留了差异。

其次，炼金术的方法，未分有的部分是一个无差异的混沌。相较而言，亚里士多德所谓的“种”作用于宏观，即使是不可分的种或最低的种，也仍然是一个庞大的种。而柏拉图的分有作用于微观，即微小的种或派系的领域。所以，它的出发点是属还是种并无太大区别，这个属或这个庞大的种被设定为一种未分化的逻辑质料、一种无差异的物质、一种混合物、一种无定的繁复性。德勒兹以后见之明对亚里士多德和柏拉图进行区分，亚里士多德的种差模式更倾向于以牛顿力学为基石的经典世界，它着眼于宏观，强调、机械、肯定、精确、定域、因果、被动、计划；而柏拉图的分有思维更像现代物理

①② 柏拉图：《智者》，詹文杰译，北京：商务印书馆，2012 年，第 9 页。

③ Gilles Deleuze. *Différence et répétition*. Presses Universitaires de France, 1968, p.84.参见中译本第 112 页。

基础上的量子世界，它着眼于微观，强调差异、可能、偶然、离域、飘忽、互动、变幻。所以，种差是规律性、逻辑性的产物，而分有的特点是跳跃性、不连续性和不确定性。

分有的范型最典型的代表即炼金术，它精馏和提纯贱金属，是一道经由死亡、复活而变得完善的过程。铅或铜不像黄金那样的高贵和耐久，是因为它们在性质上有缺欠的地方。因此，就需要设法用各种物质来对其加以补充。也就是说，铅、铜或金之间的差异不是种的差别，而是程度的不同，“差异并不是属的两个规定之间的种差，它完全处在一边，处在被遴选的派系之中：不再是同一属的诸相反之物，而是在形成了一个庞大的种的混合物之中，纯粹的东西和不纯粹的东西、好的东西和坏的东西、本真的东西和非本真的东西”。[①]可以看出，在柏拉图那里，差异的纯粹概念不是亚里士多德的概念一般或属和种之中的被中介的差异。柏拉图分有方法的意义和目的是竞争者(rivaux)之遴选。

具体来看，在《政治家》中，柏拉图将政治家定义为“人之牧者”，而其他行业的人如商人、农夫、食品制造者、教练员都在说：“我才是真正的人之牧者！”；[②]在《斐德若》中，关键问题是界定好的迷狂和真的爱人，而许多追求者都争先恐后地说着：“我才是爱者，我才是爱！”。这意味着柏拉图先确定了一个至高无上理念，而诸多其他的现存只是分有了这一理念，事物之间的区别只是程度上的不同，而不是对立的种差，柏拉图差异的遴选法最重要的不是设立一个同一化标准或源头，而是通过筛选验证事物与理念的相似程度。所以，柏拉图分类的根据是各种竞争者接近理念的程度，也即强度(后文会专门论述)组成的一个系列。在这个意义上，德勒兹认为“属”对于柏拉图来说是个虚设，他取消了种差，使得差异的遴选活动直接在程度、强度中进行，这种差异的辩证法是直接的继承所得，而没有经过中介的传输。这点在一定程度上为斯宾诺莎所继承，在斯宾诺莎看来，上帝是一种力，他拥有无限可能和无穷力量，而其他事物不过是分有了上帝之力，因为分有了不同的力，呈现出不同的强度，进而显现成不同的样态。如果说上帝拥有百分之百的力量，那么，人可能拥有百分之五十，花草树木、鸟兽鱼虫因为不同的力量而呈现差异，不存在门、类、种、属、科的区分。基于此，德勒兹认为亚里士多德区分出的差异是一种人为的制造，而真正的差异就在这种概念化的区

---

① Gilles Deleuze. *Différence et répétition*. Presses Universitaires de France, 1968, p.84.参见中译本第113页。

② 柏拉图：《政治家》，洪涛译，上海：上海人民出版社，2006年，第92页。

分中被遮蔽了，而柏拉图的分有方法却没有完全被同一性规定，由于跟理念接近程度不同，各个事物显示出不同程度的差异。

二、“神　　话”

德勒兹认为柏拉图差异制造的方法之二是引入了“神话”。因为根据古代的或是神话与史诗的习俗，虚假的追求者们必须死。柏拉图差异的分有舍弃了亚里士多德的差异特殊化方法，但他并没有直接面向差异的揭示，而是用神话替换它。

其一，以神话为范型，进行不同程度的遴选。德勒兹举了三个柏拉图著作中的例子来进行论证，一是《政治家》中的追求者，柏拉图“援引一个在古代统治着世界和人类的神的形象：只有这个神配得上人类的王—牧者的称号”。①不同的追求者呈现出不同的成色，他们“根据一种选拔性分有（participation élective）的次序被衡量；人们可以根据这一由神话提供的尺度区分出父母、仆人、助手，最后是江湖骗子、伪造物”。②也就是说，神话拥有另一种范型，即允许通过类比来区分各色人等，这与炼金的方法是同样的思路，炼金的过程也包含了多种遴选：去掉杂质、去掉与金子具有“亲缘性”的其他金属。而在《斐德若》《智者》也是如此。

其二，神话是圆圈结构，永恒回归，循环回旋。柏拉图遴选差异的方式是先想象了一个顶层设计——神话，亚里士多德就认为这种方式过于随意、没有统一标准，且不具逻辑性和说服力，柏拉图的神话辩证法结构“是一个圆圈，其具有两种动态功能：旋转和回归、分配或分派——命运的分派归属于旋转之轮，一如灵魂转生归属于永恒回归”，③德勒兹认为在《斐德若》《政治家》以及其他对话中，柏拉图的神话确立了一种部分的循环的范型。柏拉图的神话模式意味着按照分有理念的多少来遴选事物，根据不同的程度而形成差异，这要求每一个事物都向着最初的、最纯粹的理念回归，在这个意义上，神话是一个圆圈、一种回归式的循环结构。这种回归模式在尼采看来不是同一的思想，而是凸显差异、少数和弱势，它让原有的秩序、组织、系统之外的新的原则涌现，是多样性的再现和差异的重复。所以说，柏拉图神话

① 柏拉图：《政治家》，洪涛译，上海：上海人民出版社，2006年，第40页。

② Gilles Deleuze. *Différence et répétition*. Presses Universitaires de France, 1968, p.86.参见中译本第114—115页。

③ Gilles Deleuze. *Différence et répétition*. Presses Universitaires de France, 1968, p.86.参见中译本第116页。

的圆圈结构初步具有了差异的模型。

三、设立"根据"

德勒兹认为在"神话"范型中，有一个遴选差异，鉴定成色的根据。这一根据在《斐德若》中是"理念"，理念是一切事物的最高标注，在《政治家》中是神圣的牧者，神圣的牧者主宰宇宙的循环运动。所以说，"作为圆圈的中心或动力，根据被建立在了作为考验或遴选的原则的神话之中，其通过确定选择性遴选的各种程度而将自身全部意义给予了划分方法"。①

在分有中传递差异，并非指向同一。具体来看，与亚里士多德种差作为中介传递差异的方法不同，按照柏拉图分有的要求，神话是遴选差异的根据；而按照神话的要求，分有乃是应当被赋予根据者之中的差异状态。分有是辩证法与神话结构的合成，分有缺少中介，直接与差异发生联系，这意味着制造差异的方案不是在同一性的标准下进行差异的传输，而是在每一次分有中都产生差异。所以说，柏拉图的差异遴选方法并没有将差异同质化、均等化，而是保证了每个个体的奇异性，第一个事物从理念那里分有一个部分，第二个再分有一个部分，以此类推。"正如柏拉图所说，只有正义才是正义的；至于那些被称作正义者的人，他们作为第二个、第三个、第四个，甚或是作为拟像得到了'正义的'这种质。'只有正义才是正义的'并不是一个简单的分析命题"，②而是一种考验，根据正义的程度和成色来遴选差异。如下表所示：

表 1

理念 原本(l'orginal)：原本壹、原本贰、原本叁…… 复本(la copie)：复本一、复本二、复本三…… 模本(le module)：模本(一)、模本(二)、模本(三)…… 拟像(le simulacre)：拟像 1、拟像 2、拟像 3……
拟像：源始差异 差异壹、差异贰、差异叁…… 差异一、差异二、差异三…… 差异(一)、差异(二)、差异(三)…… 差异 1、差异 2、差异 3…… 差异 n、差异 n、差异 n、差异 n、差异 n、差异 n、差异 n、差异 n、差异 n、差异 n……

①② Gilles Deleuze. *Différence et répétition*. Presses Universitaires de France, 1968, p.87.参见中译本第 116—117 页。

在这个意义上，柏拉图的差异之遴选没有按照固定、标准的根据，分有的目标不是横向的种的区别，而是纵向的系列性辩证法。

四、发问复合体的设定

柏拉图《美诺篇》谈到的就是"第一次探究何以可能"的问题，"未经思考的人生是不值得过的"后紧跟的追问是："我们如何开始思考"。"苏格拉底将其概括为，一个人无法试着去发现他知道的东西，更不能试着去发现他不知道的东西。他既然知道就没有必要再去寻找，他既然不知道就甚至不知道自己该探索什么。"①苏格拉底以回忆来消解无知的原发性，即在灵魂不死的前提下，钻研和学习无非就是回忆。在德勒兹那里，柏拉图辩证法的神话模式意味着遴选的考验"是一个有待完成的任务、一个有待解开的谜团。人们向神谕发问(questionne)，但神谕给出的回答本身却是一个问题(problème)。辩证法即反讽，而反讽是问题和发问的技艺。反讽旨在将诸事物和诸存在当作一个个被隐藏的发问之回答，当作一个个有待解决的问题之实例来看待"。②德勒兹从以下两个方面来进行论述：

首先，神话辩证法即问题推进的方法，而非黑格尔的否定辩证法。柏拉图将辩证法界定为通过"问题"推进的方法。通过种种问题的追溯，根源可以被一直延伸到赋予根据的纯粹原则那里。事实上，德勒兹对发问的重视是对亚里士多德以来的制造种差、指向同一的批判，也是对其影响下的黑格尔否定之否定即肯定的辩证法的反思。而柏拉图的辩证法中，发挥这种作用的不是否定之物，《智者》的"非存在"的"非"不同于否定之物，自亚里士多德到黑格尔的错误就是将事物放置于非此即彼、二元对立的取舍中，而"问题或发问并非主观规定或私人规定，……成问题的结构不但构成了对象的一部分，而且还允许人们将对象把握为符号，正如发问的或成问题的审级构成了认识的一部分，且能够通过学习活动在认识中把握它们的实定性、特殊性。……正是存在(亦即柏拉图所说的理念)与这种问题或发问的本质'对应'。就好像存在着一种'敞开'、一种'张开'、一种使存在与发问相互联系起来的存在论的'襞'(«pli» ontologique)"。③

---

① 柏拉图：《柏拉图全集(第1卷)》，王晓朝译，北京：人民出版社，2002年，第506页。

② Gilles Deleuze. *Différence et répétition*. Presses Universitaires de France, 1968, p.88.参见中译本第118页。

③ Gilles Deleuze. *Différence et répétition*. Presses Universitaires de France, 1968, p.89.参见中译本第119页。

其次，存在亦即非存在、成问题的存在。西方思想一直以来就认为存在是不以人的意志为转移的实在，包括物质的存在和意识的存在，包括实体、属性、关系的存在，但海德格尔认为西方两千年来的存在都是形而上学的，存在从来不曾就其本身被思考。海德格尔区分了存在与存在者，通过追索存在的展开状态以寻求被遗忘、被遮蔽的存在。而萨特认为存在先于本质，人存在、出现、登场，然后才给自己下定义。存在主义认为存在是偶然发生的事物，所谓偶然是指物质世界的存在没有先在的理念、预设的根据和绝对的观念。可以看出，到了20世纪，西方哲学已经开始反思一个先验的、预设的、永恒的存在，并且试图恢复一个偶然的、不稳定的、感觉的存在。于是，德勒兹提出了他最重要的一个观点："存在即差异本身。存在亦是非存在，但非存在并非否定之物的存在，它是成问题的存在，是问题与发问的存在。差异并非否定之物，非存在反倒是差异：不是相反，而是相异。所以，非存在应当被写成'(非)存在([non]-être)'，甚至是'?-存在(?-être)'。就此而言，不定式'esse(存在)'指的不是命题本身，而更多地是命题被认定要去回应的那个疑问。这个(非)存在是微分元素[差异元素]"。①在德勒兹看来，发问意味着一种亚稳定的状态，它不是肯定，它质疑先在的理念和根据；它也不是否定，因为否定某种意义上依然延续着肯定的逻辑，它作为肯定的对立面，是肯定的影子，遵循的还是同一性的逻辑，正如错误更好地印证正确的正确性一样。于是，提问是疯狂、愚蠢、恶毒，它们让思想误入歧途，偏离同一性的逻辑框架，获得新的可能性。所以，发问不是否定之否定的肯定，而是一种绝对的开放和跳脱。所以，德勒兹认为相比起黑格尔的否定辩证法，柏拉图的辩证法是(非)存在或?-存在的，它以发问的方式挑战同一性的表象世界，发问让思想出现了龃龉、悖论，让严丝合缝的理性秩序失效。换句话说，(非)存在或?-存在是对表象世界的询问和质疑，而否定是肯定的延伸，遵循着表象世界的逻辑，无法提出真正的问题。正是在柏拉图的辩证法中，德勒兹找到了解构表象世界的可能。

需要指出的是，这种(非)存在即潜能，潜能是一种丧失。潜能是碎片、断片、残骸，缺少同一性，处于一种幽暗的、模糊的境遇中，宛如冰山之下无垠的、不可探知的深渊，现实之物是潜能的外化，现实是从潜能中提取出的一个姿态或面相，犹如附在表面的冰山一角。亚里士多德在《形而上学》最

① Gilles Deleuze. *Différence et répétition*. Presses Universitaires de France, 1968, p.89.参见中译本第119页。

早谈到了“潜能”，麦加拉学派认为“只有在实现着的时候才有潜能，在没有实现的时候就没有潜能”。[①]潜能完全从属于实现的概念，只有当事物的潜能被实现的时候，潜能才得以体现出来。潜能与实现间的区别被取消了。而亚里士多德认为“一个站着的人就将永远站着，一个坐着的人就将永远坐着，坐着的人永远站不起来”，[②]潜能不完全等同于实现，一个人有能力修房子就可以称其为建筑师，不一定非要在他正在修房子的时候才能称其为建筑师。即便修房子的能力没有实现，也不妨碍建筑师拥有修房子的潜能。亚里士多德就把潜能和实现区分为两个不同的概念。

阿甘本在《论潜能》中援引了亚里士多德的观点：“潜能是持有某事物（的潜能），有时它是缺乏这一事物（的潜能）。如果丧失在某种程度上一种能力（hexis），那么，潜能是如此之潜能，要么是因为有某种能力（hexis），要么是因为有这种丧失（sterēsis）”，[③]其中，hexis 源自 ēcho，是存在的方式、能力的意思，它以某种确证现实中缺乏的东西的在场之物的形式出现。有某种潜能、有某种能力就意味着：有某种丧失，也就是说潜能以丧失的形式在场、以非存在的方式存在。在对《论灵魂》的评注中，泰米斯提乌斯提道：“如果感觉不同时具有现实的潜能和非现实的潜能，如果它仅仅永远是现实的，那么它就不可能感知黑暗，它也不可能听到沉默。同样，如果思想不同时具备思想和无思想的能力，那么，它就永远不能认识无形式的、邪恶的、无形象的东西了。如果思想不具备一个潜能的共同体，那么它就无法认识丧失。”[④]如果潜能只存在于其现实行为当中的话，就无法体会到黑暗的经验与感觉的缺失，对亚里士多德来说，存在或做某事的潜能，也是不存在或不做某事的潜能。如果没有不存在或不做某事的潜能，那么潜能就会成为现实，与现实不可区分。所以这种“不……的潜能”把一切潜能变成了一种非潜能。真正的潜能只能以否定的形态出现（“非—存在”），即“不行动的潜能，不转化为现实的潜能”。[⑤]如阿甘本所说：“‘非存在’、‘不实现’、‘无力’、‘缺失’才是潜能的真正本质。”[⑥]潜能作为一种缺失并非停留于自身，而是趋于敞开，以获得更多机遇与可能。潜能即丧失、悬置与失效，使得朝向某

---

① 亚里士多德：《形而上学》，苗力田译，北京：中国人民出版社，2017 年，第 177 页。
② 亚里士多德：《形而上学》，苗力田译，北京：中国人民出版社，2017 年，第 178 页。
③ 乔吉奥・阿甘本：《潜能》，王立秋，严和来译，桂林：漓江出版社，2014 年，第 294 页。
④ 乔吉奥・阿甘本：《潜能》，王立秋，严和来译，桂林：漓江出版社，2014 年，第 298 页。
⑤ 乔吉奥・阿甘本：《论友爱》，刘耀辉，尉光吉译，北京：北京大学出版社，2017 年，第 133 页。
⑥ 乔吉奥・阿甘本：《论友爱》，刘耀辉，尉光吉译，北京：北京大学出版社，2017 年，第 135 页。

个目的的实践变得无效，从而开启一种新的使用方式。

潜能也是德勒兹最重要的概念之一，在德勒兹看来，"一切对象都是双重对象，……一半是虚像（image virtuelle），一半是实像（image actuelle）。这两半不相等、不成对"。[①]虚像意味着事物内部包含着一种潜能，它不能被统一、不能被化约，它始终是碎片的、差异的，它由微分元素[差异元素]、微分比[差异关系]以及奇异点组成。所以说，世界以一种（非）存在的、成问题的方式存在着。潜能由诸多打破时间链条的事件组成，充满独异性与奇异点，它遵循差异原则。需要指出的是，潜能不是可能，可能指向的是概念中的同一性形式，可能是事后经过人们的回溯、总结被制造出来的，它是一个按照统一逻辑复制的影像，而潜能指向理念中的纯粹的、不可被删减的差异性和繁复性。潜能之现实化同时拒绝了同一的暴力，其分化过程始终是差异的、全新的，是真正的创造。

综上所述，柏拉图的辩证法的四重形态便是：差异之遴选、神话圆圈的创设、基础的建立、发问—问题之复合体的设定。然而，贯穿这四重形态的差异已然与相同或同一关联在了一起。并且，相同无疑不应当与概念同一性混为一谈；它所刻画的是作为事物"本身"理念的特征。只有在不被同一性裹挟的前提下，差异才能以非表象、非中介的方式被思考。而整个柏拉图主义都是由一种在"事物自身"和诸多拟像之间造成区分的观念支配的。它并没有思考自在之差异，它已然将自在之差异与一个根据关联在一起，它使自在之差异从属于相同之物，它在神话的形式下引入了中介。可以看出，柏拉图主义是由一个高高在上的理念分有为各种各样不同的拟像，但这些不同的拟像源头依然是同一的理念，只有将柏拉图主义颠转，才意味着否认原初之物对于复制品的优先地位，意味着拒斥原型相对于影像的优先地位，才能发现拟像的多样性和差异性。

第二节　德勒兹对柏拉图的局限的揭示

尽管柏拉图思想内部已经蕴含了差异的哲学，但是依然有种种局限。

从感知阶段来看，德勒兹认为柏拉图规定界限的标准是所感受到的事

① Gilles Deleuze. *Différence et répétition*. Presses Universitaires de France, 1968, p.273.参见中译本第 355 页。

物本质，这在《理想国》中被界定为一种“同时引起相反感觉”的对象，手指的触碰代表着一种认知，一旦事物是“硬”的，这就意味着它是在软硬的对照中呈现出来的，意味着事物的特性是在基于内部设定的相反关系中生成的，例如，“小”与“大”、“冷”与“热”、“一”与“多”。也就是说，正是相反之物的共存构成了认知、思考事物的出发点。这就是意义，而无意义是柏拉图极其不信任的“生成”，在无意义中，因果关系颠倒，时间秩序打乱，身份属性混淆，“属于那种既更热又更冷，既更年老又更年轻，既更大又更小的东西。……在无意义中，世界在相同的永恒时间中沿着所有方向生成”。[①]德勒兹认为，认知是通过将质与某物关联在一起，而测定限制了质，从而中止了质生成一种疯狂属性的可能，因为认知在有序的、相关的系统中完成，它所构成的世界是有机的，而世界的本质可能是混沌、疯狂、无序的，这一种人为制造差异的方法导致了一个有序世界的诞生，从而错过了一个差异的、凌乱的、疯狂的世界。德勒兹受尼采影响认为：“宇宙并无目的，它可期望的目标并不多于可认知的原因……掷骰子之所以失败，是因为只投一次，偶然性得不到充分的肯定，从而无法产生那个注定的、必将整合所有碎片并决定骰子落回的数。”[②]尼采否定原因结果的配对，拒绝由此而编制的秩序世界，而是建造一个狄奥尼索斯式的偶然/必然，偶然/命运的配比关系。所以说，疯狂的世界更可能是世界本身，而提出外在的秩序框架、认知范式，恢复世界的原初感觉才是哲学的使命。

德勒兹认为，由于柏拉图用这种对立形式或质的相反形式来界定感性领域，他已经将感性物之存在与一个单纯的感性物、一个纯粹的质的存在者（感性对象）混为一谈了。[③]“感觉有一面是朝向主体的，而另外一面是朝向客体。或者更应当说，它根本就没有面，它是这两样不可分割的东西的全部，它是现象学家们所说的‘此在’：我既在感觉中成为我，同时又有某物通过感觉而来到，此通过彼，此在彼中。而且，说到底，是同一身体给予感觉，又接受感觉，既是客体，又是主体。我作为观众，只有进入画中，到达感觉者与被感觉者的合一处，才可以有所感觉。”[④]感觉是一种肉体的感觉，既不是

---

① 罗纳德·博格：《德勒兹论文学》，石绘译，南京：南京大学出版社，2022 年，第 31—32 页。

② 吉尔·德勒兹：《尼采与哲学》，周颖，刘玉宇译，北京：社会科学文献出版社，2001 年，第 59—60 页。

③ Gilles Deleuze. *Différence et répétition*. Presses Universitaires de France, 1968, p.87.参见中译本第 119 页。

④ 吉尔·德勒兹：《弗兰西斯·培根：感觉的逻辑》，董强译，桂林：广西师范大学出版社，2007 年，第 43 页。

智力感觉,也不是情绪情感,而是一种在神经系统中起作用的东西。但感觉是不可数的、混沌的,既朝向主体、也朝向客体,这是对梅洛-庞蒂“肉”的理论的延续:感觉非主体非客体,同时又是主体是客体,感觉摒弃理性分析、拒绝具象描摹、排斥抽象表达。感觉是不断流动变化的,且有自己的层次和节奏,呈现为一个多感觉的复合形象,每一个感觉都有一个穿入的层次和领域,并在运动的过程中自由指涉,彼此渗透,在这个过程中溢出的力量呈现为一种生命的内在节奏。德勒兹在《感觉的逻辑》中谈到培根的画作,在培根的笔下,大量的身体被运动穿过,产生一种变形、古怪、扭曲,甚至畸形的运动。固定的身体总是呈现出要从一个洞口逃离的姿态,无论是画面上的注射器、雨伞、洗手池,还是口、肛门等,身体在自身与逃逸的洞口之间形成了一种膨胀与伸缩之间的张力,这种力量不仅被视为身体与现实之间的角力,也被视为表象与内在的博弈,这种逃逸是一种具有抗争力量的挣脱,感觉不是质的变化,而是强度的改变。只有在这样的前提下,感觉与身体的相遇才有可能产生“情感的田径运动”。所以说,德勒兹试图从柏拉图的爱智哲学中解放,向着一种纯粹身体的、感觉的、自由的领域逃逸,也只有在这种全新的世界中,才有可能打碎原有的规则,发现新的世界。

第二个认知阶段即回忆,在第二阶段这种混淆进一步强化了。因为回忆只是在表面上打碎了认知的范型。需要指出的是,回忆和记忆不同。记忆指向的是过去的“现在”发生的事情,而回忆总发生在当下,回忆滞后于记忆。正如“去年今日此门中,人面桃花相映红。人面不知何处去,桃花依旧笑春风”,当下的回忆召唤出来的是对往日此情此景的记忆。“在某个时刻,主人公尚未知晓这个事物,但是之后他将学会”,[①]回忆能表现过去的某些状态和事物,但无法还原当时的其他要素。从这个角度看,回忆不是对记忆的简单再现,而是对记忆的重组。回忆的过程成了学习的过程,而记忆的片段在重组后成了学习的对象。但记忆本身不能直接成为学习的对象。记忆脱离人的感觉系统,被语言符号接纳,才成为我们学习和思考的直观对象,“从本质上说,学习所涉及的是符号。符号是一种时间性的学习过程的对象,而不是一种抽象认识的对象”。[②]作为学习对象的符号,不是词与物、能指和所指的抽象语言词汇,而是处于特定时间、空间里,有待学习者去理解和阐释的符号。以此观之,“如果不是通过破解与阐释,我们就不能发现任

① 吉尔·德勒兹:《普鲁斯特与符号》,姜宇辉译,上海:上海译文出版社,2008年,第4页。
② 吉尔·德勒兹:《普鲁斯特与符号》,姜宇辉译,上海:上海译文出版社,2008年,第5页。

何真理，也将学不到任何东西”。①

探寻真理即学习，学习不在表象与行动的关系中产生，而在符号与应答的关系中产生；不是相同之再生，而是异己之相遇。符号至少以三种方式包含异质性：首先，异质性体现在承担或发送符号的对象中，符号和对象不是彼此对应的，必然会呈现一种间隙和错位，符号在两个不同程度或秩序之间振动；其次，异质性在符号自身之中，作为发送载体的符号中包含着另一个异质物，且体现了一种精神理念的强力；最后，异质性在符号激起的应答中，应答的运动不同于符号的运动。正如德勒兹所说的游泳者的运动与波浪的运动不同，在沙滩上模仿指导员的运动与波浪的运动毫无关系，只有在实践中将波浪的运动把握为符号才能学会。学习是一种对于符号的实践熟悉程度，不是思想运动机能，而是感觉运动机能。当游泳者将自己身体的奇异点(singularity)与波浪的奇异点接合在一起，便结成了一种重复的原则。这种重复不归属于相同，而是包含着异己者，意味着从一个波浪的一种动作到另一个波浪的另一种动作的差异，它在以这种方式构成的重复空间中运送着差异。所谓探索真理就是构成各种符号遭遇的空间。在这个空间中，每一个奇异点都在其他的奇异点中更新自身，在这个空间中，重复在伪装自身的同时形成自身，同时，借助于自身所展开的异质性，使自己身体的特异点与客观理念的奇异点结合形成一个问题域，在这个共振与交融中寻找解决问题的最佳方案。

在这个意义上，记忆是僵化的、单一的，而回忆带来新的材料和可能，回忆使得认知图式复杂化，认知面对一个可知觉对象时，回忆则将当前的这一个可知对象与过去的某一个对象联系起来，被包含于符号之中的这“另一个对象”应当同时是未见之物(jamais-vu)和已知之物(déja-reconnu)，正如诗人所描绘的：它已经被看到了，不过是在另一个生命中被看到，是在一个神话的当前之中被看到：你就是类似者……。德勒兹认为，回忆是当下与过去的叠加，它将认知图式复杂化，但是回忆只是表面上打碎了认知范型，因为它将所有的对象都纳入了现有的已知范畴，它没有给当下的认知范型以冲击或突围。第二个阶段只能在回忆中的类似性形式下被构想，回忆将过去之存在与一个过去的存在者混为一谈，而且由于没能指定一个经验的瞬间(过去在这一瞬间中是当前)，它乞灵于一个原初的当前或神话的当前。

德勒兹认为，回忆概念的伟大之处便是将时间之绵延引入思想自身之

① 吉尔·德勒兹：《普鲁斯特与符号》，姜宇辉译，上海：上海译文出版社，2008年，第4页。

中，它从根本上不同于笛卡尔的“天赋性”“人人都知道”这样的预设，因为回忆建立了一种专属于思想的昏暗性。这种昏暗性表现了一种恶本性、一种恶意志，它们应当受到来自外部的震撼，受到符号的震撼。这里所说的“恶”指的是思想上的昏暗、混沌状态，与传统哲学中的善良意志不同。传统哲学预设了一种人人都有的良知、常识和通感，这是人们可以沟通交流和思考的根基，更是理性发挥作用的根基，这导致的结果就是人是有理性的动物，理性为世界立法，那些疯癫、愚蠢、非理性以及陀思妥耶夫斯基式的白痴就被排除在外。于是，德勒兹认为回忆不是建立在意识、理性的基础上，而是葆有潜意识、非理性的特点，它不是按照清楚明白的原则来构建世界，而是依然有着差异世界的昏暗与模糊。所以，回忆某种程度上与传统哲学的理性世界不同，是一种恶意志的体现。德勒兹认为差异最大的敌人是优美的灵魂的表象：与否定之物的斗争不过是表面现象，而优美灵魂隐藏其中，更具有欺骗性。

但是，时间在柏拉图这里不是作为纯粹时间形式或本质，而只是作为一种自然循环被引入的，柏拉图没有将回忆引入恶的意志，仍然将思想假定为拥有一种善良的本性、一种明亮的光辉，它们仅仅是在自然循环之变形的影响下变得黯淡、误入歧途了。在这个意义上，柏拉图的回忆仍然是认知之范型的一个避难所，将经验性运用的形态移印到了先验记忆之运用的原型之上，最后将其归属于一个常识、通感的认知范畴。那么，如何突破柏拉图的局限呢？德勒兹在《普鲁斯特与符号》中谈道，感觉符号借助一种思想的强力，将我们强制性地带向符号的本质，从而激活艺术符号。事实上，生成差异的动力并不来自一种主观的善良意志或先行决心，而是内在于思想自身中的强力。而永恒回归保证了对差异的连续生产，永恒回归作为一种差异的运动，旨在将生命从单一的形式中解放出来，复归其差异和强度的本质。这种运动事实类似于普鲁斯特对过去时光的“追忆”。追忆并非始终朝向过去，它的最终归宿在于不断生成的未来。德勒兹认为，尼采的永恒回归并非虚无主义的重演，而是对生命周而复始的差异性与创造性本质的发现。而世界是各种碎片不断进行装配与互动的装置，作为一种生产机器，它把异质性事物组装起来，从而自由地创造和生成新的世界。经由重复与差异的运动，“机器”与“块茎”得以生成，通过将内在性与外在性和本质都解辖域化，从而不断走向自身的界限并超越界限。可以说，机器的力量在于生成与拓展界限，正如世界在重复的运动中不断褶曲、衍生，直至无限。

第三个阶段即纯粹思想及思维的阶段，柏拉图将其规定为分离的相反之物——大和小、轻和重、一和多，这正是我们在回忆的压力下被迫去思考的模式。在柏拉图看来，对本质做出界定的正是真正的同一性形式（依据自身）的相同。[①]一切都终结于下面这条伟大的原则：在“思”与“真”之间，首先有一种亲合性、一种血统，“‘思’有着一种对‘真’的爱好”。思想拥有一种最终建立在与善的类比形式的基础上的善良本性和善良愿望。因此，德勒兹认为：“《理想国》的作者柏拉图同时也是树立起思想的独断形象、道德化形象的第一人。……虽然柏拉图发现了诸能力的高级运用或超越性运用，但他却使这种运用从属于感性物之中的对立形式、回忆之中的近似性形式、本质之中的同一性形式，以及善之中的类比形式；这样一来，他就为表象世界做好了准备，他不但对表象世界的各种元素进行了初次分配，而且还用一种独断的思想形象，亦即那预设并背叛了思想的形象，掩盖了思想的运用。”[②]思想的独断形象无法追寻真理，更容易生成幻相，如此，问题的答案只是一个毫无新意的命题之复身，这使提问变得无效，使思想错失了活跃性和超越性，使身体的诸多能力无法摆脱原有的框架进行超能力的运用。身体依然在通感、常识对所有能力的经验性运用中进行，这压抑了那些尚未被预设的、有待发现的问题的能力。尽管柏拉图的辩证法是发问—问题的复合形式，但在思想的独断中，所得到的答案不过是对命题的改写，例如，人是有理性的动物吗？这一问题不过是“人是有理性的动物”这个命题的改写，答案已经在问题之中，人的思维无法逃离原有的认知系统，无法获得新的可能。在这个意义上，柏拉图的辩证法依然有着巨大的局限性。

第三节　拯救差异的如何可能：拟像世界

如何将差异思维进行到底？海德格尔认为，只要思想还依靠通感、常识、理性、善良意志这些先验预设，那么，思考就是无力且无效的，思考只有在刺激、嫉妒、强力的作用下才会被迫出场，真正的思考应该是未思之处、外界思想，是我们尚未抵达的地方。[③]哲学的起点就是良知、善良意志，进而预

① 可参见柏拉图：《巴曼尼得斯篇》，陈康译注，北京：商务印书馆，1999年，第83页。

② Gilles Deleuze. *Différence et répétition*. Presses Universitaires de France, 1968, p.186.参见中译本第249页。

③ 可参见海德格尔：《什么召唤思》，李小兵，刘小枫译，见《海德格尔选集》，上海：上海三联书店，1996年，第1205—1206页。

设了“人人都知道”的共同感、常识、理性和普遍性，在这种预设之下，我们对问题的提出也只是一个命题的转换形式，答案已是题中应有之义，是无法向着未知之处发问的，所以海德格尔以及后现代思路向着未思之处开垦，差异就是要在不断的僭越过程中获得自身，从而获得拯救。

一、思想是一种遭遇：不是通感，而是悖论

德勒兹认为，思想并非来自由种差所构建出的表象世界，而是通过强度抵达我们。所有事物之差异并不是种、属、门、类的差异，这种差异是通过概念构建而成，最终指向了同一性，而真正的差异是通过强度的不同、分有的不同而形成的。基于此，德勒兹认为，朝向未思指出的思考是从感性出发的，这不是主体用范畴、概念、定义对客体的占有，而是进入一个强度的世界，不同强度的事物彼此相遇，这里没有主客之分、没有二元对立，事物之间以遭遇的方式彼此共振：“遭遇到的对象是恶魔，是跳跃、间隔、强烈之物或突然的强力，它们只会用不同者来填补差异；它们是符号的承负者。……从感性到想象力，从想象力到记忆，从记忆到思想——当一种分离的能力向另一种能力传递那使它被提升至自身的固有极限的暴力时——每一次都是由一种差异的自由形态唤醒了能力，并将这种能力唤醒为这一差异的不同者”。[①]真正的差异是绝对的、自由的，而亚里士多德的对立、类比都是制造差异的手段。在这个意义上，身体的各个能力都进行着冒险活动，挑战着自己能力的极限，理性、逻辑、秩序都被震碎，主体、自我都被割裂，身体进入一种超越性的悖反（paradoxal）运用中，它与诸多能力在通感、常识的规则下的运作截然对立。这种悖反不能被意识左右，它是意识的惊慌失措、暂停工作和撤销理智，甚至是意识为了构建它自身而忘记的东西，即发生（qu'il arrive）。发生是一种偶然和意外事件（occurrence），不是指所发生的事的存在或意义，而是在追问这是什么、这意味着什么之前就发生了，“发生”先于所发生之事情。只有真正意义上的“事件”（event）才能“发生”，“事件”意味着自然发生脱离意识掌控、知性范畴、概念框架、日常体验的一种异质的元素，唯有唤醒主体之外的他者，发生陌异的“事件”，才能抵抗主体哲学。

德勒兹认为，康德在对崇高的讨论中发现了一种能力的悖论和失调，康德认为崇高就是认知能力的赋形能力与想象力的扩张能力之间的一种不和

① Gilles Deleuze. *Différence et répétition*. Presses Universitaires de France, 1968, p.189.参见中译本第 252 页。

谐的矛盾关系，进而让原有的认知框架产生断裂，甚至失效，正是这种失效带来了一种新的契机，使得感官不受人的意志左右，而直面它自身。但是，康德并没有继续延伸下去，而是将这种断裂寄希望于更高级的理性，在理性的调和下，人的认知能力又回归了，并升级成为一种更高的价值。而德勒兹对此进行了改造，他认为人在面对无限大、无限多的事物时，原有的范畴体系被打碎，有某种全新的东西被从一种能力传递到了另一种能力，这种东西在被传递的过程中发生了变形，而且它并没有如康德所说，形成一种更高的，能重新综合、重新协调的一种能力。德勒兹保留了“理念”这个名称，但理念并不是纯粹的思维，而是从感性行进到思想，又从思想行进到感性的过程，在这一过程中，每种能力都抵达自己的边界，朝着未思世界的不断探索，创造出每一种能力的极限对象或超越对象。

所以真正的理念即问题，这里的问题是向未思之处提问的能力，在这里，身体的诸能力通向了自身的高级运用，理念并没有借助良知、常识、通感而达成共识，而是指向悖识(parasens)。德勒兹认为悖识没有被自然之光照亮，是闪烁、变形、微分的差异之光。自然之光预设了特定起源即“天赋性”、特定价值即“明白与清楚”。“天赋性”意味着以基督教神学、以创造的种种要求为着眼点的思想的善良本性，“明白与清楚”是内含了崇尚理性、智性的逻辑，正如笛卡尔在《谈谈方法》中把他的方法论归结为四条：(1)秉持怀疑的精神，“决不把任何我没有明确地认识其为真的东西当作真的加以接受……只把那些我无法怀疑的东西放进我的判断之中”；(2)分析法，“把我所考察的每一个难题，都尽可能地分成细小的部分，直到可以而且适于加以圆满解决的程度为止”；(3)按照次序来引导我的思想，从最简单、最容易认识的对象开始，一步一步上升到对复杂对象的认识；(4)把一切情形尽量完全地列举出来，尽量普遍地加以审视，使我确信毫无遗漏。可以看出，明白清楚是认知的逻辑，强调通感、常识、良知的价值，这种思维范式将理念注入表象之中。德勒兹试图在能力学说中恢复理念的潜能，取消了明白清楚的思维模式，引发了一种狄奥尼索斯式价值的发现，根据这种发现，清楚的理念必然是模糊的，而且它的清楚程度越高，它的模糊程度也就越高。清楚—模糊(distinct-obscur)成为哲学的真正词性，成为不和谐理念的交响乐。

二、拟像世界的建构

现代哲学的任务已然被确定为颠转的柏拉图主义。颠转柏拉图主义意味着否认原初之物对于复制品的优先地位，认为分有的目标不是横向的种的区别，而是纵向的系列性辩证法，是诸系列或诸派系的辩证法的确立。在表象的保守秩序与一种创造性的无序、一种绝妙的混沌之间存在着本性上的差异。德勒兹认为原型相对于影像具有优先地位，意味着赞美拟像与映像的主宰。柏拉图的神学以理念/神（所有存在者的超越因）为研究对象。亚里士多德的存在论是以存在（所有存在者共同具有的最普遍的属性）为研究对象，存在之为存在即同一之为同一。德勒兹认为同一性界定了表象的世界（le monde de la représentation），而现代思想却诞生自表象的破产，同一性的破灭，以及所有在同一之物的表象下发挥作用的力（forces）。下面从三个方面进行论述：

首先，德勒兹将金字塔模型颠倒，拟像（simulacra）游牧分配取代了表象的定居分配。

现代世界是拟像（simulacres）的世界。拟像在传统哲学用法中用来对真实进行否定，它可以追溯到柏拉图的“洞穴隐喻”中真实与幻象的对立。鲍德里亚也探讨了拟像世界，他认为“世界进入了后现代的超文本状态，指称对象已然消失，我们仅仅无意义地围绕着空洞的中心转动，各种各样的图像在我们的身边漂浮，它们并不指向任何的现实之物，鲍德里亚将此称为拟真（simulation）：对于现实的符号替代物。在超真实（hyper-reality）中，符号不再表现现实，或不参照外部现实，它们仅仅代表自己，仅仅参照其他符号”，[①]“拟像和仿真的东西因为大规模地类型化而取代了真实和原初的东西，世界因而变得拟像化了”。[②]鲍德里亚借用了麦克卢汉的“内爆”（implosion）的概念，“内爆”是一种社会力趋疲的过程，后现代社会中的媒体造成了各种界限的崩溃，拟像与真实之间的界限已经内爆。拟像不再是对某个领域、某种指涉对象或某种实体的模拟。它无需原物或者实体，只需通过模型来生产真实，当代社会就是由大众媒介营造的一个仿真社会。德勒兹也提出了拟像（simulacres），现代思想诞生于同一性的破灭、表象力（forces）的消亡，现代世界应是拟像的世界。德勒兹将柏拉图从神话、理念分化为各种行分化者的金字塔模式颠倒了，居于上方的是多样的差异的各种表现形式，它们共同构成了拟像世界。在拟像的世界中，人不会在上帝死后幸存，

---

① Brian Massumi. “Realer Than Real: The Simulacrum according to Deleuze and Guattari”. Couplets: Travels in Speculative Pragmatism. New York: Duke University Press, 2021, p.15.

② 鲍德里亚：《仿真与拟像》，《后现代性哲学话语》，汪民安编，杭州：浙江人民出版社，2000年，第329页。

主体的同一性不会在实体的同一性死后幸存。所有同一性都只是伪造之物，它们是更具深度的游戏，是差异与重复的游戏制造出来的视觉“效果”。我们想要思考自在的差异，想要独立于“将不同之物重新引向相同（Même）并使它们经受否定之物洗礼的表象形式”来思考不同之物之间的关系。面对着我们内外最为机械、最为刻板的重复，我们从中不断地提取出微小的差异、变易和变状（modification），这便是我们的现代生活。通过对拟像的借用、改造和反转，德勒兹对传统哲学的革新成为一种名副其实的反转的柏拉图主义。

柏拉图区分了好的表象和坏的表象。那些遵照理念模型的就是好的表象，而那些拷贝的拷贝就是坏的表象，那样的坏的表象就是拟像。但是在柏拉图看来，糟糕的东西反过来在德勒兹这里是重要的。因为他们不再同原型有模仿和相似关系，否定本原与拷贝、模型与复制品的关系。它们是一些无主的拟像，而恰恰是这些拟像，这些冷漠的、自生自灭的、四处流浪的东西才使事物具有表征主义作用，具体的差异是可以被人为制造出来的。差异本身是一种影像（image），它通过媒介的传播对人发生影响。这种被表征的差异影像与真正的差异之间存在断裂。“拟像系统肯定了发散和偏移；对于所有这些系列来说，唯一的统一、唯一的聚合就是将它们全部包含起来的无定形的混沌。没有哪个系列优先于另一个系列，没有一个系列拥有范型的同一性，也没有一个系列拥有复制品的类似性。没有哪一个系列与另一个系列对立，也没有哪个系列类似于另一系列。戴皇冠的无政府状态取代了表象之等级；游牧分配取代了表象的定居分配。”①所谓游牧，德勒兹和加塔利勾勒出其四个特征：“（1）它强调流体而不是固体，因此（2）着重于与生成与异质性，而不是固态物理的稳定性和恒常性特征。（3）它的基本特征是不可预测的转向（卢克莱修的‘偏离’［clinamen］）和涡流，而不是直线与多边形，它的背景由开放的、黎曼式的、平滑空间（也被描述为矢量空间或拓扑空间）构成，而不是由封闭的、欧几里得式的、纹理的空间（其典型形态是笛卡尔的坐标系）构成。（4）……游牧科学是‘问题性的而不是原理性的’”。②

其次，永恒回归是拟像的回归。

德勒兹从尼采那里继承了“永恒回归”的能量，差异在权力意志中被凸

① Gilles Deleuze. *Différence et répétition*. Presses Universitaires de France, 1968, p.356.参见中译本第461—462页。

② 尤金·W.霍兰德：《导读德勒兹与加塔利〈千高原〉》，周兮吟译，重庆：重庆大学出版社，2016年，第53—54页。

显出来，永恒回归是差异的生产、差异的重复，“权力意志就是生成，但永恒回归是被生成所道说的存在。权力意志是自在的差异（the in-itself of différence），但永恒回归是自为的差异（the for-itself）……权力意志指向一种‘消散的自身’，而永恒回归是对‘破碎的我’的‘思考’”。①因为，永恒回归只影响新的东西，差异通过变形的中介而被生产出来。但是永恒回归不会让条件、根据回归，也不会让施动者回归；反而要动用全部的离心力驱除并抛弃它们。永恒回归构成了产物的自主性，作品的独立性。它是过剩的重复，它不会让同一性、权威性存在。永恒回归意味着创新。每一事物都只能通过回归来实存，它不允许原初之物、固定起源、先验预设的存在，它试图让无穷多复制品恣意生长。所以，永恒回归被称作“戏仿的（parodique）”：它通过排除自我、世界与上帝的同一性，进而又排除我自身的一致性才得以存在。它只会让庶民、无名者、弱者、差异者和多样性回归。它在柏拉图神话圆圈中引发了神的死亡和自我的消解。永恒回归不会使太阳回归，因为太阳代表着线性的时间观，而永恒回归假定了太阳的炸裂，时间脱节了，秩序乱套了，它只关涉星云，它与星云浑然一体，它只因星云而运动。就像查拉图斯特拉对恶魔所说的那样；在永恒回归中得以存在的东西定性为拟像性存在者。“当永恒回归作为（无形式的）存在之强力时，拟像是‘存在者’的真正特征或真正形式。”②诸事物的同一性崩溃时，存在便从中脱身，随后抵达单义性（后文会专门论述），并开始围绕着不同之物旋转。存在者或回归者不具有任何在先的同一性：事物是绝对差异的，德勒兹认为“拟像就是象征本身，亦即那内化了自身的重复的诸条件的符号。拟像已经从那被它剥夺了原型相地位的事物中把握到了一种具有构成作用的龃龉性（disparité）”。③也就是说，拟像的世界没有理念、原型和中心，只有无数差异的复本，没有中心化的秩序和组织系统，只有狂欢的、随机的、多种有待发现的聚集方案。

最后，拟像是脱根据的。

永恒回归肯定自身的全部强力，它摧毁了所有基础与根据（fondement）。具体来看，根据即同一，最终统归于理念；在表象世界中，同一变成了表象自身的内部特征，同一性被纳入表象世界的内部结构，人们在类比、相似的原则下来认知世界；根据是表象世界得以建构的基石，根据使得时间变成个均

---

① 乔·休斯：《导读德勒兹〈差异与重复〉》，廖鸿飞译，重庆：重庆大学出版社，2020 年，第 77 页。

②③ Gilles Deleuze. *Différence et répétition*. Presses Universitaires de France, 1968, p.92.参见中译本第 124 页。

质的、可计量的无数“现在”串联而成的连续体，于是，随着钟表的流逝，现在/当前在表象中到来、流逝。而根据显现为不可追忆的纯粹过去，时间像流水一样，现在/当前随之流逝。在这个意义上，所有当前都相对于这个过去排成一个圆圈共存着。这是一个同一性主导的、以根据为中心的同心圆（后文会详细论述时间问题）。德勒兹认为，要克服这种人类的自然思维倾向，就必须回到前人类或非人类的状态。非人格、非主观、无意识都表明了一种非人类性，依靠直觉来确保客观性。这个直觉不隶属于某个主体，而是一种天然原初的实践性运动本身。认识活动不过是多此一举地通过一系列的再现手段来揭示真理。而永恒回归强调一种脱根据化（effondement），所谓“脱根据化”，是“‘fondement（根据）’与‘effondrement（崩溃）’的合成词”，“应当被理解为未被中介的基底的自由，应当被理解为对其他所有基底下的基底（un fond dernière tout autre fond）的发现，应当被理解为无底（sans-fond）与未被赋予根据者（non-fondé）之间的关系，应当被理解为对无形式之物与构成了永恒回归的高级形式的直接反思，每个事物、动物或存在都被置入拟像状态”。①

可以看出，德勒兹已经在柏拉图那里找到了批判表象世界的思想资源，但他仍然发现柏拉图的局限，因为柏拉图设置了一个总源头、一个神话、一个理念的世界，这仍然会将事物引向同一性的世界，而德勒兹的存在论是：存在即差异。他认为思想源自遭遇，这种突然的强力让我们原有的认知系统破裂，让范畴、框架失去作用，一切充满悖论和不协调，让差异的传输中充满不同和奇异，如此差异才能跳出同一性的牢笼，获得自身的显现。颠转的柏拉图主义给了德勒兹诸多的灵感，进而使他提出了拟像世界，而拟像世界就是一种脱根据的游牧状态，是表象世界的崩溃，差异世界的重现。

在拟像中，各种不同之物通过差异相互关联起来。拟像是一个强度世界，事物自身的强度彼此独异、又相互交流，它不是按照类似性原则组织起来的，而是一种微分的、差异的共振系统。拟像不再模仿原型，它拒绝相似，否定本原与拷贝、模型与复制品的关系，它们是一些无主的像，而正是这些自生自灭、四处流浪的东西才对事物具有表征作用。

---

① Gilles Deleuze. *Différence et répétition*. Presses Universitaires de France, 1968, p.92.参见中译本第125页。

小 结

综上所述，柏拉图的差异辩证法拥有一种自己特有的方法——分有。与亚里士多德不同的是，柏拉图的分有方法不依靠中介、理性来运作，而是直接起作用，它需要的不是概念一般的要求，而是理念的灵感启发。柏拉图式辩证法的四重形态便是：差异之遴选、神话圆圈的创设、基础的建立、发问—问题之复合体的设定。柏拉图的差异之遴选方法是分有，分有不是普遍性、特殊化或外在的规定，而是将一个含混的种分有为纯粹的派系(lignées pures)。柏拉图的差异辩证法是神话圆圈的结构，它具有两种动态功能：旋转和回归、分配或分派。而德勒兹看到了柏拉图思想中的非同一性特质，他将柏拉图的思维金字塔颠倒了过来，取消本质世界与现象世界的二元对立，形成了一系列复制品、影像（内在类似性）、拟像（外在类似性），差异被移置了，分有转而反对自身，反向发挥着作用，深化了拟像（梦幻、影子、映像、图画），建构了一个脱根据的、游牧的、自由的拟像世界，这意味着表象世界的崩溃，差异世界的显现。

第三章　未规定、规定、可规定者

——德勒兹从时间维度对“自我”谱系学的梳理

德勒兹在完成了对表象世界的批判之后，最关心的是主体问题，主体是近代西方哲学的基本精神。自笛卡尔以来，哲学家们把世界一分为二，一个是主动认识的主体，另一个是被认识的客体。所谓主体就是人，人的意识、精神，客体是自然世界。人在主体的道路上越走越远，从笛卡尔开始的唯理论，到德国古典哲学康德、黑格尔，再到胡塞尔、海德格尔，都未能彻底放弃这个路线：我认识世界，我是主体，我是主动的。作为西方思想基本精神，多数哲学家不加思索就对其进行使用，主体概念似乎天然地拥有自明性、直接性、真理性。

然而，主体的过分扩大、人对理性的绝对崇拜并没有带来一个完美无瑕的世界，反而伴随着两次世界大战的爆发，人对自然环境无底线的摧毁、对他者的残杀、对弱者的霸权等诸多问题，不少理论家，尤其是战后的思想家开始深刻反思主体权威、理性原则。阿多诺在《启蒙辩证法》中谈到启蒙的本质即“使人们摆脱恐惧，树立自主”，①在这样的前提下，万事万物被认为遵循必然律、自然律的法则，因而它们是可以被还原的，可以被解释的对象。计算的逻辑与同一性的原则全面地压倒了被视为他者的自然，这导致认识主体的自我膨胀。尽管，胡塞尔用先验的主体间性而非共同理性来防御唯我论，但对于他人，依然是以“同一”消灭差异。而黑格尔的主奴辩证法思想开创了主张绝对异性或他性的道路，萨特汲取了黑格尔把他人视为自我意识得以呈现的前提，这种路径在反思唯我论的层面比胡塞尔通过超越的先验自我更高明。他谈道：“在我们看来，黑格尔在《精神现象学》第一卷中对问题的解决相对胡塞尔所提出的解决来说就是一种进步。”②不仅如此，拉

---

① 阿多诺，霍克海默：《启蒙辩证法》，渠敬东，曹卫东译，上海：上海人民出版社，2006 年，第 1 页。

② 萨特：《存在与虚无》，陈宣良等译，杜小真校，上海：生活・读书・新知三联书店，1987 年，第 314 页。

康受主奴辩证法的影响,也提出了"主体间性",他给了现代性的主体性以致命的打击。他认为主体是由其自身存在结构中的"他性"界定的,这种主体中的他性就是主体间性。他对黑格尔的《精神现象学》中的"奴隶和主人"进行了精神分析语言学上的重新描述。他认为,当看守为了囚犯而固定在监狱的位置上的时候,那他就成了囚犯的"奴隶",而囚犯就成了主人。自我一开始就是一个他人,他借助于他人而诞生。在随后的想象的主体间关系中,依赖于想象轴线另一端的他人,主体的自我才得以确立。自我无法独立存在,他人永远是想象关系不可或缺的一方。自我对他人具有根本上的依赖性。于是,拉康针对笛卡尔的"我思故我在"提出了相反的论断:我于我不在之处思,我在我不思之处。这意味着通过思而建构的主体被质疑,主体、思考、认知被重新定义,现代性思想的根基被动摇了。

不仅如此,巴塔耶、福柯、德里达、利奥塔等法国理论家都纷纷向着主体开火,福柯甚至说他终身所研究的不是权力而是主体。由此可以看出,对主体的批判是当代法国思潮最重要的问题域,也是德勒兹不得不处理的命题,只不过福柯从社会学、历史学、伦理学的角度去讨论自我这一主体如何被建构,而德勒兹偏重对哲学史的解构,他从柏拉图、笛卡尔、康德入手,从时间维度对"自我"的谱系学进行梳理。需要指出的是,德勒兹的主体谱系学极具个人特色,由此可以窥探德勒兹思想的原创性和独特性。

第一节　笛卡尔的"自我":取消时间

笛卡尔的"Cogito ergo sum[我思故我在]"是其认识论哲学的起点,也是他"普遍怀疑"的终点,他从这一点出发确证了人类知识的合法性。

一、自我的构成:证明上帝之存在

德勒兹谈道,笛卡尔所说的"'我'是一个自我的概念。这个概念有三个组成成分:怀疑,思维,存在。作为一种多重性出现的这个概念,其整个语段为:因为我思维,所以我存在。或者更完整地说:'怀疑中的自我,我思维,我存在,我是一个思维之物'"。[1]这句话中的三个语义项:"我""思""在"暗含

---

① 吉尔·德勒兹,菲力克斯·迦塔利:《什么是哲学》,张祖建译,长沙:湖南文艺出版社,2007年,第233页。

了一种奇妙的组合关系。第一层意思是，我思考这一点是无法被怀疑的，当我怀疑之时，恰恰证明我存在。具体来看：我可以设想我没有身体，可以设想没有我所在的世界，也没有我所在的地点，但是我无法设想我不存在，相反地，正是从我想到怀疑一切其他事物的真实性这一点，可以非常明白、非常确定地推出：我是存在的。这意味着我唯一可以确定的事就是我自己思维的存在，因为当我怀疑其他时，我无法同时怀疑我本身的思维，这意味着我无法否认自己的存在，因为当我否认、怀疑时，我就已经存在。因为我在思考、在怀疑的时候，肯定有一个执行"思考"的"思考者"，这个作为主体的"我"是不容怀疑的，这个我并非广延的肉体的"我"，而是思维着的我。所以，否认自己的存在是自相矛盾的。笛卡尔指出，这既不是一个演绎推理，也不是归纳的结果，而是一个"直观"的命题。

这句话还有第二层意思。思和在是动词，动词有无数变位，它会随着时间和地点的转换而发生改变，例如过去时、现在时、将来时等。动词还有无数相位，比如片面地思、感性地思、深度地思；无限地在、暂时地在、身体地在、精神地在等，动词随着时空变位而不断变化，带有一种经验性。而德勒兹认为："自我的概念仅仅留取了存在的第二个位相，整个变式的其余部分被弃置在外。不过，这恰恰是一个讯号，表示'我是思维之物'这一概念因为一种零碎的整体性自行关闭。如果想要前存在的其他位相，只能假道通向其他概念的桥梁—交叉路口。"①也就是说，笛卡尔从自身观念出发，对自己内心的观念进行分类，发现观念可以分为"与生俱来的""我制造出来的""来自外部的"三种，并且认为"较完满的东西不可能是较不完满的结果"，我本身是有限的实体（我在），但是我如何能产生一个无限实体的观念呢？若没有一个完满的存在的观念比较，我怎么能知道自己是有限的呢？而这完满的观念必定来自一个完满的存在者，即上帝。这个全新的概念本身也有三个组成成分，构成作为无限事件的上帝的存在的证据。

二、挑战了哲学客观预设，却陷入经验自我

笛卡尔对哲学的开端产生了质疑，他反对所有明确的客观预设，因为那些预设的概念皆不能自证，每个概念都指向其他概念。笛卡尔认为，一个命题要求一种先于哲学的理解，其中隐含着无数的主观预设，例如，"人类是理

---

① 吉尔·德勒兹，菲力克斯·迦塔利：《什么是哲学》，张祖建译，长沙：湖南文艺出版社，2007年，第234页。

性的动物"这一定义明确地假定了"理性的"与"动物"的概念是众所周知的,"可是一个人是什么?我是说一个有理性的动物吗?当然不,因为在这以后,我必须追问什么是动物,什么是有理性的,这样一来我们就要从仅仅一个问题,不知不觉地陷入无穷无尽的别的一些更困难、更麻烦的问题上去了"。[①]他反对一切先于存在的哲学预设,试图以"我思"来消除一切客观前提,然而,他没有避开另一种隐藏前提,即主观的或隐含的前提,这种前提不存在于概念中,而是包含在感受内:每个人不借助概念就知道"我""思""在"意味着什么。因此,我思之纯粹自我是一个开端现象完全是因为它已经将其所有的前提都指向了经验自我。

三、与柏拉图的理念不同,他取消了理念的先存性

德勒兹认为笛卡尔的"我思"不是从柏拉图的土壤里孵化出来的。因为,在柏拉图那里,理念是先存的,柏拉图的辩证法安置一个顶层设计——"神话",进而采用炼金术的方式进行分有和提取。在柏拉图那里,理念世界是一个完整的统一体,它作为第一性的真实存在对感性现实世界施加影响,现实世界中的各种事物在理念世界中都能找到一个相应的理念原型;事物的存在是由于"分有"了理念的结果。换句话说,理念是事物可感的原因,分有物只能在一定程度上与理念相像,分有了什么理念就是什么存在,分有的程度、与理念的相似程度决定了事物的等级。例如,柏拉图认为美的理念是绝对的、神圣的,世界万事万物的美都缘于表现和分有了美的理念。新柏拉图主义者普罗提诺接受了柏拉图的理论,并将其发展为流溢说,认为神是最高的美,物体美是因为分享了神所"流溢"出的理念。

而笛卡尔却与之不同,尽管笛卡尔的"我思"是为了证明上帝的存在,但方法和思路已经发生了巨大的转变。笛卡尔认为天赋理念并不存在于灵魂"之前",而是与之"同时",介于理念和产生它的灵魂主体之间的时间差被消除了。可以看出,他将主体性置于与上帝同等的位置上,从而获得了一种主观的意蕴。此时,德勒兹认为,柏拉图的追求活动的性质被改变:追求者不再从父亲手中迎娶女儿,不再是从理念那里分有,"而是通过自己的骑士风格的壮举赢得她……总之全凭其自身招数"。[②]实际上,笛卡尔在此是取消了上帝或理念的先存性,以至于与他同时代的帕斯卡尔说,"我不能原谅笛

---

① 笛卡尔:《第一哲学沉思集》,庞景仁译,北京:商务印书馆,1986年,第24页。

② 吉尔·德勒兹,菲力克斯·迦塔利:《什么是哲学》,张祖建译,长沙:湖南文艺出版社,2007年,第234页。

卡尔；他在其全部的哲学之中都想能撇开上帝。然而他又不能不要上帝来轻轻碰一下，以便使世界运动起来；除此之外，他就再也用不着上帝了”。[①]

第二节　康德的“自我”：被时间分裂成异己者

笛卡尔式“我思”通过两个逻辑值发挥作用：规定与未被规定的实存。规定（我思）内含着一种未规定的实存（我在，“为了思考必须要存在”），且恰好将其规定为一个思维存在（être pensant）的实存：我思故我在，我是思维之物。而德勒兹认为康德的整个批判都可以归于对笛卡尔的反驳，体现在如下四个方面：

一、规定无法直接针对未规定者，即先验的自我无法直接针对经验的自我

“我思”这一规定（la détermination）内含着某种未规定之物“我在”，却没有告诉我们这种未规定者如何能够被我思规定。“在单纯思维时对我自己的意识中，我就是这个存在者本身，但关于这个存在者本身当然还没有任何东西凭这种意识就被提供给我去思维。”[②]德勒兹认为这段话表明康德添加了第三个逻辑值：可规定者，即未规定者在其下才被（规定所）规定。这第三个逻辑值足以使逻辑学成为先验逻辑。正是康德的添加构成了他对差异的发现：差异不再是两种规定间的经验性差异，而是规定与它所规定之物间的先验差异——不再是施行分割的外部差异，而是使存在与思想得以先天地相互关联的内部差异。具体来看，灵魂是实体。所谓实体，亚里士多德在《形而上学》中已经提道：实体只能作为主词而不能作为宾语。“我思故我在”中的我可以思到一切知识，它们都不能用来规定先验的我。只有先验的谓词“实体”才能描述，既然一切只能作主词而不能作宾词的都是实体，那么，我即实体。而我有先验自我、经验自我的区分。我思是一个先验自我，人的先天认知结构是先于经验的，它不依赖于一切经验，本身就具有一种先天综合能力。但如果说它住在大脑的某处，那就是经验自我了。经验自我同认识主体的先验自我是不同的，灵魂是不能由经验自我完全把握的。我思是先验主体，我在是经验主体，两者无法等同，康德认为这些谬误推理混

① 帕斯卡尔：《思想录：论宗教和其他主题的思想》，何兆武译，北京：商务印书馆，1985年，第43页。

② 康德：《纯粹理性批判》，邓晓芒译，杨祖陶校，北京：人民出版社，2017年，第235页。

淆了物自体和现象、灵魂实体和具体经验。

二、时间形式的加入:我成了异己者

康德认为笛卡尔将未规定的实存即"我在"与规定的"我在"相混淆的后果就是泯灭了时间的存在,如果将时间形式加入,就是另一番景象:"我的未被规定的实存只有在时间中才能被规定为一个现象的实存",①这是一个显现在时间中的被动性主体。也就是说,作为经验主体的"我在"只有在时间中、经验中才能体会、才能显现出我的存在,我思与我在并不能直接等量代换,在这个意义上,康德发现了笛卡尔的缺漏,他认为:"我在'我思'中意识到的自发性不能被理解为一个实体性、自发性的存在的属性,而只能被理解为一个感受着其自身的思想、自身的理智的被动自我的刺激(affection),它正是由此才说'我'的,我在自我之中并作用于自我,但这种作用并非通过自我发生作用"。②这意味着"我思故我在"中的两个我不同,一个是主体的我,即施动者,一个是宾语的我,即受动者,在这个意义上,"我在"的我和"我思"的我是开裂的,我思将能动性表现为自我中的一个异质物、他者。换句话说,"我思"是一个先验的主体,而"我在"是一个在时间流逝的过程中能够被确认的经验中的我,"我思"具有能动性,"我在"是一个感受型的被动主体,"我思"并不能拥有所有"我在",而只是表现出具体时间中某个被动的"我",在这个意义上,我思与我在是断裂的、不等值的,"我"成了我的异己者,而造成两者断裂的最重要因素即时间。

三、康德与笛卡尔时间观的比较:上帝是否死去

德勒兹认为康德的时间概念的特别之处在于他将时间作为经验的条件,而不是客观实体。在西方思想史上,时间一直被当作为一个超然的、虚空的维度,或是一个不断流逝、无限延长的链条,这是一个有方向的坐标轴,而每一个对象或者事件都有其固定的位置。康德反对这种观点,他认为这种思路将时间孤立起来,脱离实际经验,尽管时间是先天存在的,但它必须依附于主体:通过时间,主体给予各个表象以规定性。拥有了某种规定性,表象不再是模糊不清的经验之流,而是有待理性认识的表象片段。来自主体的时间形式,使事物成为向主体显现的表象。如此,康德就证明了时间的

---

①② Gilles Deleuze. *Différence et répétition*. Presses Universitaires de France, 1968, p.116.参见中译本第 155 页。

先验性不仅仅在于其先于经验的纯粹性，更在于其对经验的必然规定性。康德在论证时间的先验性的同时，也强调其直观性。时间并非是由推理而来的概念，而是可以直观的对象。时间的先天直观性为数学知识的先天综合性提供了依据。比如数学命题“五加七等于十二”，只能通过先天直观进行，“两点之间直线最短”也是通过先天直观获得。康德试图表明各个表象之间的秩序不是依靠外部世界，而是来自内部心灵，这意味着物自体与表象世界的差别，不是来自自在之物，而是源于心灵对感性质料的加工。康德只是把传统知识观颠倒过来，认为知识不是心灵主体符合对象，而是对象符合了认识主体的认识结构或直观能力的结构。康德将形而上学的研究对象确立为心灵的理性能力。时间成为经验的条件，借助于时间，康德使经验成为主体显现的表象，从而区别于显现的客体本身。

而笛卡尔规避了时间。他不断地将我思还原为我在，为了使“我”具有同一性和整全性，不得不借助上帝自身的统一性。所以，只要我还保留着一种以上帝为依托的同一性，用“我”的视角替代“上帝”的视角就是徒劳，上帝附着在了主体之上，“只要我还拥有实体性、简单性、同一性这些表现着我与神圣者的类似性的东西，上帝就仍然活着。相反，上帝之死不会让我的同一性继续存在，而是要创造一种内化到了我之中的本质性的不似（dissemblance），创造一种取代了上帝的标志或标记的‘去标记（démarque）’”。①德勒兹认为这是康德的上帝之死引发了我的分裂的方式，他将时间形式引入思想之中，这意味着已死亡的上帝、分裂的我与被动自我不可分离。

四、康德时间形式的不彻底

康德提出了能动的先天综合判断，它具有普遍性、必然性，又提供了知识的判断。先天判断不是来自经验且独立于一切感官印象的判断；而被动的自我则只能接受结果，不具有任何综合能力，是一个静观中的我。德勒兹认为，“按照康德式区分，综合被构想为能动综合，并诉诸于我之中的新的同一性形式，而被动性则被构想为无综合的单纯的接受性。正是在一种对被动自我的不同评估中，康德式创新才能够被延续，而且时间形式也可以同时维持死亡的上帝与龟裂的我。”②在两个自我中，康德稳妥地安放了上帝和我。德勒兹认为康德的革命依然不够彻底，因为“我”的龟裂也马上被一种

①② Gilles Deleuze. *Différence et répétition*. Presses Universitaires de France, 1968, p.117.参见中译本第157页。

崭新的同一的形式——即理念弥合了。无论认识范畴还是实践领域,康德都设置了一个更高的同一性,康德的难题是对他来说道德法则是无条件的,但道德法则的实现却是有条件的,因为理性法则作为道德法则能够影响我们的意志,但却不能影响自然,所以康德还需要上帝作为假设,让他来保证实践理性与理论理性的协调一致,而尼采则把两个世界合而为一了,他不需要上帝,所以上帝死了,而康德依然需要更高层面的同一性。

就此而言,德勒兹认为康德主义的出路不是在费希特或黑格尔,而是在荷尔德林。荷尔德林"发现了纯粹时间之空虚,并在这种空虚中同时发现了神圣者的连续转向、我的持久龟裂,以及对自我具有构成性作用的被动性。荷尔德林在这一时间形式中行到了悲剧的本质或俄狄浦斯的历险,它是具有种种互补形态的死亡欲力"。[①]荷尔德林说时间不再"押韵"了,时间不再是钟表的刻度,时间不再从属于运动,不能用空间位移来测量,而是一种不均质、不对称、不平衡的状态,可以说,荷尔德林打碎了时间的均质化,让时间从线性分配中解放出来,成为一个差异、变形的状态,在这一状态中,"我"不再是费希特的行动自我,更不是黑格尔的精神自我,而是一个龟裂的繁复体。原本"我思故我在"只有三个元素,但康德的"我思"增加了时间变量成为四个元素,我思的我是施动者,而我在的我是受动者,我思是一个先验主体,而我在是一个经验主体,他必然要在经验世界中才能获得自身。这两个"我"是差异的,我不是我,而是一个他者,在这个意义上,一个至高无上的主体"我思"被异质的"我在"解构了,康德对笛卡尔的解读体现了一种不同的思维方式、不同的坐标和不同的范式,康德对笛卡尔的"批评"抵达了笛卡尔的"我思"所未被思考的领域。

第三节　柏拉图"回忆"的时间圆圈:自我是一个繁复体

康德比笛卡尔的观点更具差异性,是因为加入了时间的因素,但德勒兹认为将时间引入思想之中早在柏拉图的回忆模式中已经完成了。相比康德,柏拉图的思想离差异更近。具体来看,柏拉图的回忆与笛卡尔的"天赋性"一样,也塑造了一个神话,但它是一个瞬时性神话。当柏拉图明确将回

---

① Gilles Deleuze. *Différence et répétition*. Presses Universitaires de France, 1968, p.118.参见中译本第158页。

忆与天赋性对立起来，他更看重回忆，通过回忆不断学习获得真理，这意味着天赋只是代表了抽象的知识形象，而回忆意味着在灵魂中内含了“之前”与“之后”的区分，我们的灵魂通过不断的学习可以更接近真理，通过回忆想起那些被我们遗忘的、曾经知道的理念。在这里，柏拉图引入了第一时间（temps premier），理念就存在于第一时间中，即之前，而我们会在第二时间（temps second）中重新学习到那些已被我们遗忘的东西，即之后。

一、回忆引入了时间：形成了时间的圆圈模式

德勒兹认为：“对灵魂来说，重要的都是一种周期性或循环性的物理时间、自然时间（temps de la Physis），这种时间从属于在它之中流逝的事件或由它度量的运动，从属于那为其标出格律的变化。这种时间无疑是在一个自在中找到了自身的根据，亦即在理念之纯粹过去中找到了自身的根据。理念之纯粹过去根据诸当前与理想之物（idéal）的类似性的增减而将它们的顺序组织为一个圆圈，并使那能够保存其自身或重新发现自在之国度的灵魂脱离这个圆圈。”①也就是说，柏拉图将理念看作过去这一时间中至高无上的存在，那么，接近理念的方式便是回忆。古希腊的时间观是一种向着过去的时间观，是一种背向未来的思考模式，人们要不断地通过回忆接近过去，形成一个圆圈形的时间模式。

从纯粹过去的角度看来，回忆超越并支配着表象的世界：它即根据、自在、本体、理念。人们通过回忆可以获得知识，学到技能，通过对理念（原型相）的模仿获得一个相似的拟像。但回忆也有一个重要的缺陷：回忆无法独立存在，总是要凭借物质性的根据，需要从根据中借取种种资源，由此才能确证自己。它甚至制造了循环：根据以某种方式被弯曲、被改写的形态出现。例如，在《追忆似水年华》中，普鲁斯特通过高帮鞋引发对祖母的回忆，表面上看这和玛德莱娜蛋糕一样是两种感觉的瞬间叠加，但它使得我们感觉到一种令人痛心的失去感，这里，它没有将重现时间的充实性赋予我们，而让我们意识到过去永远逝去的，永不再见。端详着祖母的高帮鞋，他体验到某种神圣的事物，而泪水夺眶而出，回忆将他带入对死去祖母的心碎回忆中。高帮鞋和玛德莱娜蛋糕都引发了一种回忆，一种往日的感觉试图叠加于、连结于现实之上，并使现在的感觉向不同时段拓展。这体现了回忆的两

① Gilles Deleuze. *Différence et répétition*. Presses Universitaires de France, 1968, p.119.参见中译本第159页。

种缺陷:(1)必须借助物质才能获得回忆,也就是说回忆的发生借助了小蛋糕似曾相识的味道,德勒兹认为这依然是物质性的,要从根据那里获得种种特征;(2)这种感觉会瞬间消失,因为现在吃到的小蛋糕毕竟不是当时的小蛋糕,现在的高帮鞋只能衬托出祖母的逝去,当感觉回落,就被一种更大的伤感掩盖,也就是说,现实的感觉以其“物质性”、在场性与往日的失去感觉不同,彼此形成对立,使得这种叠加的愉悦瞬间被一种不可弥补的失去之情替代,往日愉快的感觉被推向逝去时间的深处。开始的时候,他感觉到幸福,但幸福随即让位给死亡与否定的明确性。这里存在着一种双重性,它始终作为一种可能性存在于所有记忆之中,普鲁斯特发现了记忆自身蕴涵着持存与否定的双重能量。

二、理念是繁复体

在柏拉图那里,理念先于任何概念,柏拉图辩证法的思维模式是他创造了概念并把时间引入概念,他让理念成为最初的、第一位的存在,理念进入概念之前的一个超然的状态。理念被当作一种绝对、纯粹、先在、客观存在、毋庸置疑,且无限巨大的一个预设,即第一性。事物只是分有了部分的理念,正如现实的床是因为分享了床的理念,正义是因为分有了正义的理念。德勒兹认为:“理念的概念具备下列组成成分:被拥有的或者需要拥有的性质;初始地拥有性质,不容参与的理念;那些追求拥有性质,但仅第二位或第三第四位地拥有性质之物;对各种追求作出评判的被参与的理念。这就仿佛是一位父亲及其替身,一个女儿和若干追求者。它们全是理念的内涵纵坐标:一场追求只能以相邻关系为依据,也就是它相对于理念的远近不等的距离,是它在一场永远而且必然是先时的飞掠中‘已经有的’的距离,这一以先时性的形式出现的时间属于概念,是它们的地带。”①

德勒兹提出“我思”有三个面相:先验的“我思”是规定的,经验的“我在”是未规定实存(因为会随着时间、空间、各种要素的变化而改变)以及可被规定的形式的时间,而理念和我思分享了同样的逻辑。理念本身是先验的,是普遍、绝对和必然的存在,所以,是被规定的;但在经验中,各种拟像是分有或摹仿理念而来的,依照分有的成色和相似的程度而呈现差异,此时,理念是可规定的;而对于知性来说,知性是人通过先验范畴对感性杂多进行综合

---

① 吉尔·德勒兹,菲力克斯·迦塔利:《什么是哲学》,张祖建译,长沙:湖南文艺出版社,2007年,第240页。

统一、判断认识的能力，而理性是将知识完善化、系统化的一种推理分析、辨别提升的能力，理念通过概念赋予繁多的知性以先天的统一性，所以，理念针对的不是具体对象或经验，而是知性，根据知性的不同，理念会随之变化，此时，理念是无规定的。在这个意义上，理念如同“我”一样，内部是开裂的、差异的，在龟裂中聚集着，理念内部的个体在这龟裂的边缘处不断地出现，以无穷无尽的方式被组合，于是差异被自由地展现出来。可以说，理念将分裂的、繁复的、个体化事物聚合在一起。理念拒绝同一性、普遍性、组织化来规范自己，而是以问题的形式存在。德勒兹认为，柏拉图的理念的分裂性就是在康德那里没有得到充分展现的部分：康德的理念高于知性，并针对知性，但柏拉图的理念没有知性的束缚，是更高远的存在，所以，理念相对于知性来说有无限的规定，正是在这个意义上，柏拉图的理念更具游牧性、无政府性，是一种更加自由、解放的状态。由此推之，自我在柏拉图这里同理性离得更远，不需要被理性束缚，是一种龟裂的微分存在，可以说自我、理念都共享了同样的逻辑，是一个繁复体。

第四节 何为异己者：从“自我”到“他人”

笛卡尔拒绝像界定动物那样通过属、种、门、类的方式对人下定义，即“人是理性动物”。因为人与动物完全属于不同的类型。所以，笛卡尔用“我思”来完成一种新的定义方法，以显示人的特殊性及实体的质。我是先验的，自我是“我”的外延，是精神有机体，但这个有机体的特异点是由不同能力表现出来的，最后又重新进入了“我”的内涵当中，进入了“我思我”(Je me pense)模式中。德勒兹认为，尽管我与自我都是以差异为出发点，但差异从一开始就被人人都有的良知、常识、通感、先天综合能力遮蔽了。因此，我和自我最终显现为无差异的、精神生命的普遍形式，“我思”的全部就是我与同一性合谋的历史。虽然被包含在我与自我之中的差异是个体所承载的差异，强调其个人经验、感受的独特性，但其根基依然是人人都拥有的先天的预设的良知，这依然是基于对我的同一性和自我的类似性的思考，我与自我就不是个体化差异，最终会归结于同一性的逻辑。

一、自我与个体化差异

我与自我逃脱同一性的牢笼，被解放为全然的差异，也即个体化。首先，个体化是完全差异的，“享有外缘与边缘的个体化是可动的、异常灵活的、偶发的，因为施行个体化的强度既包含着其他强度，又被其他强度包含，并且还与所有强度进行交流。个体绝不是不可分的，它不停地通过改变本性而被分割”。[①]个体化原则是自由、离散、不固定、无规定，它充分肯定随机性、偶然性和不确定性，如同量子力学。以牛顿力学为基础的经典思维方式是排他性的，即事物在某一个瞬间只能呈现唯一的状态，或在此处，或在彼处，不可兼得；而量子思维方式允许状态的叠加性，即便是互斥的状态也可能同时集于一身。无论是客观的事物，还是主观的想法，都不必处在非黑即白、非此即彼的状态。量子思维方式要求我们从多个视角、多个方面看待事物及其运行所呈现的现象，哪怕这些视角或方面之间是相互排斥的。例如，两个物理粒子，当它们的在场领域或个体化场域部分地彼此叠盖时，它们的个体性也随之变化。其次，个体化并不表现自我，而是表现理念，即由微分比[差异关系]和特异点、前个体的奇异性组成的、现实化了的繁复体，它是特异点的集聚，是强度的开放集合。需要指出的是，个体化游牧的特征并不意味着一盘散沙，个体化展现了个体自身所具有的充足的强力，这意味着每个个体化蕴含着独异的强度和能量，这非常接近量子力学。量子力学主张物质的表现形式是能量球，能量球彼此之间存在内在的动态关联，碰撞时不会分离，而是会互相融合并产生随机的组合变化，随机粒子碰撞后，它们会产生可预测的组合和变化，然后形成新事物。再次，个体化的实现并不能通过增加自我的数量或对“我”进行弱化，因为，“自我”是被动综合机制下生产出的有机体（下一章会详细介绍），是静观—缩合的前提条件，一直处于沉默的观察状态。个体化的实现需要跳脱原有的认知框架、摆脱原来的理性语境，进入另一种狂放的未知领域，在这个领域中，我与自我不再存在，个体化的混沌统治开始。这是一个不以相似、同一为原则，并且让差异得以解放的一种脱根据状态，在这里，主体被取消，自我被击碎，转而进入了个体化狂欢的场域，这正是德勒兹从尼采哲学中汲取的。他认为尼采建立了强力意志或狄奥尼索斯式世界就意味着他与叔本华决裂，在那里，“我与自我无疑应当在一个未分化的深渊中被超越，但这一深渊既非无人称之物，也非抽象的、超越了个体化的普遍之物。与此相反，我、自我才是抽象的普遍之物。它们应该通过个体化原则被超越，形成了狄奥尼索斯流动世界的个体化因

① Gilles Deleuze. *Différence et répétition*. Presses Universitaires de France，1968，p.332.参见中译本第 433 页。

素，其中不可超越的是个体化自身”。[①]可以说，强度中的个体既不是“自我”的集合，也不是特殊的“我”，而是分裂的“我”和消解的“自我”，正是理念将我们从分裂的我引向了解体的自我。这种龟裂的自我包含了无限差异和奇异点，并以问题形式存在。

二、“他人”即异己者

个体化非我，而是一种截然不同的结构，这一结构应当被称为“他人”（autrui）。当主体的“我”成为龟裂的异己者之后，德勒兹提出自我即“他人”。

首先，自我的死亡。德勒兹深受布朗肖影响，重新定义了自我与死亡。自我不再是理性指导下的自我，不再是“我思故我在”的那个言之凿凿的主体，而是他人；死亡也不是生的背面，生的依附，而是一种向着未知、差异、晦暗的僭越。具体来看，传统哲学将死亡看作确认了自我存在的重要方式，死不过是为了证明生的可贵，证明主体的存在。例如，黑格尔挖掘出死亡与意识之间的内在联系，认为人类的意识过程首先以杀死独特的事物为特征，但与此同时却创制了新生。意识战胜了死亡，并将其转化为可以控制的力量，即死亡的毁灭性、否定的力量最终会在意识的翻译中变化为一种生产性的、肯定性的主观能力。海德格尔的“向死而生”将死亡设立为终点，人现在终于可以在整体意义上对自己的生存进行筹划与把握，死亡的存在反而是对自己在这个向死过程中在场的确认。这意味着同死亡的联系揭示并强调了我们当下生存的意义。“死亡不仅是我们所有可能性的限度，也是这些可能性的来源。”[②]这种对死亡的认知是现代人制造主体的一种手段，是自我的膨胀、主体的虚妄，正是在这种虚假的幌子中，我们与真正的死亡擦身而过，与真正的自我背道而驰。而真正的死亡是主体消失之后，向着未知的、无法预测的黑暗之处的探索，真正的主体需要祛除理智、前见，打破常识、认知，是一种匿名的、非我的状态。

在布朗肖看来，“我不死，我被剥夺了死的权利，在它之中，人们在死，人们不停地不断地在死”，[③]始终有一个比“我死”更深邃的“人们在死”，[④]我

---

① Gilles Deleuze. *Différence et répétition*. Presses Universitaires de France, 1968, p.332.参见中译本第434页。

② 乌尔里希·哈泽，威廉·拉奇：《导读布朗肖》，潘梦阳译，重庆：重庆大学出版社，2014年，第60页。

③ 莫里斯·布朗肖：《文学空间》，顾嘉琛译，北京：商务印书馆，2003年，第155页。

④ 莫里斯·布朗肖：《文学空间》，顾嘉琛译，北京：商务印书馆，2003年，第155—156页。

无法亲历死亡，如果亲历也就没有我了。这里有两层意思，一是死亡是未知的，无法预测的，当我经历死亡的时候我已经不存在了；另一个层面是自杀，看起来我杀死我，这是一种经历死亡的过程，但是这其中有两个不同的我，一个是作为主格的施动者的我，一个是作为宾格受动者的我，主格的我是有意识、有人称的主体，但当我奄奄一息、极度虚弱，甚至垂死的时候，我已经不再是那个独立、理智、言之凿凿的我了，在这个意义上，我是在他人的死亡过程中亲历了死亡，发现了世界的奇异性，这种思考模式已经不再困陷于以个体的界限中。同样，列维纳斯追求通过放弃自我存在而达到面对他人的境地，就是面对他人，指向他人，关注他人。他人，是不可认识、不可同一的，正是他人的出现使存在论的本体论哲学受到了质疑，也正是他人的出现，伦理学才得以建立起来。列维纳斯要以为他人的伦理学代替以追求总体性和同一性为目的的本体论哲学，逃离存在就意味着超越存在，意味着我处于与他人的社会关系之中，自我不再是孤独的存在，与他人的关系是一种伦理关系，他人始终是一个他者，他始终都保留着他自己的他性、差异性，他不会与我认同，不会被包纳在我自身之中。

死亡不是主体之死，而是人的死亡。而“人”即“在其行动和决定的圆满中的一个我，这个我能自主地作用于自身，始终能够触及自身，然而，那个被触及到的人不再是我，是另一人”，①“死亡本身就是一些不是自我的我组成的真实共通体”，②自我必须要交出主体的位置和权利，成为没有名姓、不可知晓、有待澄清的人，这便是“陌异于我自己”的他者——“我就是远离自身的他者”。③

其次，什么是“他人”？战后的法国思潮对主体的抨击无处不在，他们都在试图重现被遮蔽的“他人”。在列维纳斯看来，他人是弱者，是儿童，是孤寡之人，因此我们应该对他人负有完全的责任，我们不能因为自我生存而剥夺他人的生存。关于他人的伦理学要求走出存在，超越本质，担负责任。自我和他者相比，他者比我更重要，列维纳斯认为只有把他者置于高于我的地位，才能突破传统主体性原则的束缚，破除主体的中心地位。

梅洛-庞蒂讨论了一种镜像之谜，镜子带来了一种开裂。就主体“我”而言，镜像暗含着一种自恋，即我对镜中我的爱欲，是自我意识投射，而镜中的

① 莫里斯·布朗肖：《文学空间》，顾嘉琛译，北京：商务印书馆，2003年，第97页。

② 让-吕克·南希：《解构的共通体》，夏可君编校，郭建玲，张建华，夏可君等译，上海：上海人民出版社，2007年，第31页。

③ 莫里斯·布朗肖：《灾异的书写》，魏舒译，吴博校译，南京：南京大学出版社，2016年，第23页。

我是陌生的，是一种异化自我的侵入，这种相反相成的关系即镜像之谜。一方面，镜中的自我与现实的自我相反，例如，左手对应右手，右腿对应左腿；另一方面，凝视镜中的我时，这种开裂又制造了一种联通，此时，我们无法区分看与被看，触摸与被触摸，镜像还能弥补我们不可见的部分，甚至可以定位自身的存在。我无法与镜中的我接触，因镜子的隔离而分裂，形成双倍距离，在异质元素的侵越中重构与可见物之间的关系。因此，他人与"我"处于反身关联之中。他人通过视觉与我相连、共在，我和他人成为我与自我的关系，也就是说，通过镜像，自我只有在分裂为他人的情况下，才能获得可见性，才能被确认，自我不是铁板一块的实心体，其内部有另外一种异质元素，显现为一种匿名主体。拉康的镜像理论也认为，当婴儿从镜像中的他人之中分辨出自己时，看到镜中的自我，就看到了"我"的分裂，正是这种异己者，让自我存在获得确认。

而德里达把他者看作"陌生人"：陌生人是无限的他者，因为本质上对其任何侧面的充实都不可能从他的角度、如他亲身体验过的那样，将它生存经验的主观面孔提供给我。这种生存经验将永不可能像所有那些专属于我的和我所特有的东西那样独特地被提供给我。这种非亲身的超验性不再是一切从单面出发的无法抵达之物的那种超验性，而是无限的超验性和非整体的超验性。德里达认为他者是神圣的，它具有不可还原的单一性，对他者的普遍化就是对他者的一种暴力行为。他者是绝对的，它避开了任何确定的指派，不仅在事实上是未知的，而且它就是未知本身。德里达宣称上帝就是全然的他者，而每一个他者都应该且必须具有这样的性质。

与此相较，德勒兹认为："他人不是任何人，而只是对另一个我而言的自我和对自我而言的另一个我"。实际上，他人就是异己者。各种他者理论的错误就在于不断地从"他人被还原为对象状态"的一极跳跃到"他人被提升至主体状态"的另一极。连萨特都仅仅满足于当我是主体时，他人变为对象，只有当我本身成为对象时，他人才变为主体，从萨特《存在与虚无》中便可知晓："他人对我们来说能以两种形式存在：如果我明白地体验到他，我就没有认识他；如果我认识了他，如果我作用于他，我就只达到他的对象存在和他的没于世界的或然实存；这两种形式的任何综合都是不可能的。但是我们不能就此停步：他人为我所是的对象和我为他人所是的对象都表现为身体"。[①]

德勒兹谈道，他人"是两个系统中的对于异己者而言的自我和对于自我

① 萨特：《存在与虚无》，陈宣良等译，杜小真校，北京：生活·读书·新知三联书店，2007年，第376—377页。

而言的异己者,先天他人(Autrui a priori)在每个系统中都是根据自身的表现价值、亦即内含的和包含的价值得到界定"。[①]他举了一个例子来进行论证:当"人们考察一副惊恐的面容……这副面容表现了一个可能世界——恐怖的世界。我们所理解的'表现'始终是行表现者和所表现者间的关系,这种关系本质上包含着一种扭曲。在表现关系中,所表现者并不在行表现者之外存在,但行表现者与所表现者的关系是一种与全然异己者的关系。因此,我们所理解的'可能'不是任何类似性,而是异质于包含它的东西的被内含之物、被包含之物的状态:惊恐的面容并不类似于令它惊恐的东西,而是包含了那令人惊恐的世界的某一状态。在每一个精神系统中都有一种环绕在实在性周围的可能性之麇集;但我们的可能始终是异己者"。[②]这意味着他人不能和构成它的表现性分开。自我可以分裂为无数个他人,感受到他人的惊恐,进入另外一个世界。实际上,没有固定的、一成不变的自我,有的只是在语境和场域中的无数个他人,每一个他人都是临时的、差异的,但内含在个体化中。德勒兹说,如果在主客体二分的思维模式中把他人的躯体视为对象、把他人的耳朵和眼睛视为解剖学标本,就极端简化了他人的表现世界。

接着,"他人"的特质是内含的,是内强的,这意味着他人是一个内强量,要维持他人的隐含价值,可以通过表现自身之外的部分来填充自我的世界,使自我世界复多化、差异化。他人是一个异己者、一个分裂的我,在我—自我的精神系统中作为内含中心发挥作用。他人代表了各种个体化因素,是一个微观存在,犹如物理学中的熵。孤立系统总是趋向于熵增,最终达到熵的最大状态,也就是系统的最混乱无序状态。对开放系统而言,由于它可以将内部能量交换产生的熵增通过向环境释放热量的方式转移,所以,开放系统有可能趋向熵减而达到有序状态。熵增的热力学理论与几率学理论结合,产生形而上的哲学指导意义:事物的混乱程度越高,则其几率越大。由此来看,他人在自我精神系统中形成了熵增效应,自我便呈现出混乱、无序的状态,在这个意义上来说,表现他人便可以开启一个可能世界。

在《追忆似水年华》中,德勒兹从阿尔贝蒂娜的面容入手,阿尔贝蒂娜是同一个,又是另一个,这是来自她与主人公的其他爱人之间的关系,也是来自她与其自身的关系。如此众多的阿尔贝蒂娜是本质体现出的不同侧面。在每次爱情之中,回忆和想象相互关联、彼此替换、互为修正,任何一方所迈

①② Gilles Deleuze. *Différence et répétition*. Presses Universitaires de France, 1968, p.335.参见中译本第 436 页。

出的一步都促使对方迈出补充性的一步。在我们爱过的人身上尤其如此：每个爱人都带有差异，然而，这种差异已经被包含于前一个爱人之中，所有的差异都被包含于原初形象之中，我们在不同层次之中不断地再现这个形象，并把它作为我们所有爱情的理性法则来进行重复。“现在这位威尼斯少女就是从前的阿尔贝蒂娜：我对阿尔贝蒂娜的爱不过是我崇慕青春的一种短暂的形式。我们以为自己爱一个姑娘，其实，唉，我们爱的是曙光，因为她们的脸庞昙花一现地映出曙光的绯色。”所以说，爱的重复是一种系列性的重复，主人公对于希尔贝特、盖尔芒特夫人、阿尔贝蒂娜的爱，形成了一个系列，每项都带有微小的差异。可以说，“阿尔贝蒂娜的面容表现了海滩和波浪的混合物：‘她认出了我是来自哪个世界的吗？’这个示范性的爱情故事完全就是对阿尔贝蒂娜所表现的多重可能世界的漫长外展，这一外展时而将她转变为迷人的主体，时而将她转变为令人失望的对象”。①德勒兹借助普鲁斯特对阿尔贝蒂娜的论述，试图呈现一个从单一裂变为无数他人的繁复状态。

需要指出的是，德勒兹认为语言赋予了“他人”力量，他谈道：“我们会展开他人表现的种种可能，但他人的确有一种手段能够独立于这种展开活动赋予这些可能以实在性，这种手段便是语言。由他人大声说出的一个个词语将一个实在性位置赋予了如其所是的可能；由此产生了被纳入语言自身之中的谎言的基础”。②要解读这段话，必须借助德勒兹在《普鲁斯特与符号》中的论述。在这本书中，德勒兹认为友情源自观察和对话，爱则始于沉默的阐释。被爱者的符号表达出一个尚未了解的可能世界，它蕴含着、隐藏着　个世界，甚至关涉了多个不同的世界。爱的多元性不仅和被爱者的多样性相关，而且和每个被爱者身上的精神世界的多样性相关。爱就是试图去解释、去展现那些包含在被爱者中的模糊世界。因此，爱需要解码，需要阐释。这就是为何人们会轻易地爱上不属于自己的世界、不属于自己阶层的人。“这里存在一个爱之悖论：要想解释一个被爱者的符号，就只能进入那个世界，但那个世界的形成不依赖于我们，而是源自他人，我们只是一个对象。求爱者希望被爱者奉献其偏爱、仪态与爱抚。然而，这个未了解的世界将我们排除在外，或许还有另一些被偏爱的人。”③于是，嫉妒和爱情如影

① Gilles Deleuze. *Différence et répétition*. Presses Universitaires de France, 1968, p.335.参见中译本第 438 页。

② Gilles Deleuze. *Différence et répétition*. Presses Universitaires de France, 1968, p.335.参见中译本第 437 页。

③ Gilles Deleuze. *Différence et répétition*. Presses Universitaires de France, 1968, p.15.

随形,爱的符号是谎言性的,被传达给我们,但却掩饰了要表达的内容,隐藏了未被了解的世界,被爱者的谎言是爱的奥秘,对爱的符号的解释必然是对谎言的解释,它们不像社交符号一样给予神经系统的表面刺激,而是一种深刻的痛苦。在《追忆》中,几乎所有人都因爱而痛苦,会背叛、嫉妒、逃避,"普鲁斯特式的爱情总是与暴力、罪恶或威胁性的词汇有关"。[①]也就是说,语言以内含价值为根据在内共振的系统中赋予了"他人"力量。他人结构与语言的功能使本体得以显现,增强了表现的价值,突出内化的差异。在某种意义上,他人的实现要寄托于语言手段,语言具有强大的表现力,可以向着未知的、昏暗的领域逃逸,呈现出漂移、流动、无政府的状态,进而将世界引向一个多元的、差异的、繁复的可能世界。

最后,"他人"的价值和意义。召唤他者的现身是解构思潮一个重要的问题,列维纳斯、德里达等都对此有详细的论述,对他们来说,他者是不可被还原的存在。由此,他者与主体之间间隔着无限的距离。更重要的是,他者以绝对的弱者的姿态出现,从而悬置了主体的暴力。同样,德勒兹也认为他人开启了更多的可能性。他人包含了、表现了自身之外的可能世界。"它表现了持存着的内含之价值,其赋予了它一种在知觉的被表象世界中发挥的本质功能。这是因为他人假定了个体化场域的组织化,在这种条件下,我们在这些场域中知觉到了不同的客体和主体,而且,我们还把它们知觉为以不同的名义形成可认识、可认定的个体的东西。"[②]可以看出,因为他人的存在,知觉以不同的样态呈现,丰富了现存世界的内容。他人是一个自我裂变的增殖过程,形成一个差异的聚合体,让更多不同的、繁复的东西流入"自我"的世界中。他人不是任何人,而是一种结构,只是在不同的知觉世界中被可变的项实现,他人在你的世界中对你来说就是我,在我的世界中对我来说就是你。他人不仅是知觉世界中的特殊结构,而且还奠基并保证了这一世界的总体运转。他人使位于基底的东西同时被前知觉(pré-perçu)或下知觉(sub-perçu)作为可能的形式,使概念的形状—底部,对象的断面—统一、深度—长度、视野—焦点成为可能的形式,使对象之切分、过渡与断裂,事物的交流融通成为可能的形式,从而表现着一个个可能的世界。

---

① 让-保罗·昂托旺,拉斐尔·昂托旺:《普鲁斯特私人词典》,张苗,杨淑岚,刘欢译,上海:华东师范大学出版社,2020 年,第 14 页。

② Gilles Deleuze. *Différence et répétition*. Presses Universitaires de France, 1968, p.335.参见中译本第 438 页。

德勒兹将这一理论用于解读文学，他认为未来的文学没有叙事主体，只有表述行为的一些群体性配置，正如卡夫卡的三部长篇小说里 k 面目模糊，按照机器不同的运转装置，他可以是工程师或者技术员，也可以是法学家或者律师。这一机器具有潜藏的革命性力量，它不是从外部给予的，而在内在性中，原先的认知范型、自我的主体性已然失效，只有这样，事物才能差异化，思想才有生殖性，向着未思之处延伸，向着外界逃逸，“我”在无限微分成了无人称的个体。在这里，语言代表着理性社会的秩序，所以《变形记》中没有成型的音乐，只有声响，无论是作为大甲虫发出的尖叫，还是妹妹用小提琴拉出的不成音乐的声响，卡夫卡在文本中令声音和语言脱离意义，着重于词语本身的重音和曲折变化，甚至使用类似于儿童口头对于一件事物的重复。卡夫卡正是借助对属于多数人的语言进行少数形式的使用，将意第绪语的特质发挥至极限，从而使解域的语言之中充斥着差异和强度的变形变异，在少数语言的使用之中逃离权力的掌控，以陌生的形式，找到了逃逸的线路。

又如梅尔维尔的著名小说《抄写员巴特比》，主人公巴特比是无主体、无人称的，用德勒兹的话来说是一个“独身者”，他没有参照、没有财产、没有土地、没有个性、没有特殊之处，他没有过去没有未来，他就是瞬间。卡夫卡这样描述：“他所占据的土地，只是他的双脚伫立必需的土地，他所拥有的倚靠，只是他的双手所能覆盖的面积。”①德勒兹认为：“I prefer not to 是巴特比的化学公式，但我们可以从反面来看它：I am not particular，‘我没什么特别的’，并将其作为巴特比句式不可或缺的补充。”②也就是说，巴特比处于一个最原初的、无法分辨的混沌状态，他没有同第二天性分离，其原始天性还在发挥作用，而原始天性揭露了分辨之错漏、理性之空洞、逻各斯之匮乏，展示了一个充满骗局的、自我蒙蔽的世界。德勒兹认为巴特比带给世界的无法言说的混乱，“向四周散发出一道苍白的光线”，“每个独特者都是一个强大的、孤独的面孔，他超越了一切可解释的形象的范畴：他抛出火焰般的表达方式”，“对一股没有具象的思想的执著，对一个没有答案的问题的执著，对一种极端的、毫无理性的逻辑的执著”。③作为一个独特者，他脱离了

① 吉尔·德勒兹：《巴特比，或句式》，《批评与临床》，刘云虹，曹丹红译，南京：南京大学出版社，2012 年，第 153 页。

② 吉尔·德勒兹：《巴特比，或句式》，《批评与临床》，刘云虹，曹丹红译，南京：南京大学出版社，2012 年，第 153—154 页。

③ 吉尔·德勒兹：《巴特比，或句式》，《批评与临床》，刘云虹，曹丹红译，南京：南京大学出版社，2012 年，第 174 页。

理性框架和认知范畴,他的句式摧毁了语言的普遍规则、质疑了固有的逻辑预设,是一种单纯而特殊的语言,一种原始的语言的残余和投影,它将语言带到了沉默的极限。

事实上,主体的问题是法国诸多理论家关注的问题,利奥塔就提出了"非人"理论,他认为有两种非人,第一种是资本主义社会中人性被异化(alienation)或物化(materialized)的人,是资本主义、启蒙工具理性的产物。现代世界通过对时间与空间感知的消解,遮蔽了感性,将人束缚在机械系统、秩序法则中,人被科层体制、传统范式牢牢控制。第二种是一种未开化、未受教状态中的人,他们不符规范、不知礼仪、不合时宜。以"非人"抵抗"非人"意味着从原初状态中获得一种否定的力量,进而不断更新、求变,走向差异。

当主体已死,自我已逝,该如何谈人?德勒兹通过对无人称的个体化与前个体的奇异性的解释,对笛卡尔的"我思故我在"直接宣战,他提出,"人们"(on)、"它们"(ils)比其他代词具有更少的人称性,只是一个陈述中的位置。为了论述"无人称的个体化与前人称的差异性",德勒兹将产生"我""自我"的土壤清理了一番,建构与传统哲学史范式截然不同的内在性领域。原先的认知模式是一个树形结构,所谓树形结构就是有根有枝,先天拥有一个固定的内在逻辑,而不断进行复制、闭合的相似性框架,是 to be ... to be 结构。而内在性平面是一个"块茎"状态,是无限延伸、生殖,彼此差异又相互辉映的、网状的多元体,是 and ... and ... and 结构。在内在性中,原先的质料—形式的认知范型、自我的主体性都已失效,事物是脱根据的、奇异性的,这一个无底的世界专属于思想的动物性或思想的生殖性,向着未思之处延伸,向着外界思想逃逸,众多差异的拟像纷纷显现,而"我"也成了改变。正如阿尔托所说:"我是一个天生的生殖者",这意味着思想的发生、感觉的体会源于一个分裂的我,"我"无限微分成了无人称的个体化。也正是如此,德勒兹发现非特指生命的奇异性,一种纯粹内在性生命,它是中性的且超越于善恶之外的一个独特的本质。

小　　结

综上所述,笛卡尔创造了"我思"的概念,但却把作为现实性的形式的时间排除在外,仅把后者当作有关连续创造的一个简单的接续的样态。康德再次把时间引入了“我思”，他以提供一个新的时间概念为条件，把时间变成了一个全新的“我思”的组成成分：时间成了内部性的形式，其三个组成成分是接续性、同时性和持久性。这一做法的后果是引入了一个新的空间概念。这个空间概念无法用简单的同时性说明，却成为外部性的形式。这是一场可圈可点的革命。空间，时间，我思，这三个原初的概念被连接起来。这是一场概念的暴风骤雨。

柏拉图式的先时性跟康德的时间观全然不同。在康德那里，理念高于知性，并且是针对知性而言的，但柏拉图的理念没有知性的束缚，是更高远的存在，所以，相对于知性来说，理念有无限的规定，在这个意义上，柏拉图的理念更具有游牧性，更加处于无政府的、自由的状态，是一个自我的繁复体。但德勒兹仍然不满足，他要更加彻底地解构主体，提出这个破碎的自我，自我的异己者，即他人，正是他人的结构保证了知觉世界的个体化。他人不是我、不是自我，我与自我也需要他人来保证自身能够被知觉为个体性。他人将个体化因素和前个体的奇异性整合进了对象与主体的界限之中，重新发现个体化因素和前个体的奇异性，创建了一个可能的世界。

可以看出，德勒兹已经将笛卡尔的自我消散殆尽，自我变成非我，变成他人，正因为主体的死亡，才开启了新的可能世界。德勒兹建构了一个私人化的“自我”谱系学，重新梳理了哲学史，如他所说：“哲学史不光意味着评价一位哲学家所创造的概念的历史新颖性，而且要评价概念彼此过渡时所表现出的渐变的能量”。①德勒兹正是通过对“自我”渐变能量的分析，窥视出“自我”在当代语境中的多样性和差异性，这个自我没有固定的身份，就是一种游牧的主体。正如博格所言：“这个世界横贯性地将从某种自我重复的差异中展露出的诸碎片联系在一起。”②

① 吉尔·德勒兹，菲力克斯·迦塔利：《什么是哲学》，张祖建译，长沙：湖南文艺出版社，2007年，第244页。

② 罗纳德·博格：《德勒兹论文学》，石绘译，南京：南京大学出版社，2022年，第71—72页。

第四章　时间的改写与重构

——以休谟、柏格森、尼采为主轴

作为一个纯粹的形而上学家，时间是德勒兹极为关心的问题。从同一性到差异性，从表象世界到拟像世界，最重要的一个维度就是时间观的改变。传统的时间观是物质的运动、变化的持续性、顺序性的表现。时间是人们用以描述物质运动过程或事件发生过程的一个参数，确定时间，是靠不受外界影响的物质周期变化的规律，以地球自转为基础的时间计量系统称为世界时系统。德勒兹认为，在线性的、均质的时间坐标中我们生成的是第一时间综合；向着过去回望的，循环往复的是第二时间综合；而时间的线性、均质与矢量都失效之时，时间就断裂了，于是，出现了时间的第三综合。时间的逻辑深深地影响着我们看待世界的方式，所以，要改变传统的认识框架，亟待改变的是我们的时间观，只有从原有的时间逻辑中挣脱出来，我们才有可能从同一世界进入差异世界，从表象世界进入拟像世界。

第一节　第一时间综合：以休谟为例

一、前、后时间被缩合到当前：被动的综合

德勒兹谈道，按照休谟的观点，时间只能在以诸多时刻之重复为依托的源始综合中被构成。这种综合使相互独立、前后相继的诸多时刻彼此缩合到了一起，由此构成了被实际经验的当前，即活生生的当前。“时间正是在这一当前中展布开来。过去与未来归属于当前：就先前的诸当前被持留在缩合中而言，过去是归属于当前的；由于等待是同一缩合中的预测，未来是归属于当前的。过去与未来指的不是那些与一个被假定为当前的时刻截然

不同的时刻,而是缩合了诸时刻的当前自身的维度。”①当前无须出离于自身之外,靠着缩合的方式将过去和未来归属于自己,从这个意义上来看,活生生的当前从它在时间中构成的过去走向了它在时间中构成的未来,它是从特殊走向了一般,从它在缩合中包含的诸多特殊之物走向了它在其等待的场域中展开的一般之物,于是每时每刻在心灵中被生产出来的差异的特殊性就被归结为了一般性。

休谟认为,重复丝毫没有改变重复的对象,但它却在静观的心灵中造成了一些改变,相互独立的同一或相似的事物被包含在想象力中。想象力被认为是一种缩合力,它如同一块感光板或一张银幕,接收了外部的作用,接收了来自外部物质的光。根据利害考量,人脑截流其中的一部分光粒子,这些光粒子在人脑这张银幕上映现为“像”,它缩合了种种同质的事物、元素、时刻,例如钟表滴答滴答(A—B—A—B)作响,当 A 出现时,缩合 AB 印象的感光板就相应地启动了,于是,我们预期着 B 的出现。又如当你看到有人摔倒时,缩合的感光板会让你知晓下一刻将发生什么,尽管你并没有看到。休谟认为这种缩合“既不是记忆,也不是知性活动:缩合并非反思。确切地说,它形成了一种时间综合(synthèse du temps)”。②

第一时间综合具有构成作用,却是被动的。它不是由心灵创造的,只在静观着的心灵中发生,它先于一切记忆与反思。时间是主观的,但第一时间综合是一个被动主体的主体性。德勒兹认为,被动综合是不对称的:它在当前中从过去走向了未来,也就是从特殊走向了一般。它为时间之矢确定了方向。需要指出的是,休谟表明缩合不是记忆或知性,当人再度回忆并分析这个事件时,已经是一种进一步的回忆和反思。可以说,记忆以想象力的缩合能力为起点,记忆与知性基于想象力的被动综合之上。

休谟认为,在第一时间综合中,被知觉到的对象自身就包含着一种缩合,诸感官之感性要归诸一种我们所是的原初感性。我们的感觉是由被缩合的水、土、光、组成的,不只是在认知它们或表象它们之前,而且还是在感觉到它们之前。在这种原初生命的感性层面上,被实际体验的当前已经在时间中构成了过去与未来。这一未来作为等待的有机形式出现在需要之中;持留之过去则出现在了细胞遗传之中。这些有机综合与建立在它们之上的知觉综合相互组合,并且在精神—有机的记忆与智识的能动综合,也即

①② Gilles Deleuze. *Différence et répétition*. Presses Universitaires de France, 1968, p.97.参见中译本第 130 页。

本能与学习中重新展开自身。

二、缩合关键在于习惯

休谟认为,人的知觉综合最关键就在于习惯,习惯是缩合(contraction)。从词源学来看,缩合和养成(contracter)的词根相同,养成只有添加一个能够构成习性的补语时,才使用动词"养成/缩合",在这个意义上来说,习惯就是缩合结构的产物,缩合中的两个元素可以是相反的,也可以是前后相继的。正是这一被动综合构成了我们的生活习惯,世界的运行节奏以及人们的期待视域。经验世界中事情总是如约而至,接踵而来,保证了我们的日常生活的安稳性和连续性。而在其中,最重要的是一个自我,这是一个头脑指挥四肢的有机体,一个静观者。

德勒兹受柏格森的启发,柏格森认为人的身体作为接收器是一个不确定的中心,通过感知获得认知、展开行动,这个过程呈现两种识别形式:自动/习惯识别和刻意识别。前者近乎本能,通过线性延伸完成感知—运动(sensoriel-moteur)识别,运动过程连续不断,作用与反作用瞬时接应。在两个动作间存在一个间隔,自动化的运动链条因此阻断或滞后,让应变动作不可预测,这就成为智性化(intelligent)选择的契机,在自动识别中,这种间隔非常短暂。正如人们在日常生活中总是不断重复某事,以致成为一种习惯,获得一种经验,当人们再一次识别到相似场景或事物时,从感知到行动的间隔会无限地缩小,近乎无生命影像的自动化反应,如同小鸡吃米,母牛吃草,运动链条会自然行进下去。尽管动作是从一个客体挪移到另一个客体之上,但其实质始终是同一的,在电影中这就表现在运动始终"停留在同一个镜头中",[①]如母牛吃完这片草会自然走到另一片草,同一个镜头跟随母牛移向另一片环境。柏格森认为填充这些间隔的是记忆。识别的发生正是在间隔时间中,不确定中心潜入过往记忆中,寻找相似情境下的运动轨迹,通过间隔中更深沉的纯粹记忆窥见时间的绵延。具体而言,知觉认知运作是在接收到外部的刺激之后,如果存在类似的过往经历,有生命的影像就会愈发迅速地培养出习惯性反应,将感知与动作的间隔无限压缩,从而愈发熟练地完成动作。习惯识别属于运动—影像,因为这个间隔之中的记忆不是关于事物本身的记忆,而是对感知某物而引发的习惯性动作的记忆,不同的客体在这个镜头中聚合,形成一种自动的机械化效果,间隔不断趋向即

---

① Gilles Deleuze. *Cinéma (tome 2): L'Image-temps*. Les Éditions de Minuit, 1985, p.62.

时，间隔中填补的记忆逐渐静滞、刻板。认知功能就在习以为常的连贯动作中失效了，也就是说，由刺激—反应所驱动的习惯识别不是记忆之绵延，而是依据高度凝缩的记忆形成的一套僵化的习惯动作。第二种识别模式——刻意识别，它是对客体的描述（description），即部分地强化对象的轮廓或局部性特征；它不是链路延伸而是往返跳跃，一种面向对象本身、始终变化的"回路"（circuit）或循环，每一次识别都在感知客体后跳回过去的记忆中，寻找与现实客体相似的轮廓与特征，并一遍遍地返回到现实影像中求证与辨识，当记忆与现实并不匹配时，重新将其擦除（scratch）并再次折返于纯粹记忆（后文会还专门论述）。

三、静观的自我与快感原则

需要指出的是，德勒兹认为我们通过静观而获得自我满足，我们只能通过静观感受世界，从而确定自我的存在，这是一个微小的、软弱的、不具有强大能动性的自我，它在一种放松与缩合的过程中获得了某种快感。德勒兹将第一时间综合中的自我与弗洛伊德的本我形成对照，两者具有一致性，满足的是快乐原则。德勒兹认为，快乐原则来自活生生的当下和习惯的被动综合。弗洛伊德将快感理解为心理活动中紧张状态四处游移并随即消散的过程。那么，快感如何成为一种普遍的、一种组织生物精神生命的经验性原则呢？弗洛伊德的做法是："作为自由差异的兴奋应当以某种方式被'投注（investie）'、'钳合（liée）'、'束缚'"，[1]德勒兹认为这种自由、多样的差异以钳合、投注的方式将一种随机的状态变成了系统化的、整体化的、组织化的状态，开始了对感觉的钳制和改造。在德勒兹看来，我们不是为了获得快感而形成和维持某一习惯，而是习惯的被动综合先于快感并使快感原则成为可能。他试图破除组织化的外在秩序，将快感解放。换言之，快感成为原则是因为习惯的被动综合，尤其是缩合与静观过程中局部自我的形塑，这种自恋式的满足才是真正的超越快感原则。

四、物质性的重复：相同者的重复

在第一时间综合中也有重复，无论想象力的缩合还是心灵的静观都是从重复中发现某种崭新的事物，从而发现差异所在。在这里，重复是想象的

---

① Gilles Deleuze. *Différence et répétition*. Presses Universitaires de France, 1968, p.128.参见中译本第172—173页。

重复，想象力使它所缩合的东西成为重复的元素。想象力的重复要填补真正的重复，也即差异的重复的空缺。在第一时间综合中，重复表现在两个方面："一方面，在长度的维度上，差异使我们从一个重复秩序过渡到另一个重复秩序：通过被动综合的中介，从自身不断消解的瞬时性重复过渡到被能动地表象了的重复。另一方面，在深度的维度上，差异使我们在各种被动综合中从一个重复秩序过渡到另一个重复秩序，并从一种一般性过渡到另一种一般性"。①这意味着，重复依然是一种静态的、相同者的传输，而不是动态的奇异点的发现。德勒兹举了小鸡在对谷粒的知觉综合中靠头部的运动来啄食的例子，这种运动首先在一种有机综合中伴随着心脏的搏动，可以看出小鸡吃米和心脏搏动是基于相似性基础上的理解。同理，在"嘀—哒"的重复中，从一个元素到另一个元素的传递中，不同元素的奇异性并没有展现，只是一般性向着另一个一般性过渡。可以看出，第一时间综合之下的重复指向是表象的同一性的、假言的、静态的、普通的、外延的、被展开的、物质的、无生命的、以准确性为准的重复。

第二节　第二时间综合：以柏格森为例

德勒兹认为，尽管第一时间综合将时间构成为当前，但当前却是流逝的。虽然时间并不出离于当前之外，但当前却在一刻不停地跳跃式前进，于是，当前面临着一个悖论：它虽然构成了时间，却要在这被构成的时间中流逝。应当存在着另一种时间，第一时间综合得以在其中进行。所以第一时间综合必然要指向第二种时间综合。

一、记忆即过去之存在：能动的综合

第一时间综合以习惯为基础。从日常经验来看，每个事件都是一个个独立的时间点，而这一系列的时刻在形式上组成了一条统一的直线，我们总是根据时钟刻度，从外部观察并标注一个个单独的点 A、B、C，A 在 B 之前，C 在 B 之后。但是如果从内部考虑事件，作为事件的参与者，我们往往感觉到时间的动态涌动：一种从 A 经过 B 流入 C 的流逝，这种流逝不是像

① Gilles Deleuze. *Différence et répétition*. Presses Universitaires de France，1968，p.104.参见中译本第 139 页。

一颗颗珍珠一样是独立的，而是彼此粘连，相互交织，这种流逝正是当前之前摄（Protention）。“前摄”这一概念源自胡塞尔。在清醒的状态下，意识被感觉为一种流动，那么这种流动与延续是如何发生的？在《内时间意识现象学》中，胡塞尔在“感知永远是当下进行的意识行为”的前提下，通过对音乐旋律这种时间显现的论述，即旋律总是前后相继地发出，但是我们不只是听过当下的这一个音符，而是可以把握整首曲子的旋律，揭示了内时间意识的三重结构：持留（Retention）、原印象、前摄。在音乐响起的当下，我们会受到该音符的刺激而形成一种原印象，内知觉意识对于这个原印象有所持留，在此基础上，我们在之后才能对这段知觉进行再回忆或反思。但是持留本身作为一种生物自发的神经反应，还无法在意识中对其所保留的内容进行分析与反思，因而持留与它所保留的原印象在内意识时间上并无区别；同样，作为持留的翻转，前摄是一种对于原印象内容的拖拽，因为我们下意识地感觉到“一个发生了但没有完全流逝的声音运动会具有未完成之物、有缺陷之物的特征”，[①]而我们则因为保持着对这种之后的兴趣而被迫向前运动。因此，内意识中的“当下”不仅仅是受客体对象刺激而形成的原印象，而是原印象与保存过去的持留与预想未来的前摄的综合体：“现在点的核心是原印象，滞留与前摄构成原印象的晕。它们共同组成感知一体现行为”。[②]德勒兹认为，使当前流动并使当前和习惯相互适应的东西应当被规定为时间的根据，而这时间的根据正是记忆。

首先是记忆的内在结构。

习惯是时间之源始综合，构成了流逝的当前之生命，习惯的被动综合本身寄寓于这一更为深刻的被动综合，也就是记忆的被动综合：习惯之持留正是被缩合在某一绵延的当下的当前中的前后相继的时刻的状态。这些时刻形成了特殊性，即一个直接的过去，其自然地属于当下的当前；至于那当前自身，则通过停待而向未来敞开，它构成了一般。

记忆是时间之根本综合，其构成了过去之存在，过去好像被卡在了两个当前中间：一个是它已是的当前，一个是它对其而言是过去的当前。过去是人们在其中注视先前的当前的场所。在被注视的过程中，特殊性也产生了，过去是人们在其中特殊地注视着每一先前的当前并将其视为特殊者的场

① 刘逸峰：《论前摄作为时间意识的意向性》，《安徽大学学报（哲学社会科学版）》，2018 年第 6 期，第 24—30 页。

② 倪梁康：《胡塞尔早期内时间意识分析的基本进路》，《中山大学学报（社会科学版）》，2008 年第 1 期，第 102—111 页。

所。按照胡塞尔的术语,我们应将持留与再造(Reproduktion)区分开来。从记忆之再造的观点看来,正是过去(作为诸当前的中介)变为了一般,而(当下或先前的)当前则变为特殊。记忆的魔法是对过去的再造,过去的记忆因为当下的某个触点被呼唤起来,当下是融合了过去的当下,是一个特殊的当下,也就是说,派生性记忆建立在习惯的基础上,但与习惯不同的是,记忆具有能动性,且能够再造当下。基于此,传统形而上学的连续时间是不存在的,人总是被过去充满,过去正是对自身存在的确证,而每一刻的将来会成为过去,我们处于时间内部,而非处于客观的外部。时间不是外在的计量单位,而是存在于我与世界的关系之中,是存在的内在维度,所以说,时间的叠加、叙事的交织、感觉的叠合更符合我们的知觉构造。

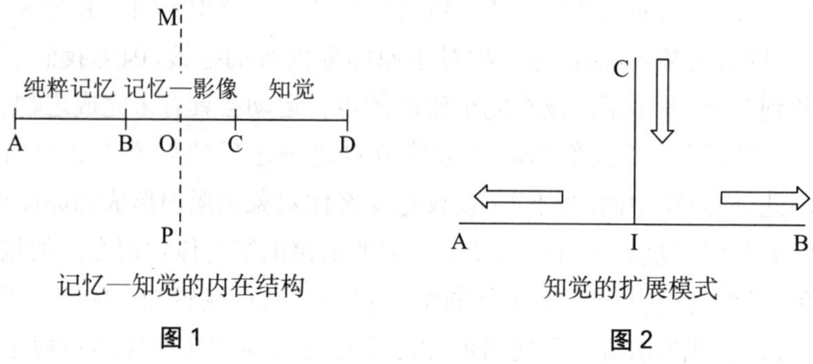

记忆—知觉的内在结构

图 1

知觉的扩展模式

图 2

以柏格森的记忆的内在结构(图 1)为例,在图中,A 是最遥远的记忆,即纯粹记忆,D 是知觉最深处,即知觉和物质的交融点,BC 段则代表了记忆—影像,也就是知觉和记忆交错之境。如果纯粹记忆是潜在的,而当下知觉是现实,那么记忆—影像处于潜在与现实之间不断流动,而我们当下的知觉又处于不断走向潜在的回忆和潜在回忆不断现实化的交错之中。比如一个落日的黄昏,我们对它的当下知觉是不断回溯的记忆和不断被现实化的记忆两者交汇而成的。记忆是巨大的、模糊的、无底的、晦暗的纯粹记忆,而现实的知觉不断点亮其中一部分,陷入黑暗的那部分则等待着被明晰化。从图中我们可以看到回忆活动的连续性,也就是贯穿纯粹记忆到当下知觉的动态转化、渗透和异质性转换。整体的记忆—知觉实际上是一个双重模式,即内部结构(图 1)和扩展模式(图 2)的双重运作,才构成了完整的记忆—知觉。AB 段是我们不停地准备去知觉的某物,意味着影像的在场,两边箭头就是指向影像世界的无限扩展,以开放的方式存在,等待被我们感知。CI 代表已经被知觉到的事物,I 是当前,也就是图 1 的 D 点,它不固定,不断向前,不断延伸,I 点物质与精神的交汇之处,它持续向前,感知不断扩展，物质成为记忆，记忆就是时间的绵延状态，是过去、现在未来交融在一起的时间流。可以说，记忆建立在时间的交错叠加之上，不再是线性的扁平状态，而是一种具有深度、彼此交织的凝滞状态。

其次是记忆的圆锥体。

德勒兹借用了柏格森《物质与记忆》中的记忆锥体模型（图 3）：

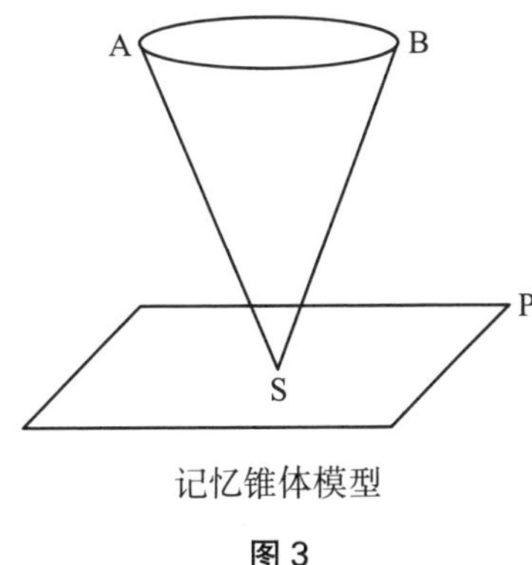

记忆锥体模型

图 3

整个锥体代表记忆的整体，S 点代表切入现实的当下，底面 AB 是最遥远的记忆，也就是记忆的极限，P 平面是当下正在遭遇和将要遭遇的现实。这些不断形成的当下印象一经产生就滑入记忆的锥体之中，锥体的不断膨胀象征记忆本身的不断增殖。有正反两规格防线，在正向上，第一时间综合缩合的每一个当下汇入记忆的锥体中；反向上，过去与现在共振和相融（生命的绵延）。先前的当前"被表象"在了当下的当前之中。"规定这种表象或再造的界限的是那些以'联想'之名而为人所知的类似性与接近性的可变关系；因为先前的当前为了被表象而与当下的当前类似。并且它被分解为既具有截然不同的绵延又具有部分同时性的当前。"[①]也就是说，记忆锥体不断膨胀，在第二时间综合中共振相容，先前的当前被融入了当下的当前。在接触的 S 点的时候，原有的记忆被唤醒，当下变成了一个非常特殊的情景，如同《追忆似水年华》中的玛德莱娜蛋糕的意义，普鲁斯特这样描写："也许因为贡布雷的往事被抛却在记忆之外太久，已经陈迹依稀，影消形散；凡形状，一旦消退或者一旦黯然，便失去足以与意识会合的扩张能力，连扇贝形的小点心也不例外，虽然它的模样丰满肥腴、令人垂涎，虽然点心的四周还有那么规整、那么一丝不苟的绉褶。但是气味和滋味却会在形销之后长期存在，即使人亡

① Gilles Deleuze. *Différence et répétition*. Presses Universitaires de France, 1968, p.109.参见中译本第 146 页。

物毁，久远的往事了无陈迹，唯独气味和滋味虽说更脆弱却更有生命力；虽说更虚幻却更经久不散，更忠贞不矢，它们仍然对依稀往事寄托着回忆、期待和希望，它们以几乎无从辨认的蛛丝马迹，坚强不屈地支撑起整座回忆的巨厦”。[①]在玛德莱娜蛋糕的刺激下，往事浮现。在第一时间综合中，玛德莱娜蛋糕只是一般的存在，而在第二时间综合中，由于记忆加入，此时的蛋糕融合了过去的差异的瞬间和体验，让当下的蛋糕的体验被叠加了、增殖了，因而被赋予了多重意义。在这个层面上，记忆具有再造功能，让此刻的当下成为具有特殊性的当下。可以说，回忆不仅再现了过去的那个时刻，还表现了当下的这个时刻，这意味着回忆让当前增殖了，产生了额外的多重事物，这意味着重复之中的诸多差异被发现了。人们可以在过去的那个时刻之再造与当下的此刻之映射这双重方面，将记忆的能动综合称为表象的原则。

再次，习惯的被动综合和记忆的能动综合的差异。

记忆的能动综合与习惯的被动综合都建立在缩合的基础上，但是习惯之被动综合在当前的条件下将时间构成为诸多时刻的缩合，而记忆之能动综合则将时间构成为诸多当前自身的镶合(emboîtement)。通过记忆能动综合作为过去一般，作为过去之纯粹元素，先前的当前才是可再造的，当下的当前才能被映射。“在习惯的被动综合中，当前是前后相继且彼此独立的自在的时刻或元素的最高缩合状态。在记忆的被动综合中，当前意指一个自身作为共存全体的完整过去的最高缩合程度”，[②]记忆向人们显示时间的生成作用，时间并非一条一个个现在的点不断过去，一个个未来的点不断到来的线状链条，而是现在当刻的感知不断返回过去的潜在记忆中，将潜在记忆中的内容不断现实化以影响未来走向的生成回路。而当人们在当刻返回不同层面的潜在记忆时，人们对当下即将做出的反应也是不同的，于是人的能动性被激发出来。

德勒兹在《电影 II》中举了两个例子，一是在曼凯维奇的电影《三妻艳史》中，三位相互认识但身份不同的妇人在一次旅行即将开始之前，在同一时刻收到了来自她们共同的友伴艾蒂写给她们三位共同阅览的信件，内容为告知她们三位其中一人的丈夫已与写信人艾蒂私奔。在读罢信件的当时，三位妇人都陷入与自己丈夫的某段回忆中寻找蛛丝马迹。影片由一个共同事件引发了时间的三条分岔。回忆最终并没有拼凑出事件的前因后

---

① 马塞尔·普鲁斯特：《追忆似水年华(第一卷)》，李恒基，许继曾译，南京：译林出版社，1989年，第49页。

② Gilles Deleuze. *Différence et répétition*. Presses Universitaires de France, 1968, p.112.参见中译本第150页。

果,也没有获得全面的解释,直到最终揭示真相前,三位妇人都无法根据回忆断定谁的丈夫与密友私奔。通过这个例子,德勒兹认为:"不存在笔直的直线,也没有能首尾相接的循环"。[①]这意味着回忆不是按照线性逻辑再现过去,而是每一次回忆都无法真正、全部、整体地呈现过去。第二个例子同是曼凯维奇的电影——《彗星美人》,三位主角的回忆并不能述说"关于夏娃的一切",而只是部分地、不断叠加地丰富夏娃的形象,作为整体的夏娃无法在回忆影像中全部完整地被呈现。回忆影像只是在现时当下,通过作为一种"事后"的刻意识别将时间分岔显示出来,它是一种对过去的追问。因此,"回忆—影像不给我们提供过去,而只是表现这个过去曾经'经历'的过去的现在。回忆—影像是一种被现实化的或者正在被现实化的影像,它不与现实的和现在的影像一道构成一个不可辨识性的循环"。[②]因正处在现实化的道路上,它失去了作为纯粹记忆的潜在性与全体性。可以说,记忆不提供全部的过去,记忆是在过去的那一时刻的当下被建构起来的,这是一种过去的"现时当刻";同时,记忆的作用又在于面向着未来,为了未来的某种功能而保存过去,以便成为未来的某个其他记忆的对象。这种未来的意义有可能在当下无法参悟,但是在未来的某一时刻,它终将发挥作用。在这个意义上,与第一时间综合不同,在记忆中,人的主观能动性被激发,过去是在不同的记忆中被重新组建的一个全新的世界。

二、多层面的繁复体与精神性的重复

首先,生命中的重复:共存的多层面。

一个个的当前前后相继,它们彼此互相重叠,而每个当前都在一个不同的层面上上演着"相同的生命",这就是命运。德勒兹认为:"命运从来不是由那些依照某一被表象的时间顺序不断继起的当前之间的决定论关系逐渐组成的。它所内含的是处于前后相继的当前间的不可定位的关系、远距离作用、迭复的系统、共鸣与回声、客观的偶然性、信号与符号,以及各种超越了空间位置与时间继起的角色。"[③]也就是说,命运是多重层面的组合,它按

① 吉尔·德勒兹:《电影 2:时间—影像》,谢强,蔡若明,马月译,长沙:湖南美术出版社,2004 年,第 77 页。

② 吉尔·德勒兹:《电影 2:时间—影像》,谢强,蔡若明,马月译,长沙:湖南美术出版社,2004 年,第 84 页。

③ Gilles Deleuze. *Différence et répétition*. Presses Universitaires de France, 1968, p.113.参见中译本第 150—151 页。

照的不是先后相继的时间顺序,而是回环往复,组合叠加的一种状态,命运始终在不同的层面上上演着同一件事物、同一个故事,命运不是决定论,而是与自由一致,即对不同层面的选择。在倒锥图式中,所有的过往事件都共存其中,形成一层层的 AB、A′B′、A″B″……平面。每一个当下时刻则是最凝缩的过去,集中于锥体的顶点;反之,过去则是无限膨胀的当下,延展向锥体的底面。而在两极之间,德勒兹说,"在作为普遍先在的过去和作为无限缩小的过去的现在之间,存在着过去的所有循环,它们构成无数个被延展或被缩小的时区(régions)、时层(gisements)、时面(nappes)",①并且这每一个区域都有其自身的特征、"调性"、"角度"、"特异性"、"闪光点"。

需要说明的是,"这个重演是在一个不同于早先的当前的层面或程度上展开的;而且,在一个'不曾是当前的过去'的基础上,所有的层面或程度都共存着,并且还向着我们的选择活动敞开。我们将组成我们的诸当前之间的继起性关系和同时性(simultanéité)关系,以及它们那以因果性、接近性、类似性,甚至对立为依据的联合(association)称为经验的特征(caractère empirique)"。②如图所示,命运就如同这个锥体中的不同平面,它们在同一时间里共存着。这个记忆的锥体表明了纯粹过去的诸层面以潜能的方式共存着,每一个当前只能现实化或表象这些层面中的一个。就如同交响乐一样,每一首都选择着自己的音高和音调,从不同的声部、不同的乐器中发出了相同的音调,融合在音乐的复调中。

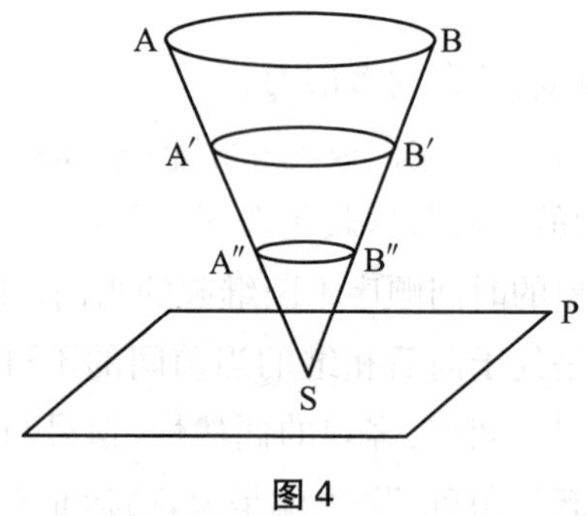

图 4

其次,第二时间综合构成了精神性的重复。

---

① 吉尔·德勒兹:《电影 2:时间—影像》,谢强,蔡若明,马月译,长沙:湖南美术出版社,2004 年,第 154 页。

② Gilles Deleuze. *Différence et répétition*. Presses Universitaires de France, 1968, p.113.参见中译本第 151 页。

第一时间综合中的重复是物质性重复，第二时间综合中的重复是精神性重复，两者之间存在着巨大的差异。根据德勒兹的分析，前一种重复是彼此独立、前后相继的时刻或元素的重复；后一种重复是整体在共存的多重层面上的重复。这两种重复与“差异”的关系截然不同。如下表所示：

表 2

	物质性重复（第一时间综合）	精神性重复（第二时间综合）
重复的方式	彼此独立、前后相继的时刻或元素的重复。	整体在共存的多重层面上的重复。
差异的生成	就元素或时刻被缩合在活生生的当前中而言，差异是从物质性重复中倾析出来的。	就整体在其诸层次间包含着差异而言，差异被包括在了精神性重复之中。
其他特点	赤裸的、部分的、继起的、现实的	着装的、整体的、共存的、潜能的

在这个意义上说，精神性重复是伪装的、潜能的，它以变异的方式不断地重复，所以面具才是重复的真正主体。重复在本性上不同于表象，所以被重复的东西无法被表象，前一种重复所缩合的是诸多无差异的时刻，后一种重复通过僭越的方式，缩合的是整体的一个微分的、繁复的、多重的差异层面。

德勒兹认为普鲁斯特做了很好的示范，他运用了回忆，回忆指的是一种被动综合或不由自主的记忆，它从本性上不同于任何自主记忆的能动综合。贡布雷既不显现为曾是的东西，也不能显现为曾是的东西，它在一种从未被实际体验过的光辉壮丽中显现。作为纯粹过去，借助了两种当前的相互渗透，它最终表现出了双重不可还原性：它既不能被还原为它已是的当前，也不能被还原为它曾是的当下的当前。就遗忘可以被经验性地克服而言，先前的当前任凭自己在超越遗忘的能动综合中被表象。但是，贡布雷正是在遗忘之中，作为不可追忆之物，在一个“从不曾是当前”的过去的形式下涌现出来：贡布雷的自在。①普鲁斯特说：“时间难道不就是它向我们显现的那样是一系列没有联系的事件吗？”在他看来，回忆一个人、一件事，不是一下子能完成的，而是交叉反复、颠倒错乱地进行的，在事件的衔接中，看不出什么必然联系，但从整体来看这并不妨碍小说是一个有机整体。普鲁斯特用了一个比喻来解释这种“时间心地学”：“对我来说，我喜爱的工具宁可说是望远镜，而不是显微镜。”这意味着首先，望远镜可以使肉眼不可见的远方得以

① Gilles Deleuze. *Différence et répétition*. Presses Universitaires de France, 1968, p.115.参见中译本第 153 页。

显现，这如同记忆，它处于遥远的往昔，需要借助工具才能浮出水面，其次，望远镜看到的世界是不协调的、碎片化的，也因此造就了多元、叠加、飘乎不定的景象。可以看出普鲁斯特的小说呈现出了多层面的共存，并呈现了纯粹的过去。

如果存在着过去之自在，回忆便是它的本体(nouméne)或是投注它的思想。回忆并不只是使我们从当下的当前指向先前的当前，求助于它们的纯粹过去：当前实存着，而只有过去持存着。而且它还提供了作为当前的流逝场所和诸当前的互渗场所的元素。两个当前的共振只是形成了一个持存的发问，它在作为一个问题域的表象中展开，并伴随着探寻、回应、解决的严格命令。但是回答却总是来自别处：回忆使我们深入到了过去这一自在之纯粹。正如德勒兹在《普鲁斯特与符号》中提到的，"追忆"并不仅仅是一种回忆的努力，一种记忆的探索，逝去的时光并不仅仅是过去的时光；它更是一种我们所遗失的时光。把记忆作为一种有待追寻之物不是最深刻的方式，更重要的是一种学习过程的叙述。①也就是说，过去作为不可追忆之物，在不是过去的当前的形式下涌现出来，并在两个当前的共振中发问，形成一种学习，学习就是从一个符号向着另一个符号，一个奇异点向另一个奇异点的交流，在这个意义上，纯粹的过去获得了自在的差异。

第三节　第三时间综合：以尼采为例

第二时间综合凭借时间、意识、通感，依然是有根据的，根据的不足在于它总是从被它赋予根据的东西那里借取种种特征，并通过这些特征来证明自己，正如第二时间综合通过时间圆圈来证明自己。而第三时间综合揭露了与表象之相关物的幻象，是一种全然的时间理念，在这个意义上，需要从第二时间综合朝向第三时间综合前进。

一、从有序到无序

首先，时间的第三综合意味着什么？

《哈姆雷特》的第一幕尾声"The time is out of joint"——"时间脱节了"

---

① Gilles Deleuze. *Proust et les Signes*. Presses Universitaires de France, 1964, p.1.中译本参见吉尔·德勒兹：《普鲁斯特与符号》，姜宇辉译，上海：上海译文出版社，2008年，第226页。

振聋发聩，[1]这是一个颠倒混乱的时代，原有的秩序破裂了，一切都变得颠倒、凌乱、混沌。第三时间综合要求脱离原来的秩序，突然发生断裂、太阳爆炸、上帝死了，让我们突然间无法按照原来的思维模式去思考问题，我们不知道下一刻该如何应对，这个时候，人的思维惯性终止，才可能生成新的可能。德勒兹认为在第一时间综合中，自我是被动的，行动是软弱无力的、无法胜任的，处于"本我"阶段；第二时间综合即变形的当前，是理想"自我"在行动意象中的投射，意味着能动性的开始；第三时间综合排除了第二时间中自我的一致性，"它意味着事件、行动具有着一种排除了自我之一致性的秘密的一致性，它们转而反击那变得与它们相等的自我，并将自我摔成无数的碎片，仿佛新世界的孕育者已然被它产下的复多之物的炸裂卷走、驱散：正是不等者自身被等同于自我"。[2]在这里，自我分割无数的碎片，让自我变成无数繁多的个体。因此，根据时间顺序被分割的我和根据时间系列被分有的自我不但相互对应，自我也变成了没有名字、没有家庭、没有身份的庶民。在德勒兹看来，第一时间综合中存在一个静观的自我，这是一个按照习惯、经验缩合的我，它是机械、单一的，因而也是弱小、胆怯的，行动对我来说总是不堪胜任；而在第二时间综合中，因为记忆的加入，自我具有能动性，与行动相符，我可以胜任行动，这是一个理想的自我；而在第三时间综合时，自我破碎了，变成无数复杂的个体，主体消失了，成为无数匿名的他者。

二、差异的回归

德勒兹受尼采的影响认为第三时间综合集中体现于永恒回归，这 次是过剩重复，是作为永恒回归的将来的重复。在德勒兹看来，真正的重复不是相同的、单一的、线性的重复，而是变形的、复多的、弯曲的重复。"永恒回归只影响新的东西，也就是说，它只影响那在不足的条件下，通过变形的中介而被生产出来的东西。但是它既不会让条件回归，也不会让施动者回归；它反而要动用自身全部的离心力驱除它们、摆脱它们。它构成了产物的自主性，作品的独立性。它是过剩的重复，它不会听凭任何'不足'或'变得-相等'的东西继续存在。它自身就是新生之物，就是所有的创新。"[3]从这个意

① Gilles Deleuze. *Différence et répétition*. Presses Universitaires de France, 1968, p.119.参见中译本第 160 页。

② Gilles Deleuze. *Différence et répétition*. Presses Universitaires de France, 1968, p.121.参见中译本第 162 页。

③ Gilles Deleuze. *Différence et répétition*. Presses Universitaires de France, 1968, p.122.参见中译本第 164 页。

义上来说，永恒回归是差异的回归，是不同者的狂欢，是少数、边缘的回归。在永恒回归中，混沌、游牧、零散、漂泊打破表象的一致性，重复对立于再现，繁复性、差异性代替表象、主体、客体的整一性。重复是所有差异的无定形的存在，是将一切事物都提升到极端形式的表象，正是在这一形式中，基底消解了，同时使表象之同一性被差异化、碎片化。

德勒兹强调，如果我们将永恒回归解释成一种影响着时间的总体或秩序，就依然陷入传统哲学的窠臼中，永恒回归不是一支手摇风琴曲，作为历史上第一件弦乐器，它的发声原理是用轮子来取代提琴演奏时的弓。当用手转动琴尾的曲柄时，位于琴体内的树脂包裹的轮子就会转动，以促使琴弦振动发声，轮子提供给手摇风琴持续发声的动力。这种模式依然停留同心圆中，而第三时间综合更繁复、更离散，如同星云一般偏离圆心，也就是说，时间不再是线性的直线运行模式，不再是锥体的交错叠加模式，而是时间以一种漩涡的方式不断地旋转、回溯，而每次都带来全新的、差异的事物，原有的秩序、根据、认知框架、理解范畴全部失效，它带来一种全然不同的游戏规则。可以看出，永恒轮回是一种新的解读世界、看待时间的思维模式，也是一种新价值的助产术。它要求我们悬置掉一切外在的价值尺度，脱离所有根据，它不断更替、不知厌烦、不知疲倦，是一个永恒的自我创造、自我毁灭的狄俄尼索斯的世界。正如德勒兹在《批评与临床》中所说：“永恒回归不会一成不变。作为生成的存在，永恒回归是一种双重肯定的产物，令那自我肯定的事物回归，而且只令活跃的事物生成。”①

德勒兹时间三重综合与精神分析密切结合，具有很强的互文关系，莫妮克·达维-梅尔纳将之分别概括为：“习性与快乐原则、记忆与色情、未来的创新与死亡本能”。②需要指出的是，传统精神分析的视角本质上是个体的、唯我论的，无论是先前的当前还是新生的当前都被看作一成不变的主体的表象。而德勒兹则认为是欲望生产和塑造了作为主体的“我”，因此我本身是每一个或潜在、或现实的主体相互对话、迭复而产生的主体间性。德勒兹借鉴了精神分析的许多概念——如快乐原则与现实原则；潜意识、前意识和意识；性欲力、自保欲力、死亡欲力等——的同时，又将精神分析的对抗模式改换为流动、生成的模式。他“区分了事件或发生之事的意义与事件有形的

① 吉尔·德勒兹：《批评与临床》，刘云虹，曹丹红译，南京：南京大学出版社，2012 年，第 230 页。

② 莫妮克·达维-梅尔纳：《德勒兹与精神分析》，李锋，赵靓译，福建教育出版社，2019 年，第 48 页。

展开或现实化”，[①]始终在两个层面的迭复、交互、呼应中谈论差异与重复。

可以说，第一时间综合是一种被动的缩合，是非反思；既不是记忆，也不是知性活动。就好比一块感光板，将某物在另一物出现时保留了下来，缩合了种种同质的实例、元素、震荡与时刻，并在具备一定“重量”的内部的质的印象中为它们奠基。第一时间综合意味着时间在以诸多时刻之重复为依托的源始综合中被构成，相互独立、前后相继的诸多时刻彼此缩合到了一起，构成了被实际经验、活生生的当前。过去与未来属于当前，先前的诸多当前被持留在缩合中，过去是归属于当前的；等待是同一缩合中的预测，未来是归属于当前的。这意味着时间从特殊走向了一般：从它在缩合中包含的诸多特殊之物走向了它在等待的场域中展开的一般之物。因此德勒兹认为，时间是被动主体的主体性。缩合是不对称的：它在当前中从过去走向了未来，也就是从特殊走向了一般。由此，它为时间之矢确定了方向。

第一时间综合的局限是过去和未来都缩合在“当前”中、“现在”之内，且“当前”总是不断离去。第二时间综合则意味着“必然还有另外一个时间”，这个时间能够解释当下的离去，因此比第一时间综合更为根本。习惯是时间之源始综合，其构成了流逝的当前之生命；记忆[根据]是时间之根本综合，其构成了过去之存在(那使当前流逝的东西)。第三时间综合是太阳爆炸、时间脱节、杀死上帝等爆炸性事件，它意味着经验的全然断裂和经由行动所造就的崭新未来。在这里，涌现、活跃的事件完全是无基础的、脱根据化的，不依赖于感知觉、不依托记忆。第三时间综合是肆意生成的游戏，是尼采笔下基于强力的永恒轮回，是掷骰子的游戏，是超人的毁灭与新生。第三重时间综合将未来设为绝对信念，第三时间综合的未来并不是前两种综合的未来，它既不是当下收缩而成的一般性所预期的未来，也不是膨胀着的过去通过当下不断吞噬的未来。“无条件”的恣意生成的游戏。《查拉图斯特拉如是说》中的侏儒认为“时间本身就是个圆周”，这个圆周是同一的重复，过去决定未来，此刻鲜活跳动的生命因而失去了存在的意义，这是虚无主义的轮回。查拉图斯特拉则抛弃虚无的、否定的轮回，选择积极的、生成的未来。“……突出了此刻作为生成的意义，最终将生成本身突出出来，从而赋予生成以价值。”[②]强力意志意味着欲望是一种生产性的积极力量，而

① 保罗·帕顿：《德勒兹概念：哲学、殖民与政治》，尹晶译，河南大学出版社，2018年，第153页。

② 尼采：《查拉图斯特拉如是说》，钱春绮译，北京：生活·读书·新知三联书店，2014年，第179页。

非匮乏性的补偿力量。尼采哲学中力的概念为德勒兹阐释一种新的差异逻辑提供了动力，不同力的主次地位决定了世界的多元与事物意义的多变性、游牧性与无政府状态。

小 结

事实上，德勒兹关于时间的设想不是空中楼阁，在后现代科幻影片中，这种时间模式已然存在。在量子力学的物理假设中，这种时间模式也在被探索，无论是哲学、艺术，还是科学，都发现原有的时空模式的局限，他们试图探寻一种新的时空关系，在那里，所有可能的时间轨迹交叉起来，人类可以不再受限于时间，任意更换自己的角色。七维空间包含了宇宙大爆炸从诞生到结束的所有可能性，包含这个宇宙中所有可能的事物，它可能是一个新的宇宙，拥有新的自然物理力量，不同的重力定律和光的定律。八维空间则包含了宇宙从大爆炸到诞生所有不同宇宙的可能性，它们的物理定律都不相同。在这个空间的生物可以看见无限个平行宇宙，而将这些宇宙串联起来就形成了九维空间，生活在其中的我们可以随意穿梭于各个不同的宇宙。而更高阶的十维空间包含了所有宇宙的所有可能的结果，相当于在存在中存在，可以看到自然界的最基本单元。德勒兹的第三种时间观的意义就在于让我们突破原有的时间秩序，向着未曾思考的地方探寻，让我们开启新的认知模式。

第二部分

德勒兹概念体系的设想

第五章　对传统哲学的反思
——“概念”与“主体”

与福柯关注认识论，德里达关注现象学不同，德勒兹关注的一直是哲学史，从他在《差异和重复》扉页声称“我认为我自己就是一个纯粹的形而上学家”①就可以看出他对哲学史的执着。然而，正如他所说，“哲学是一种创造概念的活动”，②对哲学史的反思离不开概念。事实上，对于概念的思考贯穿在德勒兹许多重要的文本中，比较集中的是《差异和重复》（1969 年）和《什么是哲学》（德勒兹、迦塔利，1990 年）。如果说 1969 年的德勒兹还在致力于对整个哲学史中的概念进行批驳、清洗，到了晚期，德勒兹已经开始重新谋划未来概念的可能。这两本书相互呼应，见证了德勒兹“概念”观的转变、增补与发展，概念已经被改装、置换、颠覆、脱胎换骨成一种拥有无限潜能、具有内在强力的未来概念模样。那么这其中经历了怎样的延续和发展，背后体现了德勒兹怎样的思维模式？这是本章的研究目的和焦点。

目前国内学界尚没有集中讨论德勒兹“概念”的专门论文，“概念”往往是被放置在讨论《什么是哲学》时作为一个辅助出现。在国外的相关研究：包豪斯学院 Henning Schmidgen 的论文“Cerebral Drawings between Artand Science：On Gilles Deleuze's Philosophy of Concepts”③从艺术角度切入，试图论证德勒兹所说的概念之于哲学的功能同样可以运用于艺术；

① Gilles Deleuze. *Différence et répétition*. Presses Universitaires de France，1968.参见中译本扉页。

② 吉尔·德勒兹，菲力克斯·迦塔利：《什么是哲学》，张祖建译，长沙：湖南文艺出版社，2007 年，扉页。

③ 这篇文章的主要内容是探讨《什么是哲学》中德勒兹和迦塔利关于哲学、艺术和科学的功能的区分。根据这一区别，哲学是创造概念，艺术的目的是产生感知或是感官集聚，科学的目的是描绘功能。作者意在说明这样的区分并不像表面上那么明显。他利用“哲学是形成、发明和制造的艺术”的主张，以概念为参照点，说明相应的哲学实践与艺术、科学有着密切的联系。Henning Schmidgen. “Cerebral Drawings between Art and Science：On Gilles Deleuze's Philosophy of Concepts”. Theory，Culture & Society，2015，pp.1—27.

Jakob Nilsson 的论文“Deleuze, Concepts, and Ideas about Filmas Philosophy”[①]意在讨论德勒兹关于概念的讨论是如何运用于电影的；“A Pedagogy of the Concept: Rereading an Architectural Convention through the Philosophy of Deleuze and Guattari”[②]将关于概念的潜能延伸到设计领域。可以看出，国外研究大多针对德勒兹概念理论在不同领域中的运用，而不是对其概念观本身进行梳理和研究。

事实上，概念不是德勒兹最终目标，他借助概念驱除一种被理性制约、被逻辑钳制的概念的躯壳。概念在西方思想史中渐渐成为一种中心化、有组织、受中枢神经系统控制的有机体，德勒兹试图解构原有的概念的逻辑，让概念成为离散、自由、伪装、变幻的状态，于是他提出了“内在性平面”，以此探讨一种去主体、无人称、非理性的哲学设想。

第一节　批判同一性的“概念”

一、概念：表象的迷雾

德勒兹认为，概念是“某一实存的特殊之物的概念……根据差异原则，一切规定根本上都是概念规定。或者说，一切规定都现实地构成了概念内涵的一部分。根据充足理由的原则，每个特殊之物都有一个概念。依据与充足理由原则互逆的不可分辨之同一原则，每个概念都只对应唯一一个事物，所有这些原则形成了作为概念性差异的差异之阐明或作为中介的表象之展开”。[③]

---

① Jakob Nilsson. “Deleuze, Concepts, and Ideas about Film as Philosophy: A Critical and Speculative Re-Examination”. Journal of French and Francophone Philosophy, 2018, VolXXVI, No.2, pp.127—149.

② 这篇文章通过使用德勒兹、加塔利的“概念”在哲学上的特殊性来批判设计理念。特别是我们研究的概念实际上是许多概念的集合，它们虚拟的一致性是重新构建更为有限、典型的设计概念的正当理由、解释、澄清或借口。作者意在探索概念如何通过在概念和工作之间绘制链接进行设计的过程创造过程本身。换句话说，我们看到了这个概念在哲学上如何与设计思维融合，并利用这种耦合令两者相互加强。最终，我们声称语言的观点和一个更完善的制作过程驱动了这种耦合；当它工作时，设计概念成为更有用的设计工具。Randall Teal, Stephen Loo. “A Pedagogy of the Concept: Rereading an Architectural Convention through the Philosophy of Deleuze and Guattari”. The International Journal of Art & Design Education, 2017, xDOI:10.1111/jade.12095.

③ Gilles Deleuze. *Différence et répétition*. Presses Universitaires de France, 1968, p.21.参见中译本第 27 页。

这意味着，概念一一对应地规定了所有现实中的事物，我们所谈论的差异是概念性的差异，而诸多不同概念如同链条一般彼此勾连交错，构成了表象世界。

德勒兹认为，概念和对象间存在着一种断裂、一种不匹配的状态，该状态有三种形式：名词概念、自然概念和自由概念。具体来说，概念本身的内涵是无限的，概念在被规定的任何一个层面都有可能被阻断，没有哪个实存着的个体能够和概念完美契合且完全对应。但概念是对混沌世界的赋形，是人们给词语指定了一个时空的位置，是被强行赋予了外延＝1 那个对应的实存。也就是说，概念就像是一个模具，它试图将混沌无形的世界表现出来，但任何事物都是边界模糊、内涵无穷的，概念要用预设好的边界将世界嵌套进去，这本身就是一个悖论。

名词概念正是如此，其在概念上是绝对同一的，但在实存中还有一个奇异性的复身。例如，金星这一个名词概念意在说明它是太阳系中八大行星之一，同时，早清晨它被叫作启明星，傍晚被叫作长庚星。这意味着事物本身的内涵无法被某一个概念全部囊括，但名词性的概念却强行规定了它的边界。而在同一名词的复身那里，德勒兹看到了一种概念内涵的延伸，这恰恰证明了概念的无力，概念不能趋于无限，实存只能由数量有限的词语来界定。因此，重复在“说”和“写”中形成了语言的现实强力，而外延则在这种重复的分散、弥漫中得到弥补。“重复表现为无概念的差异，它避开了无定限地继续下去的概念性差异。它表现了实存者的本己强力与它在直观中的固执——它抵制概念的任何特殊化，无论这种特殊化推进得有多远。”①

第二种是自然概念：它不是内涵有限的名词概念，而是内涵无限的，即一种潜无限，如同一个空的箩筐一样，可以承载任何东西，可一旦被安置了某物，便是有限的了。从概念上说，它已经将自己与其他所有对象区别开来，但实际上会有无限多的对象统摄于这个概念之下，例如左右，上下，多少，正负，概念总会和多个对象对应。可以看出，这些对象其实是非概念的差异，作为自然概念，他们总是对应着他物，在静观自然或观察自然，进而表象自然，“所以自然被称为异化的概念、异化的精神、自相矛盾的东西”。②自然概念相对应的是没有记忆对象，即不能在自身中拥有或集聚自身诸环节

① Gilles Deleuze. *Différence et répétition*. Presses Universitaires de France, 1968, p.21.参见中译本第 31 页。

② Gilles Deleuze. *Différence et répétition*. Presses Universitaires de France, 1968, p.24.参见中译本第 31 页。

的对象。

而自由概念不但内涵无限定，且拥有记忆，却没有自身意识，其内涵表现为在自身中存在。回忆就在这里，包含着某一行动、某一情景、某一事件、某一存在的全部特殊性，自由概念使表象和我发生关系，而我是一种自由的能力，这种能力既不让自己和产物封闭自己，又将每一个产物都思考和认定为过去。这是内感官中的一个确定的变化的机会，例如童年创伤，例如普鲁斯特的玛特莱娜小蛋糕，你会不断地重复某个记忆或习惯，有时连自己都没意识到这一重复，甚至越少意识到自己的过去，往往越是不断地重复自己。重复在此显示为自由概念、知识与回忆的无意识，显现为表象的无意识，弗洛伊德确定了这种阻断的自然理由，压抑、抵抗使重复本身变成一种真正的“强制”“强迫”。因为无限内涵和有限知识相分离导致了重复，这种带着记忆的知识在人的内部生存着、延续着、运作着，他只能作为隐藏的东西、被阻断的表象而发挥作用。

二、提出设想方案

关于如何破解语言的边界和概念的牢笼，德勒兹以鲁塞尔为例进行论述。事实上，鲁塞尔的书写价值在福柯那里就有精彩的讨论。鲁塞尔文本呈现出的一种独特的嵌套结构：“‘每一个词语都被一种可能性同时激发和耗尽，同时充满和掏空’，同时是这个意义和那个意义，同时是有意义和无意义。”[①]福柯在《死与迷宫》中谈到一个沉船的欧洲人被黑人部落捕获后给妻子的一封信：“les lettres du blanc sur les bandes du vieux pillard”，意为“白人的有关一群劫掠者的信件”，鲁塞尔将最后一个单词的 p 改为了 b，“les lettres du blanc sur les bandes du vieux billard”，意为“台球桌垫子上的白色信件”。只一个字母的改变，意思就变得截然不同。词语错位制造了歧义，将固定意思分裂为无限可能，打破了原先的阅读经验和理解范式，词语获得了自由，可以随意散播和嬉戏。正是这种僭越体验，让词语进入了非逻辑、非预设的状态，作者的意图变得模糊不清，失去对文本的掌控，失去父亲的权威，宣告了主体的死亡，人们的视线从常识范畴进入一个陌异空间。鲁塞尔把“每一个词语变成了一个可能的陷阱，它和一个真实的陷阱一样，因为一个虚假根底的纯粹可能性，为那些倾听者，敞开了一个无

---

① 米歇尔·福柯：《门槛与钥匙》，尉光吉译，《福柯文选Ⅰ》，汪民安编，北京：北京大学出版社，2015 年，第 2 页。

限的不确定的空间”。[①]在《新非洲印象》里，鲁塞尔用括号延展他的解释，括号内第二个括号去补充括号内部的东西，然后是第三个、第四个，甚至最夸张可以达到五个括号，犹如细胞分裂，无限增殖、延展细节。鲁塞尔采取了一种不断延展解释的奇异形式，句子总被在主语上添加补充说明打断。每一个补充反过来又被另一个补充的括号打断，每一个补充都保持悬置、制造破碎。这一连串断裂的、爆炸性的解释形成一个既明晰又晦暗的文本，作品看似有详细的解释，却是由无数括号制造的一个不断敞开、不断增殖，却无法进入的迷宫，“鲁塞尔的语言——更多的是通过它的方向，而不是通过它的实体——和一种神秘的语言对立了起来”。[②]他通过同音异义的文字游戏制造空白，并以叙述进行填补，从一个物走向另一个，从一种意义走向另一种。在语言表达中，只要语言进行微小的改变，词便开始位移，与它表现的物岔开，这是语言在说，而非主体对客体的认知。

可以说，鲁塞尔总是使用一些双重意义词或同名异义词，然后用一个故事或一些事物来填充这些意义的间距，最大程度地将差异纳入重复之中，就像纳入词语内部的开放空间中。这一空间被鲁塞尔称为面具与死亡的空间，在这个空间中，束缚性的重复与拯救性的重复被同时制造出来：最先得到拯救的就是那些被束缚的重复控制的东西。鲁塞尔制造出一种后语言（après-langage），在这些语言中，一旦一切都被说出，一切便会重复，便会重新开始。例如德勒兹的《批评与临床》一书标题的法语是“Critique et clinique”，发音极为相似，但意义却千差万别，即重复是差异，差异是重复，差异会随着重复而不断回归。而贝玑的方式则恰恰相反，被重复所替换的不再是同名异义词，而是同名同义性——相近性（contiguïté）意味着相近，而不是相似性（similarité）。在鲁塞尔那里，界限是近似性或选择，是同音异义词之间的差异；在贝玑那里，界限则是相似性或组合，两者都将语言引向了自身的界限，都是特异点的重复，即差异的重复。

第二节　承接与补充：“概念”和概念性人物

1990年德勒兹、迦塔利出版的《什么是哲学》延续了他在《重复和差异》

① 米歇尔·福柯：《门槛与钥匙》，尉光吉译，《福柯文选Ⅰ》，汪民安编，北京：北京大学出版社，2015年，第13页。

② 米歇尔·福柯：《门槛与钥匙》，尉光吉译，《福柯文选Ⅰ》，汪民安编，北京：北京大学出版社，2015年，第15页。

中关于概念的思考。在该书中，他认为哲学就是创造概念，概念不属于科学，专属哲学，可见概念在德勒兹哲学中的地位。如果说《差异和重复》是对传统概念的批判，到了《什么是哲学》，便是对未来概念的一种设想和建构。

德勒兹在《什么是概念》中论述了概念的四个特征，这是对名词概念、自然概念和自由概念的承接。首先，概念是多重性、丰富性、零散性的，需要衔接、剪裁和互为印证；其次，概念都有自己的历史，还会涉及其他概念的历史，它们处于不同平面的叠合中，每个概念都要重新切割剪裁，获得新的轮廓；再次，概念是异质性的，且不断在生成、变化。每一个概念都没有固定的边界、外延，而是一个多重元素的交叉点、聚集点；最后，概念不是理性论述和逻辑推演，而是一个强度值，处于一个振动中心，概念之间也形成一个共振场域，①此起彼伏，不同概念是一个个散乱、零碎的拼图，而不是一个系统化、组织化的整体。而哲学家的任务是从事物和生存物当中不断地提取事件，不断地赋予它们新的事件：空间、时间、质料、思维作为事件的可能世界，概念就是相互关联，不断僭越的、动态的星云。哲学遵循一种建构主义，德勒兹对此最重要的论断是：“概念是群岛或骨架，不是头盖骨，而是脊梁骨，平面则是浸透所有那些隔室(isolats)的呼吸运动。概念是一些绝对的、畸形的、零星的面积或者总量，平面则是无限度和不具形的绝对，既无面积也无体积，但永远是零碎的。概念是具体而微的配置，像一部机器的装配图，平面则是抽象的机器，它的配置是一个个部件。”②这意味着概念不再是一种有组织、有结构的理性框架，概念不是象征着理性、主体和权力的头脑，而是充满感觉、神经和力量的脊柱，概念不是中心化、权威性、僵化的定义，而是破碎、零散、差异因而也充满新奇和偶然性。基于此，德勒兹认为：“哲学概念是一些零散的整体，由于外缘不吻合而对接不起来。与其说它们可以形成一套拼图游戏，倒不如说产生于偶然掷下的骰子。然而，它们之间有共振活动，而且创造它们的哲学总是展现出一个强有力的、非零散的整体，尽管它依然是开放的：一种无限度的一统(Un-Tout)，一个把概念统统纳入一个独一无二的唯一平面之内的总括(Omnitudo)。这是一张台面，一片高原，一个剖面。这个平面具有坚实度，或者更准确地说，它是概念的一个内在性平面，一场漫游。”③概念和平面严格地相互关联，

① 可参见吉尔·德勒兹，菲力克斯·迦塔利：《什么是哲学》，张祖建译，长沙：湖南文艺出版社，2007年，第231页。

② 吉尔·德勒兹，菲力克斯·迦塔利：《什么是哲学》，张祖建译，长沙：湖南文艺出版社，2007年，第248页。

③ 吉尔·德勒兹，菲力克斯·迦塔利：《什么是哲学》，张祖建译，长沙：湖南文艺出版社，2007年，第247—248页。

但不应被混淆。内在性平面既不是一个概念，也不是所有概念的概念。如果概念与平面相混淆，那么将无法阻止概念成为一个独一之物，或使概念变得普遍化，失去它们的独异性(singularity)，并且平面也将失去它自身的开放性。①

二、对自由概念的发展：概念性人物(conceptual personae)

《差异和重复》中的自由概念是德勒兹青睐的，也是最接近未来概念的模型。在《什么是哲学》中，德勒兹进一步延伸了自由概念，提出了“概念性人物”，这是戴着面具的伪装者。概念性人物体现了不同的创造方式，而且它在概念创造中所体现的是差异的角色，这种差异的角色说明概念性人物所强调的不是某种哲学家人格的同一性(哲学家可以变成自己的一个或多个概念性人物)，而是各种异质要素/关系的聚合。

概念性人物在大部分情形下是隐匿的，它的存在只是暗示而已，尽管它在那里，但需要读者的重建。当概念性人物现身为自己的时候，会使用真实的姓名，但它自身不一定就完全是现实的历史人物的重现或者所指。概念性人物是紧贴着描述者的创造活动的。概念性人物也是一样，它不一定就完全吻合那个既定描述或者指定的形象，它总是携带着描述者生命意识的经验。概念性人物并不代表哲学家，哲学家的知识包装了关键概念性角色和所有其他人物，概念性人物是居间的调停者，是哲学真正的主体。哲学史是第三人称做出的言语行为，概念性人物就是哲学行为的表述者。例如尼采，他充分地利用概念性人物，正派人物如查拉图斯特拉、狄奥尼索斯，反派人物如基督、神甫、超人、苏格拉底。他们都不是文学或历史所固定的形象，他已经赋予其或为其创造了新的含义。这些概念性人物与其说是表征、暗示(隐喻)，不如说是创造。概念性人物不同于美学形象，前者是概念的能量，后者是情态上的感知。前者作为思维—存在的图景(精神元素)在内在性的平面上运行。后者在作为一个现象组合的平面上运行。

第三节　对“概念”的延展：内在性平面

一、“内在性平面”之于“概念”的意义

德勒兹区分了两种平面的存在——“超越性平面”与“内在性平面”。超

① 吉尔·德勒兹，菲力克斯·迦塔利：《什么是哲学》，张祖建译，长沙：湖南文艺出版社，2007年，第247页。

越性平面是一种被认为存在于经验维度之上的筹划的、目的论式的、精神本原式的平面，常被旧形而上学家视为哲学讨论的基点。柏拉图的"理念界"，康德的"物自体世界"皆属此列。德勒兹反对超越性平面的存在，他认为超越性平面为人们预设了一种僵化的评价机制，会使非特指生命的运动受到束缚，并逐渐趋于僵化。他试图通过"内在性平面"拆解超越的平面，通过事件与生成重构存在，通过虚拟的潜能重构经验世界，通过移动粒子及流体解构静态僵化形式，通过肯定式的差异分化拆解否定式辩证法，通过异质聚合体取代同质化解构的生成式本体论，从而破除形而上学家坚持存在(being)是经验的主体，对历史的发展及自然、生成起到主导作用的二元论哲学。"内在性平面"是一种生成于先验场域中，兼具思想与性质、理性(nous)与自然的"无深度平面"。它类似一个混沌的切面，无须为主体或形式服务，也不存在外在的超越性。其间，无数流体及粒子的运动相互追逐、彼此重叠、不断相遇，事件于此产生，差异于此分化。内在性平面作为哲学的基础、绝对凭借及界域化依据存在，不能被人类的思维所直接认知。直觉穿梭于内在性平面无数思想涌流的缠绕之中，哲学概念由此被创造，并得以发展。

概念的同一形式构成了表象世界，尽管事物被区分开来，却拥有相同的概念。差异不是概念规定的外在形式，而是一种绝对无概念的差异。德勒兹认为传统哲学思考没有摆脱为尼采所反感的贱民艺术或坏品味(le mauvais goût)，即将概念削减为简单意见一般的命题。真正的哲学不是静观、反思或沟通，"静观是在事物自身的概念被创造的时候，人们从中所见到的事物本身"。①静观之普遍性、反思之普遍性和沟通之普遍性是差异思想必须破除的范式，一言以蔽之，哲学是一种创造概念的艺术。

二、内在性平面的特点

德勒兹指出，内在性恰恰对立于内部性(intériorité)，生命、欲望完全是开放的，体现的是外部性(extériorité)，"我们甚至不相信那些激发欲望的内部冲动。内在性平面(plan d'immanence)与内部性(intériorité)无关，它就像任何欲望所来源的外部(Dehors)一样"，②以及"绝对内在性是自在的：它不在某物之中，也不能被附属于某物。它不依赖于某个客体，也不归属于某

---

① 吉尔·德勒兹，菲力克斯·迦塔利：《什么是哲学》，张祖建译，长沙：湖南文艺出版社，2007年，第207页。

② 吉尔·德勒兹，克莱尔·帕尔奈：《对话》，董树宝译，郑州：河南大学出版社，2019年，第142页。

个主体”。[1]内在性平面不是一个概念，也不能被思维认识，它更不是一种方法论，而是不同思维交相辉映、相互碰撞的自由场域。

首先，平面的要素是图解特征（diagrammatic features），而概念是集约特征（intensive features）。前者是无限运动，而后者是这些运动的集约坐标，就像原剖面或微分位置：它是有限运动，其中无限现在只是速度，并且每一种速度构成一个平面或体积；它是不规则的轮廓，在扩散程度的层面上标志着停止。前者是方向，在性质上是分形的，而后者是绝对的维度，是集中定义的、总是残缺不全的表面或体积。前者是直觉，而后者是内涵。莱布尼茨和柏格森认为，每一种哲学都取决于一种直觉，其中，哲学概念通过强度的细微差异来不断发展。在内在性平面的基础上，哲学创造了概念。同时，新的概念溢出自身边界，并在传统哲学界域不断僭越、颠覆。创造概念也是不断与外部建立联系的过程。在连接里，概念才暂时存在于与其它概念的共振与相遇中。

其次，内在性平面是混沌状态。德勒兹认为，“内在性平面像混沌状态的一个切面，也像一个过滤器。”[2]混沌不是一种惰性或静止状态，也不是偶然的混合物。混沌制造混乱，拆解所有无限中的一致性。这不是一个拼图，而是群岛，因为拼图的每一片在互相调整后仍能构成一个整体。它是“一堵由可活动的，没有用水泥固定的石块砌成的墙，其中的每个元素都有独立的价值，但这价值又是通过与其他元素的关系体现的：隔离群与漂浮关系，岛屿与岛屿间隙，移动的点与曲折的线，因为真理总是有着‘不平整的边缘’”。[3]为了斩断西方哲学长久以来对于树状思维模式的依赖，拆解存在于经验界之上的超越性平面，反对极度中心化、等级制森严的有机论身体，德勒兹通过对康德、柏格森、弗洛伊德等哲学家观念的批判性吸收，搭建了一种差异的、肯定式的、内在的、动态的先验经验主义哲学。

德勒兹将哲学的任务描述为创造概念，将艺术的任务描述为创造感觉和感知——“感觉的聚块”（bloc de sensations）。无论是哲学还是艺术都旨在“创造”，这是要与传统艺术理论中静态、系统化的“表象主义”划清界限，

---

① Gilles Deleuze. *Pure Immanence*: *Essay on A Life*. Trans. Anne Boyman, Zone Books, 2001, pp.25—34.

② 吉尔·德勒兹，菲力克斯·迦塔利：《什么是哲学》，张祖建译，长沙：湖南文艺出版社，2007年，第257页。

③ 吉尔·德勒兹：《批评与临床》，刘云虹，曹丹红译，南京：南京大学出版社，2012年，第183页。

并且强调哲学与艺术的生成性力量，一种对形而上学、认知模式，乃至日常经验的反思和突破。基于此，德勒兹认为概念是哲学最重要的元素，但原先的概念指向了同一的表象世界，差异被设定为外在于概念的差异。由亚里士多德发端，经由莱布尼茨，直至黑格尔的差异哲学，西方哲学传统满足于将差异纳入概念一般之中，错误地将差异之概念与单纯的概念差异混为一谈。只要差异被纳入概念一般之中，就无法获得任何奇异性的理念，只能停留在已然由表象所中介的差异之元素那里。差异的概念意味着它不能被还原为单纯的概念性差异，它需要一个理念之中的奇异性，重复的本质意味着它不能被还原为一种无概念的差异，它表现了作为理念之强力的奇异性。只有差异化的概念，有生产性的、具有内强量的概念才是他期待的未来概念。

概念体现了德勒兹的生成思想，生成不同于变化，变化以具有固定本质的存在为基础，是实体从一种状态到另一种状态的改变，其本质并没有变。生成无始也无终，没有起源，也没有特定的目标或最终状态，它始终处于中间。生成是潜在的，生成是在完全的无器官身体上发生的潜在事件，是感受的变化，是变化的动力，是纯粹差异的力量。因此它不是获得一个具体的形式，不是类似、模仿或认同。生成逃避现在，并不现实化于具体的事物和状态之中，它可以同时在两个相反的方向上运动，肯定两种相反的意义。就像《爱丽丝漫游奇境记》中的爱丽丝一会变大一会变小，这意味着不能以固定的身份或思路把握世界。生成以差异为基底，一切都在生成差异。生成差异是绝对内在性的运动，它不以任何超验的理念或本质为基础或目的。世界由生命的生成之流构成，无意识的欲望生产时时刻刻都在进行，所有的事物和状态都是纯粹的生成流中相对稳定的时刻。基于此，德勒兹认为“哲学是一种重视未来的政治行为，在这里未来被理解为开放式的”，[①]而不断开放的、差异的、新生的概念使哲学不断生长，永远焕发生机。

第四节　内在性的体现

德勒兹认为：“内在性仅仅内在于自身，是一个被无限的运动穿过，被内

① 保罗·帕顿：《德勒兹概念：哲学、殖民与政治》，尹晶译，郑州：河南大学出版社，2017年，第79页。

强的纵坐标填充的平面”,[①]“绝对内在性是自在的:它不在某物之中,也不能被附属于某物。它不依赖于某个客体,也不归属于某个主体”。[②]需要指出的是:第一,内在性不是内部性(intériorité),德勒兹不相信那些所谓的激发欲望的内部冲动,因为内在性与内部性无关,与内部相对应的是外部(Dehors),两者依然属于主客内外的范畴;第二,内在性也不是超验性(transcendance),宗教神学就是围绕超验性的形而上的维度建构的,德勒兹、加塔利反对将卡夫卡的主题归结为负罪感的内部性、法律的超越性、宗教的超验性的表述行为,因为表面的超越性元素正是卡夫卡所要批判与消解的对象,这是基于纯粹内在性来批判和瓦解超验性的一次努力。

“内在性”是德勒兹的思想根基,从他阐释卡夫卡的文本中就可以窥得全貌。卡夫卡的作品构成一个文化现代性的解释漩涡,聚集起各种交叉与冲突的理论话语。对卡夫卡的诠释大致有三类:一是宗教—神学的解释,二是精神分析—存在主义—社会批判的解释,三是内在性诠释。所谓宗教—神学的解释就是围绕超越性的形而上的维度上建立起来的解释。基督教神学家汉斯·昆认为在卡夫卡的文学中体现了“诗与宗教的同一性”:“在一个实证主义的、科学的和官僚主义的世界里,可见的、可触及的、可计算的东西被视为真正的和最终的实在,而卡夫卡在这个世界里却执着于超验。与他早期所读过的尼采不同,卡夫卡不是一个否定最高价值、宣布上帝死亡的无神论者,更不是一个用最高价值重估其他一切价值、没有目标的虚无主义者”。[③]而本雅明认为对卡夫卡有两种误读:世俗的经验解释和神圣的超验解释。本雅明指出了一个新的内在性维度,而德勒兹、加塔利将其延续了下来并转化为内在性生命的欲望。

具体来看,卡夫卡作品中的系列是由多种分子构成的,分布在普通系列里的项次处于一个系列的结尾或另一个系列的开端,标志着各个系列之间的关联、变换或者增殖的方式,意味着一个片断添加到另一个片断上的方式。这些特殊的系列由起连接作用的特殊项次构成,因为每一项次都增加了欲望在内在性领域里的关联。例如,K 在《城堡》《审判》里遇到少妇群。这些年轻妇女几乎都依附一个片断:K 被捕以前的女友艾莉莎跟银行片断

① Gilles Deleuze, Felix Guattari. *Qu'est-ce que la philosophie?*. Les Éditions de Minuit, 2005, p.49.

② Gilles Deleuze. *Pure Immanence: Essay on A Life*. Trans. Anne Boyman, Zone Books, 2001, pp.25—34.

③ 汉斯·昆,瓦尔特·延斯:《诗与宗教》,李永平译,北京:生活·读书·新知三联书店,2005年,第293页。

的联系如此紧密，以至于对审判一无所知，前来找她的 K 本人也不再考虑审判，只关注银行；洗衣妇跟执勤员和预审法官等下级官员的片断紧密联系；莱妮则依附于律师片断。出现在《审判》《城堡》里的女性群身上集合了姐妹、女佣和娼妓的不同品质，如奥尔珈既是城堡里女佣又是妓女。这是一些弱小人物身上的次要品质，它们是有关一部决意属于弱势群体并从中获得颠覆性力量的文学的构想的一个组成部分。德勒兹、加塔利认为女性系列反映了自由权的三个级次：运动的自由权、话语的自由权、欲望的自由权。第一个成分是姐妹：由于隶属家庭，她们总是想逃离家庭机器。卡夫卡谈到跟姐妹们在一起的时候，总是放松、坦率、强势、兴奋，如同在文学创作状态中，卡夫卡把文学创作定义为一个荒无人烟的世界，居民便是他的姐妹们，他置身于此享受自由。第二个成分是女佣：她们被禁锢在官僚机器上，总是设法逃出。女佣使用的语言既非意指也非个体性，是从寂静中诞生的声音，卡夫卡到处寻找这种声音，她们的话语早已是一种群体性配置的一部分，一次集体投诉的一部分，它不是一个隐藏或变异的表述主体，而是处在运动中表达的纯粹质料。第三个成分是娼妓：她们处在家庭的机器、夫妻的机器、官僚的机器等所有机器的交叉点上，更有理由外逃。她们所造成的憋闷或哮喘病不光来源于压迫，也是由于她们脱离领土，在异国他乡的流亡生活中挣扎、迷失、抑郁。这三种成分单独并不成立，常常同时显现一个人物身上，这就是卡夫卡追求的完美组合物。

可以看出，长篇小说不以某一个人为主人公，而是一种包罗万象的配置。一方面，它是片断性的，本身在无数个延续的片断上延伸开来，分化为一些本身也是配置的片断。片段性可以固定、变化、游移，灵活性与固定性具有相同的强制力，但灵活性具有更大的挤压效果。可以说，每一个片断式单元都是权力、欲望、另建领土的具体过程，而且受到超验的法律的某种抽象活动的制约。但一套配置也有脱离领土的可能，它沿着这条逃逸线移动，使表述行为和内容脱节，让变形的内容逐渐展开，让配置延伸到一个无限度的内在性的领域当中，让片断从中溶解，把欲望从具体化和抽象化当中解放出来，而这一切总是依赖少数群体、弱势文学的革命性。

小　结

在人类的认识过程中，人们从感性认识上升到理性认识，把所感知的事物的共同本质特点抽象出来，加以概括，形成了概念。概念是自我认知意识的一种表达，是人类认知体系、思维结构中最基本的构筑单位。但德勒兹却要重新定义概念，他取消了概念的边界，解构了概念的权威，批判了概念背后的理性秩序，他所谓的概念是一种思想的游牧、强度的共振。概念通过差异的、乔装打扮的、极具戏剧性的概念性人物展现出来，只有这样，概念才不是僵化的框架，才有灵活变化、不断生成的可能，这说明传统的认识系统无法生产出新的概念，只有内在性平面才是一种全新的培植土壤。它是一种混沌的、无规则的、被不断僭越的场域，它无中心、无组织、无结构，事物是不断游走、波动、共振的粒子状态，带着不同的强度彼此相遇，自由组合。在德勒兹看来，平面是伴随性的，伴随着点的发射、线的延伸。平面既不是预存的，也不是后来形成的，它与点和线同时出现，它就是由点和线所勾勒出的平面。这种伴随性使得面成为德勒兹差异哲学和美学中的最后一块拼图：一方面，面似乎是点和线的依托，点之发射和线之延伸就记录在平面之上；而另一方面，平面又是一种规划(plan)，点与线正是在平面上取得了一种融贯性。内在性平面既没有形式或形式的发展，也没有主体或主体的形成，既没有结构，也没有发生。只有未成形的元素、粒子之间的动与静、快与慢的关系，只有无主体的个体化。它不再指向某种精神的筹划，它指向一个抽象的规划，它是一种不断增殖的平面、无限蔓延的平面。它像块茎的根须一样恣意生长，没有中心，“去辖域化”，它可以无限延长，穿越边界，抵达外界。

第六章 对表象世界的修补:单义性

德勒兹从亚里士多的《形而上学》中的种差入手,进而对表象世界进行了强烈的批判。种差是被制造出来的,在它的上游是同一性概念或共同的属,它是构成表象世界的中介,但存在(being)自身不是一个种或者属。当我们用种的概念去言说一个单义之物时,难道不是多义之物在我们之中被言说着吗?所以,在种差的框架中,我们永远无法真正地呈现出那个事物。所以说种差是虚假的,人为制造的,当种差的迷障被打碎,表象世界被摧毁,事物以何种方式存在?这一次,德勒兹要从"存在"入手。《存在与时间》中,海德格尔谈到存在既是最明了的概念,也是最晦涩的概念。现实中大多数人认为存在这一概念是自明的,也是最清楚的,故无须发问"何为存在",更无须去研究"何为存在",可哲学的终极任务本来就是要解释"何为存在"。作为思考者,如果你把"存在"这个最晦涩的概念误认为简单、明了、无须解释的,那么你注定就犯了大错。于是,德勒兹提出单义性(univoque)的概念,单义性是一种差异的存在方式,它试图冲破自巴门尼德到海德格尔的同一性存在的牢笼。

第一节 单义性的意义:单义性即存在

一、单义性即存在

德勒兹认为类比是构成表象世界的重要机制,其方法是在属差和种差之间建立某种共谋关系。而"当单义性存在本质地、直接地与个体化因素发生关系时,我们没有将个体化因素理解为一些在经验中被构成的个体,而是将它们理解为个体之中的先验原则,与个体化过程共时的、无政府的、游牧的、可塑的原则;将它们理解为既有能力消解、摧毁诸个体,又能将它们暂时构成的东西：即存在的内在样态，其从一个奇异点过渡到另一个奇异点并在形式和质料下往复和交流”。[①]存在的单义性表明，个体化先于形式和质料、种和部分，先于属差、种差，甚至个体差异直接与差异发生关系。属差和种差在类比中将个体差异纳入一般之中，而单义性存在直接述说着个体化差异和奇异点。可以说，单义性本身就是差异。

存在是单义性的，海德格尔在“存在的原则”的论述中分析了单义性和类比：“假如一个概念的意义内容，也就是说，它所意向、所表达的东西也在同一个意义上被意向，那么它就是单义的”。[②]德勒兹从两个方面进行论述：首先，原有的存在论是一种概念的存在，概念是按照预设的范畴、框架对事物的把握，这是一种外在的、机械的模式，而存在者真正的、细微的差异就在这种框架中被删减、被遮蔽了。从巴门尼德到海德格尔都不断充斥着同一种声音。巴门尼德认为：“能够被思维的事物与思想存在的目标是同一的；因为你绝不能发现一个思想是没有它所要表达的存在物的。”这种论证的本质是：当你思想的时候，你必定是思想到某种事物；当你使用一个名字的时候，它必是某种事物的名字。因此思想和语言都需要在它们本身以外有某种客体。而且你既然可以在一个时刻而又在另一个时刻同样地思想着一件事物或者是说到它，所以凡是可以被思维的或者可以被说到的，就必然在所有的时间之内都存在。因此就不可能有变化，因为变化就包含着事物的产生与消灭。德勒兹谈道：“如果说存在是绝对共通的，它并不因此就是属；只要用命题的范型来取代判断的范型就足够了。从被看作是复合存在物(entité complexe)的命题中，人们区分出了：意义，或命题的被表现者；被意指者(在命题之中表现自身的东西)；表现者或意指者，它们是号数的样式(modes numériques)，亦即一些微分因素，它们构成了具有意义与指称的元素的特征。即使在严格地意指相同的事物时，各种名称或命题也不具有相同的意义，(长庚星—启明星、以色列—雅各、plan—blanc)。”[③]意义之间的区别确实是一种实在的区别：但这一区别却没有体现内部微分的差异，它只是标志了一种形式的、症候学的区别。单义性意味着存在本身就蕴含着全

---

① Gilles Deleuze. *Différence et répétition*. Presses Universitaires de France, 1968, p.56.参见中译本第76页。

② 乔·休斯：《导读德勒兹〈差异与重复〉》，廖鸿飞译，重庆：重庆大学出版社，2020年，第67页。

③ Gilles Deleuze. *Différence et répétition*. Presses Universitaires de France, 1968, p.52.参见中译本第70页。

部个体化差异和内在样态，它是绝对的、唯一的差异。德勒兹认为单义性存在的本质就是与各种个体化差异关联在一起，个体化差异是不同程度的强力，正如善与恶、黑与白的差别是因为强度不同。各种差异并不拥有相同的本质，而且它们也没有改变存在的本质，就像白色与不同的强度关联在了一起，但它从本质上说仍然是相同的白色。并不像巴门尼德所认为的那样，存在着两条“道路”，即真理之道和意见之道，巴门尼德认为人们领悟到感官世界的虚妄，而这个感官世界的背后，有一个本身存在的真实世界，并能为我们的知识所理解。我们的感官世界证明这个世界是假的，然而却被我们的理性所容纳和利用。①德勒兹反对将存在理解为真理与意见的两条道路，而存在是在唯一的、相同的意义上述说着它所述说的一切差异。也就是说，并不因为存在本质上的相同就抹杀各种差异，例如，黑人、白人、男人、女人其本质都是人，不能因为本质上相同就抹杀人内部的多种差异，也不能因为多种差异就否定人的本质。

二、单义性取消了建立在通感之上的判断

德勒兹认为单义性存在暗含了一种分配机制。在表象世界里，类比规则是最重要的规则，它在各个领域起着作用，其原则是人人都具有的通感、常识、良知，这被看作最公平的东西。但这一类分配是通过固定的、成比例的规定进行的，这其中，范畴起到了至关重要的作用，它让每个事物被纳入不同的属性、特质或领域之中，确定了自己的边界、位置和类别。从古希腊神话中，诸神都有着自己的领地，自己的权利和分管的事物就可以看出，西方思想从思想之源头就存在着一种逻各斯的分派原则。

但另一种分配完全不同，即游牧分配，这就是德勒兹著名的游牧空间：牧民跨越边界、漫游在莽原之上，移动无规律可循，呈现出“以线定点”的特征，线条没有任何指引而变得随意、驳杂，它既不同于移民有明确迁徙路线的带状空间，也区别于城邦由组织、制度、规划建立起来的格子空间。牧民不受限于任何范围和场所，对他们来说，土地不意味着故乡，而是向着四方

① 巴门尼德的学说表现在一首《论自然》的诗里。他认为感官是骗人的，并把大量的可感觉的事物都斥之为单纯的幻觉。唯一真实的存在就是“一”。一是无限的、不可分的。它并不是像赫拉克利特所说的那种对立面的统一，因为根本就没有对立面。举例来说，他显然认为“冷”仅仅意味着“不热”，“黑暗”仅仅意味着“不光明”。巴门尼德所想象的“一”并不是我们所想象的上帝；他似乎把它认为是物质的，而且占有空间的，因为他说它是球形。但它是不可分割的，因为它的全体是无所不在的。巴门尼德把他的教训分成两部分，分别叫作“真理之道”和“意见之道”。

侵蚀扩张，具有开放性、流动性、弯曲性和多元性。游牧是一种解辖域化的、不断逃逸的、走向外部空间的最佳方式。可以看出，无论福柯还是德勒兹都试图向不可见的异己的边界越出，抵达一个解域的外在思想。游牧分配是一种无所有的、无围墙的、无限度的游牧礼法。这里存在的不再是一个被分配者的分割，而是一种分派，其对象是在一个无界限的开放空间中被分配的东西，没有任何东西属于任何人，所有人都以尽可能遍及更多空间的方式被布置在各处。也就是说，这种分配不是按照统一的标准、固定的规则、外在的秩序进行的，而是一种随机的、偶然的、流动的分配原则，这是一种与定居空间对立的游戏空间、游戏规则。这是一种与“填充一个空间”“在空间中被分割”截然不同的“分割空间”。“这是一种流浪的分配，甚至是一种‘谵妄’的分配，根据这种分配，诸事物布满了一个未分割的单义性存在的全部广延。不是存在根据表象的诸要求被分割，而是所有事物被分派在单义性存在的单纯在场之中。”[①]德勒兹认为这样一种分配是着魔的、捣乱的、挑战秩序的，因为恶魔的特殊性正是在希腊诸神活动场地的间隙中行事，他们跳过屏障或围墙，搅乱所有地。俄狄浦斯的歌队呼喊着：“哪一个恶魔跳得比最远的跳跃还要远？”[②]在这里，跳跃表现了被种种游牧分配引入表象之定居结构中的躁动。

此外还有等级。同理，这样的二分也适用于等级。有一种等级是根据诸多存在的界限，根据诸多存在相对于一条原则而言的接近程度或远离程度来衡量它们的。另一种等级是以强度为着眼点来考察诸事物与诸多存在的：强度就意味着事物不再将自身维持在固定的界域和法则中，而是在不断运动、逃逸、僭越，抵达自己能力的极限，突破自己边界，让自己内部的差异获得释放和爆破。在这里，狂妄（hybris）、无序不再是怪物，不再被谴责，最小的东西也会变得与最大的东西相等，那些边缘的、弱小的、被遮蔽的部分不断翻涌而出，重新获得可见性。也就是说，单义性没有中介，直接跟事物发生关联，每个事物之间不是种差、属差这些概念的差异，而是内部不同的强度差异，它将分配的、平面的、广延的差异变成了游牧的、垂直的、力的、内强的差异，在这个游牧的世界里，“‘一切都是相等的（人人平等）’这句话可以保留，但必须作为积极的言辞展现了相等的单义性存在中的不相等的东

① Gilles Deleuze. *Différence et répétition*. Presses Universitaires de France, 1968, p.54.参见中译本第73页。

② 索福克勒斯：《俄狄浦斯王》，《罗念生全集（第二卷）》，上海：上海人民出版社，2007年，第381页。

西:相等的存在在不借助任何居间者和中介的情况下呈现给了所有的事物,虽然诸事物被不相等地保持在了相等的存在之中”。[①]事物没有等级,如同粒子一样在无序中狂欢、游离、共振、散播,在这里,大与小、善与恶、强与弱不是以类比的方式呈现,而是以强度的、差异的方式呈现,可以说,单义性存在是游牧的分配和无政府状态。

三、单义性不是类比,也不是特殊化

德勒兹认为试图将类比与单义性进行调和是不可能的。类比建立在属差和种差间的某种共谋关系之上,但存在不能被设定为共通的属,单义性摧毁它被这样设定的理由,摧毁了种差存在的可能性。从类比的观点看来,一切都在属和种的中间区域内,在中介与一般性中发生,而单义性存在本质地、直接地与诸个体化发生关系,个体化因素不是在经验中被构成的个体,而是个体之中的先验原则,是与个体化过程共时的、无政府的、游牧的、狂欢的原则,是既有能力消解、摧毁诸个体,又能将它们暂时构成的东西。个体化不同于种差,且原则上先于形式和质料、种和部分,它既不靠形式也不靠质料,既不是在质的层面上也不是在外延的层面上。德勒兹认为类比对应的是存在,而单义性对应的是非存在,如果存在是一种固定的概念、命题、话语所构成的表象世界的话,那么单义性是一种(非)存在、?-存在,它以发问—问题的方式包含着自己的差异,单义性本身就是差异。需要指出的是,事物不是在一个不是单义性的存在中作为单义性的东西存在,而是事物的个体性在存在之中,对单义性的存在来说,事物是复数的、多义性的。

第二节 单义性的理论来源

一、邓·司各脱:单义性存在之初探

世界究竟如何存在?德勒兹的回答是存在是单义的(univocal)。他呈现了单义性的发展谱系,他最先追溯到邓·司各脱(Duns Scotus),司各脱将单义性称为存在赋予了独一的声音,将单义性提升至最为精微的境界。

---

① Gilles Deleuze. *Différence et répétition*. Presses Universitaires de France, 1968, p.55.参见中译本第74页。

中世纪，经院哲学家反复争论的一个核心问题是：人如何凭借有限知性去获得关于上帝的确切知识？阿奎那所代表的类比论（analogy）认为，人之有限存在与神之无限存在是本质上的差异。奥古斯丁说：上帝是善的，所以我们才是善的，诸多存在的善必以一种更高级的形式先在于上帝之中；所有的事物从另一更高、更好的事物那里获得存在和可理解性；只有一种存在为真，其他皆为附属、次等。但对于司各脱来说，存在作为谓词，只能是单义的。"存在"这一词语无论是用于偶然事物还是造物主，都是同一个意义上的存在，也就是说，上帝与每一个事物都是同样存在着的，只是程度不同而已——实体偶然事物、造物和造物主，都是完全同一个意义上的存在。他认为存在之概念以及其他的可以普遍应用的谓项之概念不是类比的，而是只有单一的意义，因此可以在用于造物的意义上用于上帝。形而上学就是研究存在之单一意义的概念及其基本属性的科学。存在与事物的外在属性无关，上帝与事物的存在只有强度上的区别，不同事物的强度是全然不同的，它体现了事物间的绝对差异，这便是司各脱意义上的单义性。

德勒兹谈到司各脱在其著作《牛津评注》提出存在被认为是单义性存在，单义性存在被思为与无限之物和有限之物、奇异之物和普遍之物、造物主和造物无差异的中立之物。人的理智如何获得关于的神的知识？神的无限存在与造物的有限存在截然不同，后者因为分有了神的力量才作为神的类比物存在。无限存在和有限存在在概念的层面上仅仅是同一存在本身的两种样式、两个强度。也就是说，人与上帝的区别不是本质上的区别，而只是程度上的差别。司各脱认为形式/本质的区别是一种实在的区别，但未必是唯一的，"存在之单义性在诸'属性'的单义性中延续着，而且在其无限性的条件下，上帝能够在拥有这些形式上相互区分的属性的同时不失去自身的统一性"。[①]可以看出，司各脱的思想与柏拉图的分有说有相似之处，上帝被分有，但本质上并不减损自身的能量和统一性，也就是说，分有不是分割，不是整体与局部的关系，而是分有了上帝的全部，只是程度的差异，例如一个粒子无论多小都包含着整个世界，每一个粒子或事物都具有与他者全然不同的能量值，所以，在分有之后的个体中也是单义性的差异的存在。

另一类区别是样式的区别，它在存在或诸多属性之间建立起来，或者在存在于诸属性能够造就的内强变异之间建立起来，这些变异就是个体化样

---

① Gilles Deleuze. *Différence et répétition*. Presses Universitaires de France, 1968, p.57.参见中译本第 77 页。

态,它们的无限和有限恰恰构成了奇异的强度,例如白色的诸程度,本质上是相同的,但是在样式上确有诸多不同,它们的不同是程度的不同。单义性存在不仅内含了那些本身具有单义性的质的形式或不同属性,而且还使自身以及形式或属性与那些内强因素或个体化程度关联在一起。这些内强因素或个体化程度在改变了存在之样式的同时,不变更其作为存在的本质,在形式和样式这两类区别下,单义性存在在自身内并通过自身与差异关联在一起。例如,在亚里士多德的传统中,质料是个体形成(individuation)的原则:彼得和保罗两个人不同,不是因为他们的形式,而是因为他们的质料。司各脱抛弃了这种观点:使彼得和保罗彼此不同的不是质料,而是一种每人所独有的独一无二的身份特征,或者叫作"存在的个体性",或者说"这个"。一个人,如苏格拉底,既有一个共同的人性又有一个个体形成的原则。这意味着个体化样态分有了上帝,但各个样态之间存在着奇异性,它们葆有不同的内强量,内强的不同造成了个体化程度的差异,因而每个样式的都是不同的、微分的。

但是德勒兹认为,单义性存在旨在说明无限和有限在存在之中的共通性。甚至像司各脱那样的论断也是不够的,因为他不满足于分析一个既成个体的各种元素,而是要上升至作为形式的终极现实性的个体化的构想。在司各脱那里依然有一个本质上要实现的终极个体化构想,也就是上帝。但司各脱发现了单义性的存在,并把它当作是差异的,这在中世纪的语境中实属难得。

二、斯宾诺莎:单义性存在被肯定

斯宾诺莎的形而上学体系属于巴门尼德所创始的类型,实体只有一个,即"自然即神的化身"。斯宾诺莎反对笛卡尔那种渗透着类比的实体理论,反对笛卡尔将存在论的、形式的、号数的(实体、质、量)严密地混合在了一起的区别概念,笛卡尔认为有神、精神、物质三个实体(当然他认为只有神才是真正意义上的实体,所谓实体,笛卡尔认为是能够自己存在而其存在并不需要依靠别的事物证明的一类事物)。斯宾诺莎则绝不同意这种看法,在他看来,思维和广延全是神(即自然或实体)的属性。神还具有无限个其他属性,因为神必定处处无限。个别灵魂和单块物质在他看来都是形容词性的东西,这些并非实在,不过是"神在"的一些相。基督教徒信仰的那种个人永生绝无其事,只能够有越来越与神合一这种意义的个人永生。有限事物由其物理上或者逻辑上的境界限定,换句话说,由它并非某某东西限定:"规定即否定",完全肯定性的"存在者"只能有一个,它必定绝对无限。

首先，从斯宾诺莎的实体、属性、样式学说谈起。斯宾诺莎没有将单义性存在当作中立的，而是把它当作纯粹肯定的对象，单义性存在被视为独一的、普遍的、无限的实体，被设定为神或自然，理解斯宾诺莎的单义性要将其放置在其思想体系中进行讨论。斯宾诺莎的唯物主义世界观集中体现在他的关于实体、属性和样式的学说中。什么是“实体”？斯宾诺莎认为：“实体，我理解为在自身内并通过自身而被认识的东西。换言之，形成实体的概念，可以无须借助于他物的概念。”[①]实体不被他物所产生或创造，实体不依赖于他物而独立存在，实体不用借助于他物而得到说明。斯宾诺莎在其著作中屡次把实体称为“神”“上帝”或“自然界”。他认为：“除了神以外，不能有任何实体，也不能设想任何实体”，“自然的力量与上帝的力量是一回事”。这里的“上帝是万物的内因，而不是在万物之外起着作用的原因——外因”。斯宾诺莎根本上否认了那个站在自然界之外并创造自然界的上帝，而是把上帝与自然界等同。所谓“属性”即实体的本质，按照实体的本性，它的属性是无限的，但是“从知性看来”，即就人的认识限度而论，我们只知道其中的两个属性，这就是思维和广延。斯宾诺莎试图通过将笛卡尔的思想实体和广延实体降低为实体的属性的方式，来化解他的二元论。一方面，思想与广延不是两个实体而是同一个实体的两个属性，因而两者是同一的。另一方面，由于两者性质不同，所以又是相互独立，互不限制的。“样式(modus)，我理解为实体的分殊，即在他物内通过他物而被认知的东西。”按照他的观点，宇宙间只有一个实体，万事万物乃是这个实体的特殊表现形式，它们既相互区别又相互联系、互相制约，构成了一幅千差万别的统一图景。可以看出，斯宾诺莎为实体、属性、样式安排了奇妙的分派，实体＝上帝＝自然，是单一、永恒、无限、以自身为原因的必然的事物基质，而属性是理智认识到的组成实体的本质的东西，样式则是实体的状态或变化，或在另一东西以内，并通过另一东西而被人理解着。

其次，样式的差异是个体化的差异。德勒兹认为，从《伦理学》起始篇开始，它强调实在的区别不是号数的区别，而仅仅是形式的区别，即本质的区别。相反，号数的区别不是实在的区别，而仅仅是样式的区别(独一实体及属性的内在样态)。属性作为种种在质的方面不同的意义而实在地运作，它们与实体关联在一起，也就是说，属性即实体，属性之差异就是实体之差异，每个属性都各不相同，意味着每个实体也彼此差异。就像与唯一的、相同的

---

① 斯宾诺莎：《斯宾诺莎文集(第4卷)：伦理学》，贺麟译，北京：商务印书馆，2014年，第1页。

被意指者关联在了一起；而这一实体本身，相对于那些表现了实体，并作为个体化因素或强度的内在程度而存在的实体之中的样式而言，是作为一个在存在论上是一的意义行动的，从中产生了一种强力之程度的样式之规定，以及一种样式的唯一“责任”——要在界限本身中展示其所有强力和存在。因此，虽然实体与自身的样式不具有相同的本质，但属性对于它们来说却是绝对共通的。虽然样式和实体不具有相同的意义，它们并非以相同的方式拥有存在，但存在自身却在唯一的、相同的意义上述说它们。换句话说，在斯宾诺莎看来，实体是自因，是无限、不可分、永恒且唯一的。样式则是他因，是有限、可分、暂时和杂多的。所谓样式即实体的属性的“分殊”，即具体存在的个别事物。世界上的一切事物要么属于思维属性的样式，如个别的思想、观念、情绪、情感等，要么属于广延属性的样式，如一切具有广延的物质事物。样式因为强力程度的差别，而形成各式各样的差别，也正是这个意义上，实体根据属性之本质而被所有属性平等地意指，根据样式之强力程度而被所有样式平等地表现，就此而言，任何等级都被否定，单义性不再是司各脱意义上的中立化，而变成一种肯定的、表现性的命题。

三、尼采：单义性存在之被实现

斯宾诺莎的实体是独立于样式的，而样式虽然将实体当作异己的东西，却依赖实体，实体本身应当述说且只能述说那些样式。若要满足这样一种条件，只有以一种更为一般的绝对颠转为代价。根据这种颠转，存在让位给生成，一述说多，同一性不再是根本的，而被当作次要的派生原则，它使差异向自身概念敞开，而不是将差异维持在同一概念之下。而这正是尼采的永恒回归要表达的。

首先，永恒回归是差异的遴选方式。尼采将历史描写为一系列永不停止的重复循环。他设想了一个与理性世界截然相反的权力意志的世界，一切先验的通感、预设的前提、制造的同一都在这个世界中消解了。回归即生成，生成的核心是“表现”和“创造”，一种生生不息的、不断交汇的、无始无终的能量转换。所以，只有极端的、过度的、差异的东西才能回归，所以，永恒回归只述说那些变形的、戏剧性的世界。

其次，永恒回归是所有差异的共在，是对单义性的肯定。“永恒回归、复归表现了所有变形的共通存在，表现了所有极端之物的尺度和共通存在，表现了所有作为被实现之物的强力程度的尺度和共通存在。它是所有不等之物的相等—存在，是有能力使它的不等性得到充分实现的相等—存在。所有变为相等者的极端之物在一个规定了它们的回归的相等的、共通的存在中交流着。”[1]德勒兹认为永恒回归制造了一个共在的空间,这个空间是一种触觉的、无定形的、非同质的且连续流变的多元体的拼缝。其中,“一”是包裹着多的统一体,这个多将一以级数的形式展开。“一”具有包裹和展开的潜能,而“多”则既与它在被包裹时所制作的褶子不可分,又与它在被展开时的褶子的展开不可分。在这个意义上,巴洛克风格是一种过渡状态:在发散性、不可共存性、不协调、不一致的流变中,古典主义的理性秩序崩溃了。它将发散性分配为同样多的可能的世界,将不可共存性分配为一切世界之间的同样多的界限。这种迷宫诗学是一种块茎思维,块茎自身具有异常多样的形态,在各个方向都分叉的表面延展,是一个网状的多元体,可以无限衍生,不断生成状态,在无限差异的基础上寻求共性。块茎通过变化、拓张、征服、捕获、旁生而运作,是可分解、可连接、可翻转、可转变的,有多重入口、出口和无数逃逸线。块茎是一个去中心化、非等级化和非示意的系统,没有权威,也没有组织性的记忆或中心性的自动机制,它仅仅为一种状态的流通所界定。一个块茎始终居于中间,既不是开端也不是终点,是彼此连接的多元体,每个块茎都可以从任意角度被阅读,也可以与任意其他块茎建立关联,这是一个连续的、自振动的强度区域。在这个空间里,事物反复增殖、制造拟像、形成块茎,构建了一种蕴藏无限潜能的迷宫诗学,通过不同的折叠—展开的方式,让一切潜能被开掘,让各种可能的世界并存。尼采颠倒了斯宾诺莎的金字塔式的分层,他将样式的不同放置到最重要的位置。真正的存在不是上帝,而是各种各样差异的样式,他们没有按照统一的配比关系被区分、被等级化,而是自由地,游牧地实现着自身的个体化元素。永恒回归来的是差异、不同和无序,在这个微分的世界中共同聚合,那么单义性存在就可以在永恒回归中被实现,所以德勒兹认为“永恒回归是存在之单义性,是这一单义性的充分实现。在永恒回归中,单义性存在并不只是被思维、被肯定,它被充分地实现了,存在是以唯一的、相同的意义被述说的,但这种意义是作为它所述说之物的回归或重复的永恒回归的意义。永恒回归之中的转轮同时是以差异为出发点的重复之生产和以重复为出发点的差异之遴选”。[2]

① Gilles Deleuze. *Différence et répétition*. Presses Universitaires de France, 1968, p.60.参见中译本第 81 页。

② Gilles Deleuze. *Différence et répétition*. Presses Universitaires de France, 1968, p.60.参见中译本第 81—82 页。

第三节　个体化:对单义性的补充

德勒兹从中世纪经院哲学的松动中发现了单义性的思想因子,从而获取了解构同一性的契机,他在论述完单义性之后并没有止步,而是进一步讨论了个体化概念。德勒兹接受了法国哲学家西蒙东的"个体化"(individu-ante)思想,这一思想影响深远,布鲁诺·拉图尔、贝尔纳·斯蒂格勒等众多当代思想家都受其启发。单义性存在即个体化,但个体化的诸多理论因子和思想创造可以扩大、补充和丰富单义性的内涵。于是,德勒兹从单义性进入个体化研究。

一、西蒙东的个体化理论

德勒兹认为:"个体只能与其个体化是同时发生的,而个体化只能与个体化原则是同时发生的:个体化原则确实应该是发生学的,而不应该是简单的反思原则(principe de réflexion)。个体不仅是个体化的结果,而且是个体化的介质(milieu)。但是,恰恰从这一视角看,个体化与存在不再是同外延的;个体化必须表征这样一个时刻,即这个时刻既不是整个存在,也不是存在的第一个时刻。与存在相比,个体化必须在一种运动中可定位、可规定,而这一运动使我们从前个体过渡到个体。"[①]德勒兹援引西蒙东个体化的诸多思想,西蒙东的研究表明个体化首先假定了一种亚稳定状态,一种龃龉(disparation)的实存,龃龉至少由两个量的秩序或两个异质性实在等级构成,各种潜势存在被分派在它们中间。尽管如此,这种前个体状态并不缺乏奇异性:潜势存在的实存和分派界定了奇异点,由此出现了异质秩序间的距离规定的客观"成问题"场域。个体化作为这样一个问题的解决活动出现,作为潜势存在的现实化和龃龉存在的交流出现。个体化的宗旨不是消除问题,而是将各种龃龉化、差异化元素整合到一种耦合[②]状态中,这种状态为它们的共振提供了保证,因此,个体与一个前个体的半身接连在一起,这个半身不是个体之中的无人称存在,而是储藏个体的奇异性的场所。可

---

① 吉尔·德勒兹:《评西蒙东的〈个体及其物理学—生物学的发生〉》,董树宝译,《生产(第11辑):德勒兹与情动》,汪民安,郭晓彦主编,南京:江苏人民出版社,2016年,第309页。

② 所谓耦合即两个或两个以上的电路构成一个网络时,若其中某一电路中电流或电压发生变化,能影响到其他电路也发生类似的变化,这种网络叫做耦合电路。耦合的作用就是把某一电路的能量输送(或转换)到其他的电路中去。

以看出在西蒙东对个体化的讨论中有两层意思:

首先,个体化是一种亚稳定的存在。西蒙东将个体化“当作一个解决亚稳态系统的个案来进行研究,是从一个系统状态开始的,比如过冷或者过度饱和的系统,而这些系统会影响晶体的产生”。①个体化开始于一种亚稳态,即稳定与不稳定之间的状态,其蕴含着潜在的力量,此来实现各种潜能。个体之间不断地进行信息交换,而信息的交换有助于负熵的产生,避免系统达到绝对稳定平衡,“亚稳态可被看作前个体化的现实模式,在此之后,新的个体化就会出现。个体化的原则并不是一个被割裂的事实,存在于其自身,并先于个体存在;从严格意义上来讲,个体化原则是个体所起源于的完整系统”。②个体化原则内含于个体之中,这是一种差异的、不对称的、非均质的、矛盾的亚稳定状态。

其次,个体化是“龃龉化”的存在。“龃龉化”是西蒙东最重要的概念,它来自知觉心理—生理学,指的是深度知觉在双目立体的视觉中的产生,原因是视网膜图像的不协调性,这种不可还原的龃龉性产生出了三维视觉,后者是前者的创造性消解。每个视网膜都被一个二维图像覆盖着,但由于视差的原因,这两个图像无法达成一致,我们通过依次闭上一只眼睛就能观察到这一点。“任何二维图像都无法解决西蒙东所说的‘二维性公理’,即:两个图像之间的互不协调性。用西蒙东的术语来说,这一公理意味着一个成问题场域即视觉的客观构成,意味着一个须要被解决的‘成问题者’或客观亚稳定状况的呈现。”③

这种成问题的不协调性就是西蒙东想要用他的龃龉化概念解决的问题。为了消解两个视网膜之间的这种客观亚稳定性,人的大脑将其整合为一种新的公理,即二维性的连贯性条件。因此,体积视觉和深度知觉就作为问题的解决登场了。它们提供的解决方式就是创造出一个新的,并且是不可预见的第三维度,其并不包含在之前的两个视网膜图像中。“这从本质上说就是龃龉化的过程,西蒙东把它从知觉领域扩展到了一种一般生成逻辑那里。作为我们把握知觉活动之构成的可能性条件,龃龉化充当着一切个

① Gilbert Simodon. *L'individuation à la lumière des notions de forme et d'information*. Editions Jérôme Millon, 2005, p.26.

② Gilbert Simodon. *L'individuation à la lumière des notions de forme et d'information*. Editions Jérôme Millon, 2005, p.63.

③ Gilles Deleuze. *Différence et répétition*. Presses Universitaires de France, 1968, p.169.参见中译本第 415 页。

体化的范型。”①

二、德勒兹对西蒙东的创化

首先，个体化是在深度中发生的。德勒兹认为龃龉化提供出的解释方案可以摆脱黑格尔的综合概念与矛盾的辩证法。为了消解视网膜图像的龃龉性，龃龉化产生出了一个新的第三维度。不过，重点在于这个新的维度并未使两个视网膜之间的基本冲突消失。它将这种冲突纳入了一个新的系统中，这个系统就是深度。对于视网膜的龃龉性的维持催生了这种朝向新维度的跳跃。这个新维度既没有带来综合，也没有消解矛盾，它产生出了一种整合。这种整合将问题带到一个全新的层面上，两个视网膜之间的龃龉性在这个层面获得了新的意义。西蒙东断言：“知觉的发现不是还原性的抽象，而是一种整合、一种放大化行动。”②根据这种观点，深度知觉既没有削弱矛盾也没有消除支撑后者的视差。并没有像黑格尔正、反、合的矛盾辩证法将龃龉、差异综合到更高级的同一中，而是创造出一个全新的面相，即深度，在这里，矛盾没有被消解，在这个层面上龃龉化、差异化是个体化最重要的内核。

其次，个体化是“成问题者”。德勒兹“成问题者”概念的一个主要思想来源是西蒙东，在西蒙东那里，一切实在都是成问题者。受其启发，德勒兹进一步进行延伸，他认为成问题的结构不但构成了客观对象的一部分，也构成了主观感觉的一部分，还使人们将对象把握为符号。具体来看，德勒兹认为探寻真理意味着对符号保持敏感，把世界当作有待破解的符号。客体自身包含着它所发送的符号的秘密，符号由两个部分组成：它指示着一个客体，同时也包含着另一种异质的东西。符号中尚未被描述的秘密、有待发掘的真理正在召唤着人们的破解。但当我们看得到客体时难免失望，由于缺乏经验，我们还不能把符号和客体区分开来。客体干扰并模糊了符号，让人们迷惑，甚至失误；这需要主观的弥补，所以说，成问题者不但构成了客观，也构成了主观，且通过学习活动在认识中把握符号的特殊性。

再次，个体化是内强量。个体既不是质、不是外延、不是特殊化（种），也不是组织化，个体化在原则上先于分化，一切分化都假定了先在的个体化内强场域。正是在个体化场域的作用下，微分比（差异关系）与特异点（前个体场域）被显现出来。在德勒兹看来，西蒙东所构的“存在（Être）从不是‘一’

①② Gilles Deleuze. *Différence et répétition*. Presses Universitaires de France, 1968, p.169.参见中译本第 415 页。

(UN)：作为前个体的，存在比'一'更多，而'一'是亚稳的、重叠的、与自身同时发生的；作为个体化的，存在仍是'多'，因为'多'是'多相的'，是'导致种种新运作的生成之相'"。[①]可以看出，德勒兹将西蒙东的理论进行吸收创化，将西蒙东注重的个体性、奇异性、不对称性、成问题性、共振性、亚稳定性等特质深化为一种差异的、多元的、流动的世界，一个拓扑空间、一种繁复体。

小　结

德勒兹认为，所有差异都是由个体承担，但它们并不因此是个体差异，只要差异还从属知觉中的类似性，反思中的同一性，判断中的类比或概念中的对立这些标准，它们就不能被认为是个体的差异，即使由个体所承载，它们仍旧是一般性差异。微小的、自由的、流动的、未被钳合的差异变成了可被感觉的、被钳合的与固定的差异，在选择未发挥作用的地方，差异仍然具有流动性，当属、科、目、纲这些宏大分类单位将差异与差异性、同一性、类比性对立这些条件关联在一起时，它们就不能被用于思考差异。差异作为反思概念，对表象所有要求完全服从，表象世界就是根据概念之同一、谓词之对立、判断之类比、知觉之类似的四重特征构建而成的。当德勒兹宣判表象世界的不合理，那么事物如何存在，如何在差异中自为地展现自己？

德勒兹从中世纪经院哲学家司各脱那里获取了单义性的价值，进而一路沿着斯宾诺莎、尼采来完成对单义性的延展。单义性不服从判断的类比，没有中介，直接跟事物发生关联，每个事物之间不是种差、属差这些概念的差异，而是内部有着全然不同的强度差异。他将分配的、平面的差异变成了垂直的、内强的差异。单义性是游牧的、疯狂的、无政府的状态，当德勒兹完成了对单义性的讨论之后，并没有就此停步，而是受西蒙东的影响提出了个体化。尽管个体化与单义性精神契合，但个体化理论有新的维度，例如亚稳定性、龃龉性、成问题化等。这些思想丰富和补充了单义性理论，同时，个体化提供的解释方案可以摆脱亚里士多德建构的严丝合缝的表象链条，以及黑格尔的综合概念与矛盾的辩证法，成为冲破表象世界一次有力的尝试。

---

① 吉尔·德勒兹：《评西蒙东的〈个体及其物理学—生物学的发生〉》，董树宝译，《生产(第11辑)：德勒兹与情动》，汪民安，郭晓彦主编，南京：江苏人民出版社，2016年，第312页。

第七章 “情动”·“遭遇”·“力量”：建构一种新的主体

——德勒兹对斯宾诺莎的接受和创化

在西方传统的认知范式中，理智与情感的二元关系是一直以来被理论家探讨的话题，情感由于其含混性、变化性、流动性被放置在低级的位置，但20世纪欧陆思潮发生了巨大的转折，情感在解构主义的批判浪潮中获得了全新的意义，它被赋予击碎近代哲学以来以理性为基础建构的主体哲学的潜能。当拉康将主体画上斜杠，认为主体不是主动的，只不过是能指链条中的效果，当福柯宣判人不过是近代的产物，在200年的历史中已经耗尽元气奄奄一息时，主体开始破碎，那么，重建一个怎样的主体就成为当代法国理论界一个重要的问题。德勒兹另辟蹊径，他借助“情动”理论对笛卡尔以来的理性主体进行了釜底抽薪式的瓦解。在《柏格森主义》中，德勒兹认为，正因为情感嵌入理智社会的差别之中，从而中断了人类封闭社会的循环。情感先于任何表象，具有极强的创作性，是新观念的发生器。他设想了一个以情感为基础的社会模式：“对于一个封闭社会中的每一成员来说，如果他向情感开放，情感就传达一种回忆、一种他可以一直保持的激情。从灵魂到灵魂，情感勾勒出一个开放的社会、一个创造者的社会，在这样的社会里，人们通过门徒、观众或听众的中介从一个天才达到另一个天才。”①汪民安认为：“这是对福柯的回应，或者说，是对福柯的补充和呼应。如果说阿尔都塞相信控制了意识就控制了主体的话，福柯更多地相信，控制了身体就控制了主体。……但无论是阿尔都塞，还是早期的福柯都承认，人是一个被动之物，它要么是被意识形态塑造，要么是被权力塑造。”②“如果说，福柯的权力/身体和阿尔都塞的意识形态/主体都是在一种不对称的构架中发生关系，是支

① 吉尔·德勒兹：《康德与柏格森解读》，张宇凌，关群德译，北京：社会科学文献出版社，2002年，第204页。

② 汪民安：《何谓“情动”？》，《外国文学》，2017年第2期，第117页。

配和抵抗,是统治和被统治的关系的话,斯宾诺莎和德勒兹则强调一个内在性关系,一个贯通性的平面关系。身体和身体(物体)之间没有等级,没有操纵,没有统治,相反,它们是相互的感触,是一种内在性的没有缝隙的接壤,是接壤的刺激和招惹,是关联性的一波一波的煽动,是触碰之后的回音和共鸣。”[①]可以看出,德勒兹以“情动”主体来摧毁笛卡尔以来的理性主义,以一种“快乐的唯物主义伦理学”来替代海德格尔那里畏、烦、焦虑的人生重负,用强度世界回应阿尔都塞、葛兰西、福柯的被动主体,以一种“遭遇”思维批判统治与被统治的身心等级关系。

随着德勒兹思想的全面介绍,“情动”理论日渐受到国内学者的关注,但主要集中在对情动理论进行概念梳理和理论阐释,甚少有人讨论其背后的哲学体系和思想史意义。事实上,德勒兹的“情动”不只是一个新颖的概念,而且是一个进入主体哲学的切口,其问题意识和理论根源深埋在西方思想史的脉络中,他试图在柏拉图、笛卡尔、康德、黑格尔的理性传统之外,借助斯宾诺莎、尼采的思想资源探索一条全新的身体哲学和情动主体之路。需要追问的是:德勒兹如何从“情动”入手完成其主体理论的建构?如何以“情动”为基础建构出一套全新的认知模式?而本章的目的就是抽丝剥茧、层层深入地探究其背后的思维范式和哲学理论。

第一节 “情动”与“情状”:解构主体的入口

一、“情状”与“情动”的概念辨析

“情动”在斯宾诺莎的《伦理学》中最初以 affectus 这一拉丁语词汇的形式出现,对应着英文中的 affect(s)。同情动一起出现的还有“情状”的概念,分别与拉丁语的 affectio 和英语的 affection(s)相对应。“在古典和中世纪的拉丁语中,affectio 和 affectus 都指感情(emotion 或 passion)”,自笛卡尔开始,就“将 affectio 一词用于指性质或状态(quality 或 mode),而斯宾诺莎在这一点上通常遵循笛卡尔的用法,虽然有时也与 affectus 混用”。[②]在斯宾诺莎的概念语境中,affectus 既是名词也是动词,指心灵和身体的状态,

① 汪民安:《何谓“情动”?》,《外国文学》,2017 年第 2 期,第 118 页。
② 刘慧慧:《德勒兹“情动”理论研究》,上海大学,2019 年,第 13 页。

feelings(感觉)和emotions(情绪)与之相关却不同。德勒兹在万塞讷的斯宾诺莎课程(1978年1月24日)上提道:译者将《伦理学》中的affectio与affectus都译作affection是"灾难性的",[①]"在法语中已有两个词与affectio和affectus严格对应,即以affection译affectio,以affect译affectus"。[②]affectus是一个阳性名词,译为"情动",有"影响"之意,是一种动态的相互关联;affectio是一个阴性名词,由前者引申而出,指一种积极的情感类型,如"挚爱,眷恋、钟爱、友爱",译为"情状"。"情动"和"情感"不同,"情感"在英语中的翻译是"mood" "emotion"或者"feeling",但情感更多依赖主体。马苏米指出,两者遵循不同的逻辑,属于不同的秩序:"情绪一般认为是一个主体性的内容,是从社会语言学上确定一种经验的性质,这种经验一开始就被认为是个人的,情绪是有限定的强度";而affect则是强调身体之间的影响关系,其独特之处正在于其打破了哲学传统中的人类中心主义话语,它是一种纯粹强度和关系性的存在。"情感是跨个体的。它优先存在于个体被理解为独立单位和集体被理解为独立单位的碎片聚集之间的区别。它是'集体的',在这个意义上,它自身表现为集体的个体化(存在一定距离、跨越其差异并且形成过程相关联的大众)。"[③]可以说,对于马苏米来说,"情动是原始的、无意识的、欲望的、非主体的或者前主体的、非意指的、非限定的和强烈的;而情感是衍生的、有意识的、限定的和有意义的,是一种可以归于已经被建构起来的主体的'内容'。情感是被一个主体所捕获到的,或者被驯服并减少到与主体相适应的情动。主体被情动淹没和穿越(traversed),但主体具有(have)或拥有(possess)自己的情感"。[④]德勒兹的"情动"试图淡化主体的影响,强调动态流变的过程。

德勒兹认为"情动"是某人的"存在之力(force)或行动之能力(puissance)的连续流变",[⑤]是从一种状态到另一种状态的持续的绵延或者变化,呈现出增强—减弱—增强—减弱的变化状态,例如遇到好事或所爱的人,心情会明亮起来,遇到霉运或讨厌的人,心情又恐惧或急躁起来,这就是一种存在之力或行动之力的流变活成,正是"存在"(exist)之意。在《斯宾

①② 汪民安,郭晓彦主编:《生产(第11辑):德勒兹与情动》,姜宇辉译,南京:江苏人民出版社,2016年,第3页。

③ Brian Massumi. *Politics of Affect*. Cambridge & Malden: Polity Press, 2015, p.205.

④ Steven Shaviro. *Post Cinematic Affect*. Zero Books, 2010.

⑤ 汪民安,郭晓彦主编:《生产(第11辑):德勒兹与情动》,姜宇辉译,南京:江苏人民出版社,2016年,第6页。

诺莎与三部"伦理学"》一文里,德勒兹将"情动"用"向量符号"来标示,它区别于作为"标量符号"(signes scalaires)的情状。"向量符号"(signes vectoriels)是表示增减的记号(高兴—悲伤一类的记号);而"标量符号"则"标示了我们的身体作用之状况,呈现的是某一时刻的状态"。[1]情状不仅是一个身体对自身造成的瞬时结果,还有绵延的结果——快乐或痛苦,高兴或悲伤。德勒兹认为这些是过渡,是生成、起落,是力量的不断变化,它们从一种状态转变为另一种状态,严格来说,它们不再是情状,而是成为情动。德勒兹进一步说:"标量和向量,情状和情动必然会结合,情动总是以情状为先决条件,它们衍生于情状,但是能被简化为情状。"[2]

情状是"一个物体(corps)在承受另外一个物体作用之时的状态",[3]"是两个物体之间的某种混合,一个物体作用于另一个,而另一个则承受前者的痕迹。所有物体间的混合都将被称作情状"。[4]如"我感觉太阳晒在身上"或者"一束光落在你身上",从某种角度上来说,情状既是效果和痕迹,又是某种只知作用效果而不能把握事物之间的关系的最低等级的观念样式。斯宾诺莎由此论证,被界定为物体之混合的"情状"所揭示的是被转变的物体的本性,即被施加情状或情动的物体的本性;情状所揭示的更多的是被施加情动的物体,而非施加情动的物体的本性。[5]情状是实体/神的力量的分殊,即样式。

二、情动意味着平等而非等级

德勒兹在《斯宾诺莎的实践哲学》中指出,人们认识中常有一种误区:情状直接说的是身体,而感受[情动]说的是心灵。但斯宾诺莎并无身心二分,而是身心平行:"一方面是身体之情状及其观念,它包括外界物体之本性;另一方面是感受[情动],对身体对心灵都一样,它包括行动力量之增大或减小"。[6]近代哲学发现了人的存在,设置了主体模式,笛卡尔的主体就是指自我、心灵。他是通过怀疑一切的办法得到这个结论,在怀疑一切的过程中,他发现有一样事情是无法怀疑的,即怀疑活动本身。"我思故我在"是他的

---

① 吉尔·德勒兹:《批评与临床》,刘云虹,曹丹红译,南京:南京大学出版社,2012 年,第 305 页。

② 汪民安主编:《生产:德勒兹机器》,桂林:广西师范大学出版社,2008 年,第 305 页。

③④⑤ 汪民安,郭晓彦主编:《生产(第 11 辑):德勒兹与情动》,姜宇辉译,南京:江苏人民出版社,2016 年,第 9 页。

⑥ Gilles Deleuze. *Spinoza Philosophie pratique*. Les Éditions de Minuit, 1981, p.173.

人类知识的第一原理。从自我的存在推论出物质实体的存在，自我不依赖于物质实体，它是一种独立自在的精神实体，主体依然是实体性的。之后，康德在“先天综合判断”的理论框架中审视主体或自我，把主体理解为一种综合感性材料的能力和活动，以及一种构建经验对象的能力和活动。这就将自我从现存的实体性的存在转化为意识的先验功能或一切知识可能性的根据。康德把认识主体在认识论中的能动作用提到了空前的地位，他认为，“尽管我们一切知识都是以经验开始的，它们却并不因此就都是从经验中发源的。因为很可能，甚至我们的经验知识，也是由我们通过印象所接受的东西和我们固有的知识能力(感性印象只是诱因)从自己本身中拿出来的东西的一个复合物”。①即知识由两种成分配合而成，一种是外来感觉的杂乱无章的质料，这是主体的被动感受，一种是主体内心的有条理的能动的形式，二者缺一就不会有知识。这就明确地强调了主体在知识构成中的作用。

德勒兹借助斯宾诺莎的思想对人的意识提出质疑，意识在理性主义体系内充当了关键环节，既是向上通向对真理认识的完备中介，又是向下确保人有自由意志，能够自主支配行动、做出道德选择的基石。德勒兹指出，斯宾诺莎通过对身心关系的论断，即心物平行论，向我们提供了新的模式：身体。身体和心灵之间无因果、无差等，而我们习以为常的心灵支配身体、意识支配行动的模式并非真实，身体具有独特的地位和作用机制，我们实际上“不知道身体能做什么”。由此反观，我们对身体和心灵的认识都是不充分的，“身体超过人们对它所具有的知识，而思想同样也超过人们对它所具有的意识”。②这就意味着意识被驱逐出本质性领域，至少它并非单独起决定作用。在此基础上的“情动”理论取消了主体，认识世界的过程不是主体对客体的改造和把握，只是不同身体、多种符号的交融和混杂，在混杂中，每个元素都是平等自由的，保持着自己的奇异性，不被另一方同化或整合。“情动”即身体之间的感触，是无数复杂的“多元的力的统一”相互碰撞产生的涌流，它标志着身体属于一个相遇的世界，也标志着世界属于这些身体。当德勒兹说“正如斯宾诺莎的精妙之语，每一个物体都有一个灵魂”时，对德勒兹而言，每一个物体都有一个身体(corps)，这是一个由各种力组装起来的“无器官身体”，除了个人身体之外，家庭、社会、共同体都有身体。

德勒兹认为，某些物体在我们身上造成影响，产生了身体的情状及其这

---

① 康德：《纯粹理性批判》，邓晓芒译，杨祖陶校，北京：人民出版社，2017年，第1页。

② 吉尔·德勒兹：《斯宾诺莎的实践哲学》，冯炳昆译，北京：商务印书馆，2004年，第21页。

个形象在我们心中的观念。接着,"从一个情状的既与观念出发,必然流出'某些情感或感觉(affectus)'。这种感觉本身都是情状,或毋宁说是一种新形态的情状。……当身体存在时,它在时间中持存,并被这段持存的时间所限定;他此刻的状态与其之前的状态不可分,而形成了一个连续的持存期间。因此,对于每一个表征出我们某个身体状态的观念而言,它必然连结上另一个涉及此刻之身体状态和之前的身体状态之关系的观念"。[①]这就是情动,暗示着身体的变化过程,并产生标征这些变化的观念。布莱恩·马苏米认为,情动的身体内含着外在物的冲击,"它保存了减去冲击之物的冲击,这个冲击从引发它的实际行为和那个行为的实在语境中被提取出来"。[②]

情动的力量有两种方式实现方式:一种是在有害的际遇中我们集中力量来抵抗这个影响,相应地我们的行动能力减弱;另一种则是在与我们身体相合的际遇中,我们承受情动的力量也同样得到实现,行动能力趋于增强。德勒兹指出,"生存之力,承受情动之力量,以及行动之能力都必然是有限的",这就是强度的阈限,情动的阈限。"通过我所拥有的情状—观念,我不停地穿越着这些行动能力之流变,通过我所拥有的情状—观念以及我所发生的际遇,我不停地追随着 affectus 的连续流变直线,以至于在每个时刻,我的承受情动的力量都得以完全实现和实施。"[③]在德勒兹看来,最美好的莫过于生活于边缘,生活于承受情动能力的极限。这是一条追逐快乐情动之路,即"自我享受"之路。

情状指受影响的身体之状态,意味着起影响作用的物体之存在,而情动是从一种状态向另一种状态之转变,把起影响作用的诸物体之相关的变化考虑在内。所以,在形象情状或观念与情绪感受之间存在一种本性上的差异,虽然情绪感受可以表现情状之特殊类型:"我把情感理解为身体之感触,这些感触使身体活动的力量增进或减退,顺畅或阻碍",[④]"身体不能决定心灵使其思想,心灵也不能决定身体使其动或静"。[⑤]所以说,身体与心灵不存

① Gilles Deleuze. *Spinoza et le problème de l'expression*. Les Éditions de Minuit, 1968, pp.199—200.

② 布莱恩·马苏米:《虚拟的寓言》,严蓓雯译,郑州:河南大学出版社,2016 年,第 39 页。

③ 汪民安,郭晓彦主编:《生产(第 11 辑):德勒兹与情动》,姜宇辉译,南京:江苏人民出版社,2016 年,第 14 页。

④ 斯宾诺莎:《斯宾诺莎文集(第 4 卷):伦理学》,贺麟译,北京:商务印书馆,2014 年,第 97 页。

⑤ 斯宾诺莎:《斯宾诺莎文集(第 4 卷):伦理学》,贺麟译,北京:商务印书馆,2014 年,第 99 页。

在孰高孰低的等级之分。感受必有形象或观念，但是它不限于形象或观念；它具有另一种本性，具有传递性和流动性（transitif），存在之力与行动之力体现出一种增强—减弱—增强—减弱形式的连续流变。情动不可以还原为观念之间某种理智性的比较，而是由一个完备性的等级向另一个等级的转变和转化构成，在这个意义上，身体由某种受影响的性能所界定。当身体与另一种样式相遇时，两者的共振频率合拍，可相互协调，让现存的身体变得更加圆满，行动力增加，那么，这个的样式对它来说是“好”的，伴随着快乐的情绪；反之，如果两者的相遇遭到消解，行动力停止或受阻，那这个样式对它来说是“坏”的，带来的则是痛苦的感觉。

第二节　“遭遇”反对认知、反对通感、解构主客二分

一、“遭遇”解构主客模式

“遭遇”是德勒兹思想体系中的一个重要概念，在《斯宾诺莎的实践哲学》中，“遭遇”（occursus）意味着相遇、机缘，带有一种随机性与偶然性。在斯宾诺莎看来，一个符号可以拥有多重意义，它始终是一种效果。效果首先是一个物体在另一个物体上产生作用之时的状态，是一个物体在另一个物体身上留下的痕迹，这是一种影响（affectio），是一种混合之结果。①例如阳光在我们身体上产生的效果，它“标明”了受影响的物体的性质，而且只“覆盖”产生影响的物体的性质。我们是通过我们拥有的概念来认识我们的情状的，概念可以是感受或感觉，如对热度和颜色的感受，对形状和距离的感觉。

由于碰撞的无限和随机性，每个物体如同块茎一样存在着无数触角，延伸着无限关系，后者进行着组合或解体，导致物体也进入了一个更为庞大的物体，处于一种新的组合关系之中。这种新的组合关系并不会将事物淹没，即便最小的物体也能在组合关系中获得独立性和奇异点。这种组合关系不是僵化的、科层制的，而是一种流动的结构、内在性的平面，这种结构和平面以不同的速度产生着变化、形变、碰撞和融合。它们之间的关系以不同的节奏、差异的形象不断构建又解构着，如同一个星云，彼此交相辉映又相互独

① 可参见汪民安，郭晓彦主编：《生产（第11辑）：德勒兹与情动》，姜宇辉译，南京：江苏人民出版社，2016年，第9页。

立,不断变化、不断偏离中心,使得事物不断更新、不断解体、始终重组,让同一的、僵化的、系统性的东西破碎,且在同一时间产生的双重方向。例如,学习游泳时,我的运动和静止、加速和缓慢必须依据一种具有持续性的调整,从而与大海相互协调。在这个意义上,这种组合关系拥有多个共同体,至少由两个身体构成,其中每个身体又有两个或多个身体,直至无限,这些身体在另一个方向上结合成越来越庞大、越来越复杂的身体,直至形成整个自然界:每个身体能不断发生变化、改变结构、调整节奏,可以说,世界就是在无穷关联、无限变动的场域中运作,每种关系受到其他关系的补充,形成一种多元的、多触角的状态。正如块茎中任意两点之间皆可连接,是异质性的共通体,德勒兹认为只有当“多”被视作实词和多元体,才能终止与“一”之间的任何关联。多元体是块茎式的,统一性不再作为客体的中枢,不再被分化于主客体之中。多元体既无主体,也无客体,只有规定性、数量、维度——只有在多元体改变自身的同时才能获得增长,这意味着没有固定的组织原则,结合法则与多元体一起增长。这个多元体在扩张其连接时必然改变自身的本质。所以说,在块茎中,无法发现点或位置,只存在线。这些线被解放,被折断,或变得蜿蜒曲折。线不再描绘轮廓,而是穿越于各种事物、各种点之间,从属于一个平滑空间,它所构成的多元体不再从属于“一”,而是自身具有了一种融贯性。这些团块不再是规则、合法、有序的集合体,而是生成、游牧、模糊的多元体。

首先,遭遇反对认知(recognition),它“只能被感觉(ne peut-être que senti)”。德勒兹认为认知中的感性物不是只能被感觉的东西,而是与一个能够被记起、被想象、被构想的对象中的诸多感官直接发生关系的东西。也就是说,在主客体二元中,主体通过既有的范畴、概念、理论对客体进行把握,如此定义的客体并非客体本身,而真正的客体就在这种外在的认知框架中遗失了,正如我们永远无法穷尽一只猫的全部特征,但是,人们可以用哺乳动物、猫科动物、波斯猫、蓝短、加菲猫、宠物猫等各个不同领域的概念对其进行解读,如此,一只猫的个性、差异性和独特性就变成一种普遍性的概念。所以,德勒兹指出,感性物所并不是一个本身只能被感觉的东西,人们在把握它的时候只是把它当作认知能力、理解能力的对象。这其中暗含了一个逻辑预设——人人都先天地拥有一种感觉能力,一种各种感官协调运用的能力,也即笛卡尔、康德都推崇的通感、常识。基于此,德勒兹断言,认知并不能把握、占有事物,而遭遇才能获得事物,被遭遇的对象使感性、感觉真正在感官中诞生了。此时,事物不是感性对象,而是感性存在。它不是质，而是符号。“它不是感性存在者(être sensible)，而是感性物之存在(être du sensible)”，以认知的或经验性运用为着眼点，它是不可感的东西(insensible)。“从经验性运用的观点看来，感性只能把握那些可以同时被其他能力把握的东西。它只有在通感[常识]中才会和对象发生关系，而且这个对象应当同时被其他能力领会。当那只能被感觉的(同时也是不可感觉的)东西在场时，感性发现自己正直面其固有的界限——符号——而且还被提升至一种超越性运用——N 次方。这里不存在通感[常识]，因为后者要将感性的特殊所与限制在一种联合劳作的诸条件以内；感性因而参与到了一种不和谐的游戏之中，它的诸器官变为了形而上学器官。”①

其次，遭遇是提出问题。这需要从两个方面论述。(1)遭遇对象是符号，而非对象。受柏拉图的影响，德勒兹认为只能被感觉的东西使灵魂动荡翻腾、“迷惑不解”，即它要强迫灵魂提出一个问题。遭遇的对象——符号——才是持有问题者，是符号造成了问题。需要指出的是，德勒兹将被表达的世界当作一个符号系统，受惠于索绪尔的语言学，语言学转向的思潮重新定义了人们认识世界的方式：意义是一个符号可以被另外的符号解释的潜力，符号才是意义产生和运行的载体。“符号”是普鲁斯特使用频繁最高的词汇之一，所以说《追忆》是一部最好的制造符号的机器，表现为对于不同的符号世界的探索。于是，德勒兹从符号入手进行文本解读。在《千高原》中，德勒兹、加塔利详细讨论了符号。符号(signe)，有迹象、征象、征兆、特性、符号、标记、示意动作、手势、记号、症候等意思。德勒兹将“任何一种特殊的表达的形式化称为符号的机制，至少在表达是语言性的情形之中是如此。一种符号的机制构成了一个符号系统”。②这与福柯的观点颇为一致，福柯在《词与物》中就认为“相似性都要接受记号；但是，这个记号只是同一个相似性的中介形式。因而，这些标记的总体使第二个循环在相似性循环上滑行”。③这意味着由符号组成了一个个循环的符号链。《知识考古学》中福柯继续延伸，他认为陈述是话语的最基本单位，否定了传统语言学将陈述与对象看作彼此对应的关系，陈述无法抵达自然对象，而是一种建构效果。陈述多种多样，并与其他陈述盘根错节地交织成一个知识网络，每一个微弱

① Gilles Deleuze. *Différence et répétition*. Presses Universitaires de France, 1968, p.182.

② Gilles Deleuze, Felix Guattari. *Capitalisme et Schizophrenie 2: Mille Plateaux*. Les Éditions de Minuit, 1980, p.111.

③ 米歇尔·福柯：《词与物：人文科学的考古学》，莫伟民译，上海：上海三联书店，2016 年，第 31 页。

的调整都可能导致全局变化,即便是同样的陈述,由于语境不同、视角不同、方式不同,意义也会发生翻天覆地的变化。

德勒兹认为符号是构成世界的材料,将认识世界的方式转化为对符号的系统解读和阐释。第一,符号表意机制的普遍公式是由一个符号指向另一个符号,以至于无穷。符号与符号所指称事物或符号所表意实体的关联不可知且不对应,只能思索符号间的关联形式。那么,了解符号的意指变得无足轻重,重要的是知道符号指向哪些其他的符号,这种关联构成了无始无终的巨大网络——一个气态的、无定形的连续体。这个无定形的连续体起到了所指的作用,所指也不断地滑进能指之中,而能指是一个不断增殖的符号链。第二,符号系统造就世界统一性和多元性。当符号指向另一符号时,常常是无力、不确定的,一旦构成了序列,能指就变得极为稳固,从符号到符号再到符号的无限运动始终在循环往复,不仅符号之间形成无限的网络,符号的网络也是无限循环的。符号不仅在同一个循环中指向其他的符号,还指向另一个循环之中的符号。世界的统一性在于:符号由无数人与物质发送,构成了无数符号体系;世界的多元性在于:符号拥有不同的呈现方式,不属于同一类型。所以说,符号不被破解与阐释,就无法抵达真理,但符号和意义之间也不存在同一关联,不能以同样的方式进行破解。

(2) 遭遇是回忆而非记忆。“自觉记忆”(mémoire volontaire)是指人的理智对过去经历进行有意识的记录,记忆存储在一个井然有序的仓库,随时等待主体提取。如果记忆没有在时间线上被排布、叠加与相互作用,经验就不会形成。自觉记忆是积累经验、养成习惯的必经之路,是被动接受的过程,缺少了追寻的迫切愿望;而回忆是一种“非自觉记忆”。依靠回忆对已经留存的事物再度召唤与重新生成,这些事物总是在不经意中被提取、在无意识中显现。这需要脱离时间链条,沉入具体体验,让身体处于自然的开放状态,让体验镌刻进身体之中。“非自觉记忆”有一种驱迫人们去寻找意义的无形力量,所以说,“非自觉记忆”是一种在内容与时机上的被动综合,在形式与姿态上的主动追寻。“非自觉记忆”会直接被感觉符号引发并显现意义,例如贡布雷对于玛德莱娜蛋糕,威尼斯对于石子路。贝克特就指出,“非自觉记忆”对抗了经验习惯、瓦解了原有的时间秩序,从而获得了一种与众不同的感觉模式。德勒兹认为:柏拉图“将问题或发问等同于一种先验记忆(mémoire transcendantale)的奇异对象,其在此一领域内通过把握那只能被记起的东西而使学习成为可能……柏拉图式回忆想要把握住过去之存在……过去之存在既是无法追忆的,又是须要被回忆的(mémorandum),它同时亦受一种本质性的忘却的冲击。根据超越性运用的法则，只能被想起的东西亦应当是(在经验性运用中)无法被想起的东西。本质性的遗忘与经验性的遗忘有着天壤之别。经验性遗忘针对的是那些能够而且应当通过其他方式被把握的东西：我所记起的东西就应当是我看到的、听到的、想象的或者思考的东西。从经验性的意义上说，被遗忘者是人们在第二次寻找它时，通过记忆无法再一次把握的东西……。而先验记忆则从一开始就把握住了那只能被记起的东西：不是某一偶然的过去，而是如其所是的过去之存在或一切时间之过去”。①通过这种方式，被遗忘者向那在本质的层面上领会了它的记忆呈现了出来。它在针对记忆的同时必然针对记忆之中的遗忘。已然记下的东西亦是不可追忆的、无法追忆的。可以说，在回忆里，人突破了井然有序的认知框架，进入一种复杂、混淆的潜意识中，正是在这种芜杂中，人才有可能对事物进行重组，从而获得一种叠加的、共振的、多元的繁复体，形成一种拓扑空间。

所以，在德勒兹看来，“遗忘不再是把我们和一种本身就是偶然的回忆分割开来的偶然的无力，而是作为记忆的 N 次方存在于回忆之中，并且关乎记忆的界限或只能被想起的东西。感性的情况也是如此：对于我们那些处在经验性运用之中的感官来说，与过于微小、过于遥远的偶然的不可感之物相对立的，是一种本质性的不可感之物，其从超越性运用的观点看来与只能被感觉的东西浑然一体。因此，在遭遇中被强制着去感觉(sentiendum)[拉：感性存在]的感性本身又强制记忆去回忆需要被回忆的东西，去回忆那只能被想起的东西”。②德勒兹在《尼采与哲学》中提到两套记忆机制：“接受刺激的系统不是能够持久地保留这一痕迹的系统：一个系统无法在同一时刻既完整地记录他所经历的变化又表现出一贯容忍新生事物的接受能力。”③而在记录保留和不断新生之间，德勒兹显然选择了后者，肯定尼采以遗忘能力来支持意识、更新意识，让意识每一刻都保持新鲜、流动、灵活变化的状态。德勒兹在《普鲁斯特与符号》中也提到了遗忘，他认为记忆中每一个的阿尔贝蒂娜的形象都彼此差异，而她们终究都是同一个人。如果想通过遗忘来减轻记忆之痛，我们所能遗忘的不过是某个形象或碎片而已，新的形象会作为新的事件再度生成。唯一的办法就是追忆，在追忆中，阿尔贝蒂

---

①② Gilles Deleuze. *Différence et répétition*. Presses Universitaires de France, 1968, p.183.

③ 吉尔·德勒兹：《尼采与哲学》，周颖，刘玉宇译，北京：社会科学文献出版社，2001 年，第 165 页。

娜的形象被不断地更新,无数差异的瞬间突然地回归,形成一种流动的、繁复的,偶然因而是全新的感觉。

二、遭遇反对通感常识,是一种突然的强力

德勒兹认为西方哲学是建立在头脑、理性之上的主体哲学,而真正的思维不是头脑中的先天认知能力,也不是基于人人都有的良知与常识,而是基于神经、骨髓的刺激。所以,思维只能思考一件事情,就是我们尚未思考的事实,一个可被思考的整体是不存在的,这是思想的无力。布朗肖为整个文学做出诊断:“思考并非脑里有念头,即有的想法让人自己感受‘尚未开始思考’。……思考,就是一直以来始终都还不能思考”,“不能够”是思考之本,“同时让思考成了极致之痛的缺失、衰弱状态,但衰弱之时,却可从此中即刻散发光芒,消耗所思所想的物质载体向各层面分解变作无数独特的不可能。无法思考就有了思想”。①无独有偶,阿尔托假定“一种思考冲动或思考强制力,其经过了各种各样的分叉,从神经出发并与灵魂产生交流,其目的是达致思想。这样一来,思想被迫思考的东西亦是思想自身的中枢的崩溃、断裂、本性上的‘无能力’,而这种无能力同时又是最大的强力——亦即作为未表明的力量的 cogitanda[拉:思维存在],它们是形形色色的思想偷盗或思想的非法侵入”。②可以看出,与布朗肖一样,阿尔托也追求一种无形象思想,探寻一种非表象、非再现的崭新原则。他认为思的无能(impouvoir)就是思想,思想是一种极其痛苦的缺失、虚弱和脱节:思想从这个中心立刻发散出去,并消耗它所思考的一切有形的实体,在各个层面上分化为诸多特定的不可能性。③福柯也将阿尔托引为知己,他认为阿尔托制造了一种绝对的、不能被化约的空无,他不断接近这样的空无,又不断偏离,不断地将语言投向废墟,正如鲁塞尔的太阳,既是绝对的白光又是不可穿透的黑夜。④也就是说,思想只有在碎片和无力中才能解放自己,抵达外部。

德勒兹深受布朗肖、阿尔托与福柯的影响,他认为思想中存在着无头者,记忆中存在着失忆者,语言中存在着失语者,感性中存在着无辨觉能力

① 莫里斯·布朗肖:《未来之书》,赵苓岑译,南京:南京大学出版社,2015 年,第 50 页。

② Gilles Deleuze. *Différence et répétition*. Presses Universitaires de France, 1968, pp.191—192.

③ 莫里斯·布朗肖:《阿尔托》,尉光吉译,《疯狂的谱系:从荷尔德林、尼采、梵·高到阿尔托》,白轻编,重庆:西南师范大学出版社,2018 年,第 400 页。

④ 米歇尔·福柯:《封闭的太阳》,《疯狂的谱系:从荷尔德林、尼采、梵·高到阿尔托》,白轻编,重庆:西南师范大学出版社,2018 年,第 372 页。

者。思考不是先天的，而是在思想之中生发出来；问题不是先存着的思想，而是使尚未存在的东西诞生；思考不是回忆和天赋，而是创造，具有生殖性(génitalité)。[①]德勒兹认为，先验记忆强制思想去把握只能被思考之物，不是可智思物，因为可智思物也只是可被其他能力把握的东西，而是作为思想之最终强力，后者思考的是不能被认识和逻辑把握的部分，即不可思维之物。真正的思考是指所有能力都挣脱了通感、常识的铰链。“为了达到自身的N次方，为了达到超越性运用中的悖论元素，每一种能力都在其自身秩序中打碎了那将它维持在意见之经验元素之中的通感[常识]形式。所有能力聚合于一处，并为对一个对象进行认知的共同努力做出自己的贡献——这种情形已不复存在。所有能力都参与到了一种发散的努力之中，每一种能力都在那根本性地关涉它自身的东西那里直面自己的‘特性’。”[②]在德勒兹看来，先验记忆是诸感官的通力协作的产物，在这里，事物被放置在预设好的认知框架中，而真正的思想是不可思的，即不可被理性规范的。真正的思想恰恰是要突破理性的桎梏，让诸多能力都处于一种悖论的、矛盾的状态，也只有在矛盾中，每一种力量都直面自己的极限，达到自身能力的最大值，以幂的方式不断增殖、爆破，从而获新的可能。“在这诸能力的不协和中，每一种能力都在力量链和导火索处直面自身的极限，它从其他能力那里获得的(或是它传递给其他能力的)只是一种暴力，这种暴力使它直面自身的固有元素、龃龉物或不可比拟物。”[③]

需要指出的是，这是德勒兹对康德“崇高”概念的吸收和创化。康德美学中，崇高被分为力学的与数学的，都起源于想象力对理性理念的无能带来的“无可把握”。康德试图将感觉引向认识论，进而将崇高引向道德、伦理和理性。德勒兹、利奥塔等都强调崇高造成的断裂性，即一种后现代崇高。具体来看，崇高意味着主体面对非常大、非常强的对象时，心灵遭受到极大的震撼，产生一种恐惧、威慑和崇拜感。此时，“崇高不再是提升(élévation)(提升是亚里士多德用以区分悲剧的范畴)的事情，它是激化的事情”。[④]并非源于知性与想象力的协调一致，这是对表象活动超越性的运用，是对感性

① Gilles Deleuze. *Différence et répétition*. Presses Universitaires de France, 1968, pp.192—193.

②③ Gilles Deleuze. *Différence et répétition*. Presses Universitaires de France, 1968, p.184.参见中译本第246页。

④ 让-弗朗索瓦·利奥塔:《非人——漫谈时间》，夏小燕译，重庆：西南师范大学出版社，2019年，第141页。

材料直观性的把握。

在《差异和重复》中,德勒兹第一步区分了“感性存在”(être sensible)和“感性之存在”(être du sensible),[①]他认为认知和共通感构成了官能的经验运用,在这种经验运用中,认知对象实际上只能是一个被质量和广延等所定义的感性存在。认知中的感性物不是那些只能被感觉的东西,而是与一个能被记起、被想象、被构想的对象中的诸感官(sens)直接发生关系的东西。也就是说,人们事先预设了共通感的综合运用,但感性物并没有真正被感觉到,只是被当作了认知对象。然而,感性之存在是不可感的(insensible),在这里,感觉是排除了所有官能认知之后只能被感觉的(sentiendum)东西,这种感性之存在就是强度。也就是说,在官能经验性运用的识别中,遭遇对象无法被感知,只有进入超验运用时,遭遇对象是才能被感觉到。

第二步,德勒兹定义了“官能的超验运用”。德勒兹认为在崇高的分析中,康德唯一一次使官能进入了一种超验运用,即面对其自身界限时的想象力。康德谈到当面对自然界中绝对大或绝对强的对象时,想象力试图在“一个想象力的直观”中将对其进行感知统摄却到达自身能力的边界,这种无能为力在主体之中造成了想象力(能被想象的)与理性(能被思考的)之间的一种断裂,从而产生一种痛苦,只能通过理性去协调把握。当我们重新达到官能间的和谐状态后,痛苦转化为一种愉悦,即崇高。崇高展现了理性的要求与想象的能力间的冲突,一种官能失调的状态。而想象力的“受难(passion)”和极限证明了理念的不可接近性,这意味着在感性自然中存在着不可表象的东西。从经验主义的视角来看,理性的界限难以企及、不可想象,但在诸感官的超验运用中可以企及。在德勒兹看来,官能的超验运用是源生性的,并构成了官能的“超验的经验主义”,而迫使我们思考的只能是一种遭遇,遭遇作为一种暴力、一种强制力从一个官能传递到其他官能,并使其他官能也进入相应的超验运用。每个官能都从其他官能那里收获一种暴力,使每一官能都面对自己的界限与特性,从而诸感官进入一种自由的、游牧的、非组织化的状态。这意味着官能的“超验的经验主义”破除了先验思想的幻觉、解开了思想开始之谜、揭穿了预设通感的谬误。

第三步,德勒兹批判了康德的共通感。在康德那里,共通感意味着官能间的一种特定的和谐状态,而这种和谐是因为共通感是作为一种先验预设而存在的,即便是官能的超验运用也依然归属于一种更高意义上的和谐。

① Gilles Deleuze. *Différence et répétition*. Presses Universitaires de France, 1968, p.182.

正是在康德止步之处，德勒兹开始了他的思考。德勒兹认为这种和谐只是假象，是对诸官能进行组织化、中心化的束缚，而真正的思想始于差异，它只能来自一种失调和悖识，即作为感性之存在的强度。在这样的断裂中，事件便凸显出来，这是一种“突出重围的纯粹现实”。而这些不合时宜的事件是崇高的，瞬间是一个奇点(point singulière)，相比在历时时间中“现在”标定了过去的已逝和将来的未至，艾甬(Aion)时间中“每一个瞬间都分裂为同时存在的过去和未来”，①事件打破前后继起的时间顺序，发生在历时时间之外——在《意义的逻辑》中，德勒兹将这种可能称为艾甬时间，②通过瞬间来突破作为事实状态的现在。瞬间是对时间顺序中的现在的迫出和逃逸，让事实性状态中虚拟性的潜在力量绽放出来。事件不是一个实体，永远处于一种临界状态。德里达也谈到“事件首先是我不理解的东西”，“这一不确定的和悖谬的未来——该‘未来’是事件存在的条件——确保了任何事件都具有一种阐释崇高的要素”。③需要指出的是，关于事件，德勒兹和利奥塔都将崇高和事件联系在一起，两者都有不合时宜(intempestif)和当前(actuel)的意思，但两者最大的区别是：德勒兹的事件总是由身体产生，也就是说，德勒兹不止强调事件的偶然性、非预测性、不可控性，更加强调感觉、肉身在这个过程中的重要作用。可以看出，德勒兹和利奥塔都从崇高产生的断裂中找到了契机，批判了通感综合能力，击碎了传统的认知体系和理性范式，提出了崇高中时间断裂后“事件”的涌现。

可以说，康德在崇高中谈到了认知与想象力之间的不协调，有某种东西被从一种能力传递到了另一种能力，但这种东西在被传递的过程中发生了变形，而且它并没有形成一种通感常识。德勒兹保留了“理念”这个名称，但理念不再指称纯粹的 cogitanda[拉：思维存在]，而是指那些从感性到思想，从思想到感性的东西，它们创造出每一种能力的极限对象或超越对象。理念即问题，诸能力通向了自身的高级运用。理念没有将良知或常识[通感]当成自身的媒介，而是指向悖识(parasens)，其规定了分离的诸能

---

① Gilles Deleuze. *Logique du sens*. Les Éditions de Minuit, 1966, p.164.

② Aion 在希腊语中有“生命”“存在”以及“年代”的意义，指存在于时间之外的神性力量。Aion 跟时间密切相关，是包围宇宙的回环，意味着无限时间，与其相对应的则是另一种时间 Chronos，这是被切分成过去、现在与未来的线性经验时间。参见杨凯麟：《分裂分析德勒兹》，郑州：河南大学出版社，2017 年，第 26—27 页。

③ 保罗·帕顿：《德勒兹概念：哲学、殖民与政治》，尹晶译，郑州：河南大学出版社，2017 年，第 160—161 页。

力的唯一交流。[1]悖识是当代法国解构思潮中的一个重要的问题域,其中,利奥塔提出了"异识",他认为后现代意味着"分歧""异识""差异""误构","和一个诉讼(Litigation)不同,异识是至少两个参与者间冲突的案件,由于没有一个可以应用于双方观点的判断准则,因此这个案件不可能被解决"。[2]在异识理论承认话语间不可共度性的基础上,利奥塔将康德的"崇高"从伦理任务中解放,崇高感不再成为道德隐喻,不再具有规范化意义,而成为超越现存性并预言创造力增殖的象征。

可以说,自笛卡尔以来,理念被赋予明白清楚和善良意志的特性,通感、常识成了认知模式最终要的因子,但尼采引发了一种狄奥尼索斯式价值,重新发现变形的差异性。事实上,清楚的理念必然是模糊的,而且它的清楚程度越高,它的模糊程度也就越高。清楚—模糊(distinct-obscur)成了不协调的理念的交响乐。[3]可以说,德勒兹想要达到的不是和谐、严密、配合得当的交响乐,不是逼真、再现、清晰真实的绘画,而是如勋伯格或其高徒贝尔格用的无调音乐,无调音乐没有系统主音,十二音的地位对等,任何组合均可构成和弦,又如波普艺术的代表沃霍尔将影像、影像之影像、影像之影像之影像……无限衍生,形成了一种无中心、无组织、游牧的拟像世界。

第三节 力量:设想一个强度世界

德勒兹受斯宾诺莎的启发,认为我们要面对的是"一个在宇宙持续的无限时间中无限事物相遇的总和,其中每一个相遇都指涉了某种不同关系间的结合,而一切的关系在所有的事物相遇中被结合在一起"。[4]整个世界化为一个单一的身体,正如德勒兹所说,"宇宙作为一个整体,是一个单一的存在事物,它由运动与静止的所有比例所定义,包含了无限结合的所有关系,及一切关系之下所有的事物",[5]这是一个身体或一个灵魂的世界。

---

① Gilles Deleuze. *Différence et répétition*. Presses Universitaires de France, 1968, p.190.

② 转引自西蒙·莫尔帕斯:《导读利奥塔》,孔锐才译,重庆:重庆大学出版社,2014年,第62页。

③ Gilles Deleuze. *Différence et répétition*. Presses Universitaires de France, 1968, p.191.

④ Gilles Deleuze. *Spinoza et le problème de l'expression*. Les Éditions de Minuit, 1968, p.217.

⑤ Gilles Deleuze. *Spinoza et le problème de l'expression*. Les Éditions de Minuit, 1968, p.214.

一、斯宾诺莎的理论基点:上帝是一种力量(Pusissance)[①]

首先需要阐明斯宾诺莎由实体、属性、样式概念构成的理论框架。斯宾诺莎认为实体不被他物所产生或创造,实体不依赖于他物而独立存在,实体不用借助于他物而得到说明。斯宾诺莎在其著作中把实体称为"神""上帝"或"自然界"。他认为:"一切存在的东西,都存在于神之内,没有神就不能有任何东西存在,也不能有任何东西被认识",[②]"自然的力量与上帝的力量是一回事"。这里的"神是万物的内因(causa immanens),而不是在万物的外因(causa transiens)"。[③]也就是说,实体是自因,是无限的、不可分的、永恒的和唯一的。样式则是他因,是有限的、可分的、暂时的和杂多的。所谓样式亦即实体的属性的"分殊",也就是具体存在着的个别事物。世界上的一切事物要么属于思维属性的样式,如个别的思想、观念、情绪、情感等,要么属于广延属性的样式,如一切具有广延的物质事物。样式因为强力程度的差别,而形成各式各样的差异,也正是在这个意义上,实体根据属性之本质而被所有属性平等地意指,根据样式之强力程度而被所有样式平等地表现,就此而言,任何等级都被否定,单义性不再是司各脱意义上的中立化,而变成一种肯定的,表现性的命题。

其次,神的本质是一种力量,不同事物是力量不同程度的不同显现。德勒兹借用了斯宾诺莎的框架,认为上帝不是人格化的神或意志,而是力量。他在《斯宾诺莎的实践哲学》中谈道,《伦理学》否认神具有暴君或明主那样的权能。神不是意志,不通过其意志在他的理智中实现诸般可能性。神的意志只是一个样式,在这个样式之下,一切后果都来自神的本质或神所意涵的东西。所以神没有权能(potestas),只有等同于它的本质的力量(potentia)。通过这个力量,"神的理论就是神的本质本身,神就是自因,就是万物的原因"。[④]而力量是主动、现实的行动,"一切在神的力量以内(in Dei potestate)的东西,都必定包括在神的本质之内,因而必然出于神的本

---

① 斯宾诺莎的用语 potentia,法语译作 puissance,这里译为力量。另一用 potestas,法语译作 pouvoir,这里译为权能或性能,指一种能力或资质(相当于英语的 capacity),如政府具有的政治权能[性能]。有些法国学者认为这两个用语的区别很重要。其实,斯宾诺莎常常把这两个用语混用,犹如有时把 vis 和 potentia 混用一样。贺麟译的《伦理学》把这三个词都译为力量,不加区别。

② 斯宾诺莎:《斯宾诺莎文集(第 4 卷):伦理学》,贺麟译,北京:商务印书馆,2014 年,第 13 页。

③ 斯宾诺莎:《斯宾诺莎文集(第 4 卷):伦理学》,贺麟译,北京:商务印书馆,2014 年,第 21 页。

④ 斯宾诺莎:《斯宾诺莎文集(第 4 卷):伦理学》,贺麟译,北京:商务印书馆,2014 年,第 34 页。

质,所以必然存在”。[①]这就是说,样式或性能是神的本质即力量产生的诸多情状,故这些情状也是主动的。

样式之本质是神的力量之程度,意味着某种强力之程度。斯宾诺莎认为,人和上帝都是一种力量,不过是程度不同而已,也即“人的力量,就其可以通过他的现实本质得到说明而言,就是神或自然的无限力量的一部分”。[②]当样式转入存在时,根据力量的大小和强度的强弱,事物的广延被确定其外部,这时,这个本质被确定为 conatus[努力或冲动],即动植物的自然企求力,也就是存在的动力和欲望。斯宾诺莎认为:“一物竭力保持其存在的努力不是别的,即是那物的现实本质。”[③]

二、力与感情

斯宾诺莎的 conatus 概念,被利科理解为一个人在生存中的处境,它是生存的定位和存在的肯定,这肯定包含一段不确定的时间、一种不外是生存的延续的绵延:正是生存的这个积极方面奠定了“我在”的原初肯定,正是这个肯定构成了我们。conatus 是肯定的同时也是自身的差异、缺失以及对他者的欲求:“在存在的缺失中肯定存在:这就是具有其最原初结构的 conatus”。[④]在这种意义上,斯宾诺莎的 conatus 与柏拉图和弗洛伊德 eros 意义上的欲望具有同一性。conatus 是一种欲望,但它不是存在的缺失,而是对存在的肯定,“物竭力保持其存在的努力不是别的,即那物的现实本质”。[⑤]也就是说,从样式存在的时刻起,作为力量之程度的样式之本质便被规定为 conatus,即努力或冲动。不是力量转入存在,而是力量维持和显示存在。样式的本质是作为神力的强化部分互相结合在一起的。

传统哲学中,样式在遇到更强的力量或置于新的关系结构中时,很容易改变自己或变得虚弱,正如客体在面对主体的强大力量时会改变自身,甚至死亡,但斯宾诺莎认为,“神或实体,具有无限多的属性,而它的每一个属性

① 斯宾诺莎:《斯宾诺莎文集(第 4 卷):伦理学》,贺麟译,北京:商务印书馆,2014 年,第 34 页。

② 斯宾诺莎:《斯宾诺莎文集(第 4 卷):伦理学》,贺麟译,北京:商务印书馆,2014 年,第 174 页。

③ 斯宾诺莎:《斯宾诺莎文集(第 4 卷):伦理学》,贺麟译,北京:商务印书馆,2014 年,第 105 页。

④ 保罗·利科:《解释的冲突——解释学文集》,莫伟明译,北京:商务印书馆,2008 年,第 420、551 页。

⑤ 斯宾诺莎:《斯宾诺莎文集(第 4 卷):伦理学》,贺麟译,北京:商务印书馆,2014 年,第 105 页。

各表示其永恒无限的本质,必然存在"。[①]这意味着样式是无数不同的力量的显现,样式的力量无论多微弱都是独立的、不可取代的、不被化约的。一旦样式存在,样式之本质作为力量之程度就是努力,有两种情况:要么现存的样式遭遇与它契合的其他现存的样式,而且把它们的关系与自己的关系相组合(如食物、爱人、盟友);要么现存的样式遭遇与它不契合的其他现存的样式,而且旨在消解、毁灭对方(如毒物、仇人、敌方)。在第一种情况下,现存样式之受影响的能力为以快乐和爱为基础的喜悦情感所具备;在第二种情况下,则为以痛苦和恨为基础的痛苦情感所具备。

但是这两种情况的区别在于:在痛苦时,我们的力量作为 conatus 完全用于赋予悲伤的印迹,击退或消灭作为其原因的东西。我们的力量被抑制,进而失效。在快乐时情况却相反,我们的力量得以扩张,与其他的力量相互组合,与所爱的对象结合在一起。正是由于这个缘故,即使受影响的性能恒常不变,我们的某些力量仍为痛苦之情状所减弱或抑制,仍为快乐之情状所增大或助长。快乐增大我们的行动力量,而痛苦则予以减弱。而 conatus 是这样的努力:它用于体验快乐,增强行动力量,努力增加或助长身体活动力量的东西;同时,它还用于排除痛苦,尽可能努力回忆哪些足以排除或消灭痛苦之原因。[②]其实,就它被一定的情状之观念规定去做这事或那事而言,感受—情感就是 conatus 本身。因此,即使样式之本质保持不变,而且假定其受影响的能力是恒定的,只要样式存在,它的行动力量就可以有大量的变化。

这是因为快乐以行动力量或存在力量相对地增大的方式充满受影响的能力,而痛苦正好与此相反。所以,conatus 是旨在增强行动力量或体验快乐的一种努力。[③]然而,受影响的能力的恒定性是相对的,同一个人,作为儿童、成人和老人时,或在身体好和身体差时,他受影响的性能也是有差异的。所以,增大行动力量的努力是与将受影响的性能提高到最大限度分不开的,"凡足以保持人身体各部分彼此间动静的比率之物是善的;反之,足以改变人身各部分彼此间动静的比率之物是恶的"。[④]样式之力量被理解为强化的

① 斯宾诺莎:《斯宾诺莎文集(第 4 卷):伦理学》,贺麟译,北京:商务印书馆,2014 年,第 9 页。

② 参见斯宾诺莎:《斯宾诺莎文集(第 4 卷):伦理学》,贺麟译,北京:商务印书馆,2014 年,第 108—109 页。

③ 斯宾诺莎:《斯宾诺莎文集(第 4 卷):伦理学》,贺麟译,北京:商务印书馆,2014 年,第 120 页。

④ 斯宾诺莎:《斯宾诺莎文集(第 4 卷):伦理学》,贺麟译,北京:商务印书馆,2014 年,第 202 页。

部分或神之绝对力量之程度,因为诸部分只是样式的,而神之力量仍然是实体上不可分的。样式之力量是神之力量的一部分,人的力量就是“神或自然的无限力量的一部分”。[①]在这个意义上,《伦理学》是力量之学而非道德评判。

德勒兹认为身体就是力的关系,他指出:“每一种力与其他力相关,它要么服从其他的力,要么支配其他的力。界定身体的正是这种支配力与被支配力之间的关系。每一种力的关系都构成一个身体”。[②]身体由不可化约、不可归类的多种力构成,力在世界与身体中进行一种振动、共鸣、分裂或膨胀,即从一种强度从一个层次向另一个层次流转、过渡。身体肯定偶然,反对连续、秩序、中心、系统和组织。不同强度的力不期而遇,像酒神的残肢断臂,与任何规律都不相容。在力与力的遭遇中,“每种力都会得到与它的量相应的性质,实现其激情”。[③]对于尼采而言,接受影响的能力并非是被动的,而是一种激情(affectivité),一种感知性(sensibilité),一种感觉(sensation)。德勒兹认为尼采还没有详细阐发权力意志的概念,就迫不及待地谈论起力的情感来。在把权力视为意志之前,尼采把它看作情感和感知性。即使权力意志的概念得到充分阐述,这种情感的特征依然没有消失——它变为权力意志的表现。尼采认为:“权力意志乃是原始的情绪形式,所有其他情绪只不过是权力意志的扩大。”[④]可以说,权力意志是衍生其他情感的“原始情感形式”。他在另一处表述得更清楚:“权力意志既非存在又非生成,而是一种激情(pathos)。”[⑤]换言之,权力意志表现为力的感知性,力的区分性因素则表现为不同的感知性。“实际情况要么是权力意志也统治着无生命的世界,要么根本不存在无生命世界。相隔一定距离也会彼此发生作用,因为一个事物吸引着另一个事物,而且事物均有被吸引的感觉。这是最基本的事实……权力意志为表现自身必须理解它所看到的事物,必须察觉与之同化的途径。”[⑥]只要力强行占有任何抵制它的东西,迫使低等之力

---

① 斯宾诺莎:《斯宾诺莎文集(第4卷):伦理学》,贺麟译,北京:商务印书馆,2014年,第174页。

② 德勒兹:《尼采与哲学》,周颖,刘玉宇译,北京:社会科学文献出版社,2001年,第59页。

③ 吉尔·德勒兹:《尼采与哲学》,周颖,刘玉宇译,北京:社会科学文献出版社,2001年,第96页。

④ 尼采:《权力意志》下卷,孙周兴译,北京:商务印书馆,2006年,第1029页。

⑤ 吉尔·德勒兹:《尼采与哲学》,周颖,刘玉宇译,北京:社会科学文献出版社,2001年,第92页。

⑥ 吉尔·德勒兹:《尼采与哲学》,周颖,刘玉宇译,北京:社会科学文献出版社,2001年,第165页。

顺从,力的情感就体现为能动的。当力受它所服从的高等之力影响,它的情感也随之转为温驯谦恭,体现为被动的。

第四节 "行为生态学":建构一种新的主体

康斯坦丁·V.庞达斯认为,在"一"和"多"这个古老命题上,德勒兹从斯宾诺莎那里受益最多。在斯宾诺莎的论述中,"一"作为唯一实体,是具有开放性和差异性的连贯整体,它通过无限多的属性来表达自身本质。这种观念实际上消解了等级权力以及自上而下的竖轴,由此,所有存在者的平等在"一"的普遍存在内部共存而相异。[①]斯宾诺莎的《伦理学》阐释了人的情感的性质和力量,但他的落脚点不是张扬情感,而是人何以认清情感对我们的奴役以及理性如何克制情感。德勒兹拾起了斯宾诺莎射出的这一支箭,调转方向再次射了出去,并释放出了"情动"蕴涵的生命能量。

首先,形体是由粒子组成的,斯宾诺莎以两种方式界定形体。"首先,一个形体不论多么小总是包含无数微粒子。正是微粒子之间的动与静,快与慢之诸关系界定一个形体,一个形体之个体性。第二,一个形体影响另一个形体,或者被另一个形体所影响;正是这种施加影响和遭受影响的性能也在形体之个体性中界定形体。"[②]表面上看,这是两个很简单的命题:"一个是分子运动理论的(cinétique),另一个是动力学的(dynamique)"。[③]分子运动理论意味着宇宙和微粒是"一个由尚未具有任何形式与功能的微粒与尚未获得速率与方向的运动馆所构成的混沌系","它意味着潜在的行动或是在平滑的非脉冲的、无度量的'Aion'时间里的事件,而不是把它们归于(语法的或个人的)主体,不把它们置于'Chronos'的线性时间框架中"。[④]形体是由微粒子间的动与静、快与慢等诸多关系所界定的,它不由一个形式或功能所界定。同理,每个生命之个体性不是一个形式或形式之发展,而是在不同的速度之间,在微粒子之减缓与加速之间的一种复杂的关系,在内在性之层面上的快与慢之组合。

其次,形体以感受来界定。斯宾诺莎不以形式、器官或功能来界定身体

① 德勒兹:《哲学与权力的谈判》,刘汉全译,南京:译林出版社,2012年,第179页。

②③ Gilles Deleuze. *Spinoza Philosophie pratique*. Les Éditions de Minuit, 1981, p.165.

④ 尤金·W.霍兰德:《导读德勒兹与加塔利〈千高原〉》,周兮吟译,重庆:重庆大学出版社,2016年,第123页。

或心灵,身体不是主体,而是样式,样式就是快与慢之复杂的关系,是身体的或思想的一种施加影响和遭受影响的性能,而不是以它所具备的感受来界定它。感受之性能,以及其最高和最低阈限,这在斯宾诺莎著作中是通常的概念。如:“一匹耕马与一匹赛马之间的差别比一头牛和一匹耕马之间的差别更大。因为赛马与耕马之间缺乏同样的感受,也缺乏同样的遭受影响的性能;耕马与牛具有更多相似性的感受。”①他以三种感受界定这个动物:“第一,对光线的感受(爬到枝头);第二,嗅觉感受(让自己落到正在树枝下面走过的哺乳动物身上);第三,热敏感受(寻找不长毛的最温暖区域)。即根据所具备的感受来界定动物或人之形体,为当今所谓的‘行为生态学’(éthologie)奠定基础。这种研究不仅对于动物,对于我们人类同样是有效验的,因为谁也不能预先知道他所具备的感受;这意味着内在性或一致性层面之构建。”②

再次,斯宾诺莎的伦理学与道德无关。德勒兹继承了尼采的观点,即道德作为价值尺度的历史性,又汲取了斯宾诺莎的伦理学观念:存在是超善恶的。他认为应当用“好—坏”来代替“善—恶”进行评价。好与坏有两重意义,与我们发生联系的外部事物符合我们的本性,与其融合、交汇并起到积极作用就是好,压抑、消极、损害我们的生命力即坏,正如海德格尔认为好是存在的本真状态,是无蔽的存在;坏是存在的沉沦。德勒兹的论述中有两个核心要素:本性和生命力,二者都是透过存在论—生存论视域活动的哲学概念。伦理学关注存在本质的显现和生命具有的力量、强度,它们统一于我们的感性活动。本质与力量统一于实践,已然隐含了一个存在论命题:存在就是本质,是创造价值尺度的源泉。只不过“本质”不再被理解为理性的、普适的本质,而是感性的、特殊的本质。基于此,德勒兹把伦理学设想为行为生态学,即设想为在这个内在性之层面上的快与慢之组合,施加影响和遭受影响的性能之组合。正是由于这个缘故,斯宾诺莎以他自己的方式发出呼声:你不知道你能干好事还是坏事;在某种遭遇,某种配置,某种交融之下,你事先不知道身体或心灵能干什么。行为生态学首先是对每个事物所特有的快与慢之关系,施加影响和遭受影响的性能之研究。对每个事物来说,这些关系和性能都有特定的幅度,阈限(最小与最大),变差或转换。在自然中,它们选出对该事物契合的东西;这就是说,它们选出影响该事物或被该事物影

① 汪民安,郭晓彦主编:《生产(第11辑):德勒兹与情动》,姜宇辉译,南京:江苏人民出版社,2016年,第14页。

② Gilles Deleuze. *Spinoza Philosophie pratique*. Les Éditions de Minuit, 1981, pp.166—167.

响的东西，驱动该事物或被该事物驱动的东西。每个点都有它的一些对应点：植物与雨水，蜘蛛与苍蝇。所以，“一个动物，一个事物从来不脱离它与世界的诸关系。内部只是选定的外部，而外部则是被投射出来的内部。代谢，感知，作用和反作用之快或慢交织在一起以构成世界上的某一个体”。[①]事物根据快慢关系和影响关系得以运行。因为，它们总是取决于现有的感受究竟是使事物遭到危害（削弱其力量，使它放缓，把它缩减到最小），抑或强化它、加速它及增大它。行为生态学是不同的事物之间的诸关系或诸性能之组合。

最后，在形体的平面图中，主体不复存在。斯宾诺莎主义者将不会在界定任何事物时凭借形式、器官与功能，也不会把它当作一个实体或主体。德勒兹借用中世纪或地理学的词语，以经度或纬度来界定事物。一个形体可以是任何事物：可以是动物、声音、心灵或观念、语言素材、社会团体，共同体在于按这个观点组成形体的诸微粒子之间，也就是说，“在非构成的诸要素之间[②]的一套快与慢，动与静之关系，我们称之为某形体之经度。对于每时每刻充斥形体的一套感受，也就是说，一种无名力量（生存之力量，遭受影响之性能）之强化状态，我们称之为纬度。于是，我们这样就建立起一个形体之平面图。经度和纬度合在一起构成大自然，内在性或一致性之层面，它总是可变的，而且不断被个体和共同体所修改，组合，再组合”。[③]不同事物在内在性场域中的相遇、互动、共振，形成力量交错。在这个意义上，主体不复存在，而只有一种无名力量之个体化的感受状态。在这里，方案只涉及动与静，涉及感受的动态负荷。

德勒兹认为荷尔德林、尼采是斯宾诺莎主义者，因为他们按照快与慢的神经紧张症与加速的运动、非构成的诸要素、非主体化的感受来思考。尼采写道：“我大吃一惊，喜出望外……我本来几乎不了解斯宾诺莎；如果说我刚体会到对他的需要，这是本能作用的结果。”[④]可以说，斯宾诺莎改变了我们发问的方式，问题完成了由“我们必须做什么”向“我们能够做什么、我们的力量能够达到什么程度”的转换。德勒兹继而总结了行为生态学研究三个层次的目标：（1）事物特有的动静、快慢关系，施加和遭受影响之性能。对每

① Gilles Deleuze. *Spinoza Philosophie pratique*. Les Éditions de Minuit, 1981, p.168.

② 斯宾诺莎所说的“最简单的物体”：它们没有数量、形式或形状，而且无限小，总是作为无限性存在。只有复合的物体具有形式，简单的物体按照某种关系属于复合的物体。

③ Gilles Deleuze. *Spinoza Philosophie pratique*. Les Éditions de Minuit, 1981, p.169.

④ Gilles Deleuze. *Spinoza Philosophie pratique*. Les Éditions de Minuit, 1981, p.173.

个事物来说,这些关系和性能都有特定的幅度,阈限,变差或转换。个体活动于由这些特殊关系和影响组成的世界之中,这个世界是“为己存在”的。(2)动静、快慢关系,施受影响性能的实现方式。存在具体的实现机制是复杂的,究竟是增益抑或损害其力量,需要在部分与整体的辩证关系中加以研究。(3)不同事物之间的诸多关系或诸性能之组合。可以说行为生态学将世界看成一种各个强度的力的交织,它取消了理性、主体、中心和等级。

而当主体被取消了,德勒兹提出了一种新的身体诗学,即非特指的生命,他在生前最后一篇文章《内在性:非特指的一个生命》中认为狄更斯的作品对此做了有力的解释。“一个声名狼藉的人,一个受人鄙视的流氓,垂死的时候被人发现了。突然,那些照看他的人,对他最轻微的生命迹象,也生出了渴望和尊敬,甚至,爱。每个人都急着救他,以至在深昏迷状态中,这个邪恶的家伙也感到某种轻柔和甜蜜将他渗透。然而,他一活转过来,救他的人也随即变得冷淡,而他自己又变得卑鄙、残忍。在其生死之间,存在这样一个时刻,此时,只有一个非特指的生命在与死亡游戏。”[①]非特指的生命意味着最初的人,直面生命的生成,“人已经裂解为物质元素的集体性,由一群分子的微观动态所取代,思考与创作都以解域化作用展现了由物质元素的集体性所给予的运动与强度”。[②]也就是说,那个建立在良知和共通感基础上的大写的主体已经死去,而身体朝向的是一个缺席的人们,人们是无人称、无主体的纯粹的身体。由此,德勒兹引申出对“是”(EST)的罢黜,他认为动词“是”与主体相关,暗含着一种反射“我”(Je)的可能,“我”与“是”彼此确认、相互指涉,当“是”的句式被取消,取而代之的一种“不定式”,它处于变动不居的、永远生成的状态中,这里没有主体,只有事件本身,没有自我,只有无人称的“它”。“这类事物状态甚至在它们的奇异性的最高程度上就是混合物或集体、装配”,[③]最终德勒兹取消了主体、人称,成为一种神经官能的身体、成为一种不断更新的机器。事实上,整个二十世纪的理论都有一种解构本体论的冲动,其特点是去中心化、去组织化、颠覆主体,任何结构都从有赖于“中心”的组织被解构为无限延异的生成,比如哲学、文学、思考、写作为的是通达某种本质,而解构却疏远了那个“在场点”或“固定的起点”,

---

① Gilles Deleuze. *Pure Immanence*: *Essay on A Life*. Trans. Anne Boyman. Zone Books, 2001, pp.25—34.

② 杨凯麟:《分裂分析德勒兹》,郑州:河南大学出版社,2017 年,第 129 页。

③ 吉尔·德勒兹,克莱尔·帕尔奈:《对话》,董树宝译,郑州:河南大学出版社,2019 年,第 95 页。

而是以中性化的还原处理使得中心不再“存在”，更无法“以在场者的形式去被思考”，[①]这使得主体被一种无人称的匿名者取代。

小　结

综上所述，德勒兹借助斯宾诺莎的思想资源重新打捞起被近代主体哲学和理性思维忽略的“情感”“身体”“感觉”等元素，重新建构了一个物物交融、不分你我的平等世界。在这里，物质是由不同微小粒子组成的，在强力的作用下运动、游移，通过共振和影响与其他事物发生关系。此时，主体不再是唯一的、具有绝对权力的“自我”，而是一个在共存与融合中流变的“内在性生命”。德勒兹打碎了西方哲学中的等级制度和深度模式，让树的中心化构型变成块茎的多元性状态，看起来这是对主体的取消，但实际上是对自我的解放，这使得人的感觉、身体不再被理性权威或中枢神经组织起来，而是处于自由的、游牧的、不断创造的状态，让人的思想、灵魂不再在通感和常识的框架中自我复制，而是朝着域外思想探索。

① 雅克·德里达：《书写与差异》，张宁译，北京：三联书店，2001年，第502—503页。

第八章　差异哲学的建构

——理念的繁复体

“理念”(idée)自柏拉图以来就是西方哲学最重要的概念,柏拉图认为世界由“理念世界”和“现象世界”所组成。理念的世界是真实的存在,永恒不变,而人类感官所接触到的这个现实的世界,只不过是理念世界的微弱的影子,它由现象所组成,而每种现象因时空的变化而变化。所以,理念是永恒的、本质的、绝对的实在,它优于具体事物,因为具体事物只是表象,是对理念的复制。而康德的理念即“纯粹理性的概念”,代表着超越知性阶段的最高统一。在康德看来,人类的认识从感性开始,经过知性的洗练走向理性。由于知性以感性为基础,不可避免地受感性限制,知性获得的知识从现象中来,无法抵达事物的本质,且感性材料又是不完整的,无法达到最高最后的统一。而理性是人类认识的最高能力,它要求知识的彻底性:不仅要追求关于现象的经验知识,而且要超越经验界限,去追求终极、完备、绝对、不受任何条件限制的东西。理性的目的是从现象向物自身前进,从不完整的经验知识到全部的经验知识,所要达到的最高统一体就是理性的理念。同样,在黑格尔看来,理念是第一性的,它以纯概念的形式在逻辑学中不断发展,然后理念外化成自然界,最后又在精神哲学的各门科学中回复到理念自身。这样,他建立了一个以理念为基础的、包括了一切科学的庞大的概念体系。而德勒兹也对理念进行了深入思考,并对其进行了全新的改造,使它点石成金般地在后现代语境获得了新的理论能力,成为后现代差异哲学的最重要的理论基础。可以说差异哲学的建构,最重要的概念改造就是理念。那么,什么是理念?理念指向了一种怎样全新的认知模式?

第一节　对康德理念的延展

德勒兹认为“问题”与“疑问”不同，疑问内涵了一种固定答案，它是依据回答制造出来的，它预设了一个先行存在的命题，例如“人是理性的动物”变为“人是理性的动物吗?”，其实是一个命题的再度确认，答案本身就在问题之中。而命题是“一个被构想为回答的命题始终是一个特殊的解决实例。这个解决实例本身是被抽象地考察的，它已经和那种将它和其他各种实例与一个作为问题的问题关联在一起的高级综合分离了”。[①]问题不同于疑问，但问题在疑问之中，“疑问本身就表现了一个问题在经验之中，因意识之故，根据它那些被领会为杂多的解决实例被分割、被变卖、被背叛的方式。尽管疑问带给我们的是一个不充分的观念，但它还是激起了我们对它所分割之物(问题)的预感”。[②]问题既是超越的，又是内在的。说问题是超越的，因为它包含着一个发生元素间的理念性联系或微分比[差异关系]的系统。说问题是内在的，因为这些联系或关系化身在了实在关联之中，后者不与它们类似，并且是由解决场域所界定。

德勒兹借用康德的提法，认为理念本质上是“成问题的”(problématiques)，理念即问题。具体来看，康德认为理性由于其远离经验往往会提出假问题，形成幻相(illusion)，这意味着理性有提出问题的能力。尽管这种能力尚未分辨真假，但批判活动有分辨真假的能力，“批判并不与杂乱无边的理性对象打交道，而只与理性本身，只与从理性自身产生出来的问题打交道”，“纯粹思辨理性本身具有的特点是，它能够且应当根据它为自己选择思维对象的各种不同方式来衡量自己的能力，甚至完备地列举出它为自己提出任何问题的各种方式”。[③]可以看出，理性就是问题的提出，并且有能力判断真伪。德勒兹在这里从理性入手，谈到理念。在康德、黑格尔的论述中，理念体现在思维、思想、反思、观念，这些都来源于经验世界，是意志、精神的表现，理念只有建立在理性的基础上的时候才是真正的理念，理念高于知性，

---

① Gilles Deleuze. *Différence et répétition*. Presses Universitaires de France, 1968, p.203.参见中译本第271页。

② Gilles Deleuze. *Différence et répétition*. Presses Universitaires de France, 1968, p.204.参见中译本第272页。

③ 康德:《纯粹理性批判》，邓晓芒译，北京:人民出版社，2004年，第18页。

有某种范导性。基于对康德理性的接受，德勒兹认为理念是成问题的，是行问题化的(problématisantes)。

康德的“成问题的”不同于“假言的”“虚构的”“一般的”“抽象的”。“成问题的”是理性特有的一种品质，知性沉溺于各种零碎的、变动的现象中，它处理的是某一具体对象的局部的、经验的、临时的问题。因此，它无法触及，也没有能力给出全部知性活动一个本质的、系统的解答。从知性的解读中，我们获得了知识与答案，但这些回答并不能解决真正的问题。因为一切解决方案都有一个假设或预判，这样一来，各个回答就成为固有逻辑的确证。可以说，知性是没有矛盾的，但理性要试图到达自在之物则不能避免矛盾。所以，理性思维方法是辩证的、矛盾的。而且这种矛盾不可解，叫作“二律背反”。这反映了人类认识能力的界限。在这个意义上，“康德有时会把理念说成是‘没有解答的问题’。康德的意思是真正的问题就是理念，理念的正当使用必须与知性概念发生关系，只有当知性概念与成问题的理念发生关系时，它们要么沿着那一条条朝向经验之外的理想的焦点聚合的线被组织，要么在包括了所有知性概念的更高的视野的背景下被反思，才能为自身那充分的经验性使用(最大限度的使用)找到根据。这些焦点、视野就是那些同时具备了内在本性与超越本性的理念，即问题”。①

其次，发问的特点是向着未知的探求。发问使自身朝向存在之差异敞开。例如，人就是“人是什么?”的发问；思想是“思考意味着什么?”的发问。一旦理念缺席，从这些发问中产生的东西就只会变得单调、表面和浅薄，而理念就是一种刺破和质疑，在各种能力的不协调运用中产生巨大的冲击力和创新力。在这个意义上，理念就是一种对原有秩序、框架和范式的僭越，它质疑法则，祛除普遍，制造差异，获得新生。德勒兹认为发问的特点有三：“首先，发问并非意指在回答被给出后便消失在回答之中的知识的经验状态，发问不是要提到敷衍它的常规答案，这里答案并不重要，重要的是执着于发问本身；其次，由此产生了发问的强力，这种强力同时将发问者与被问者调动起来，对自身提出了质疑；最后，由此产生了那不听任自己被还原为被问者或发问者，而是将它们二者统一在其自身差异之勾连中的，作为发问之对应者的存在之启示：不是非存在(non-être)或否定者之存在，而是非存

① Gilles Deleuze. *Différence et répétition*. Presses Universitaires de France, 1968, p.219.

在者(non-étant)或发问之存在的非存在。”①

德勒兹认为从柏拉图,经笛卡尔,到费希特、黑格尔的哲学运动是共通的:其出发点是一个“假设”——一个不确定系数,即笛卡尔式的怀疑,而其终点是一种绝然性或一种道德的卓绝秩序的命令,即柏拉图的“善”、笛卡尔“我思”背后的“上帝”、莱布尼茨的“前定和谐”、康德的“定言命令”、费希特的“行动自我”、黑格尔的“科学”。虽然这种方法最大限度挖掘了思想的深度,但它也最大限度地背叛了、歪曲了思想的内在运动;这种联合的假设主义和道德主义,这种科学论的假设主义和唯理论的道德主义使世界成了被组织、规划的蓝图,让事物远离了真正的问题。德勒兹“成问题者”这一概念的思想来源是西蒙东的个体化理论。西蒙东在他的个体化理论中使用了“成问题者”概念,在西蒙东那里,一切事物都是成问题者,因为潜势者尚未被现实化且要求被现实化。成问题者是一种构型(configuration)能力,以此为出发点,可以动摇前见、反思常识、提出问题,进而生成新的可能性,这种生成即问题的解决。可以看出,受康德和西蒙东的影响,德勒兹对理念做了阐述,理性高于知性,也正因为它与经验世界较远,所以容易发生谬误,形成问题。但理性辩证法具有一种批判、纠错的能力,德勒兹将康德的这一理论进行了挪用和延伸,将理性置换为理念,并认为理念本身就是提出问题,理念本身即问题。理念不是铁板一块,而是内部开裂的,如上文论述的康德的“自我”一样,理念内部是复杂且异质的。理念正是思想之微分,在龟裂中聚集着,它们在这龟裂的边缘处不断地出现,不停地进出,并以无穷无尽的方式被组合。

第二节　用黎曼流形理论来思考理念:理念是一种繁复体

德勒兹非常关注当代物理学、数学的研究动态,他在用微分对理念剖析之后,又借用黎曼理论来思考理念。黎曼引入流形和微分流形的概念,把多维空间称为一个流形,多维流形中的一个点可以用多个可变参数的一组特定值来表示,而所有这些点的全体构成流形本身,这个可变参数被称为流形的坐标,而且是可微分的,当坐标连续变化时,对应的点就遍历这个流形。如图 5 所示:

① Gilles Deleuze. *Différence et répétition*. Presses Universitaires de France, 1968, p.252.参见中译本第 333—334 页。

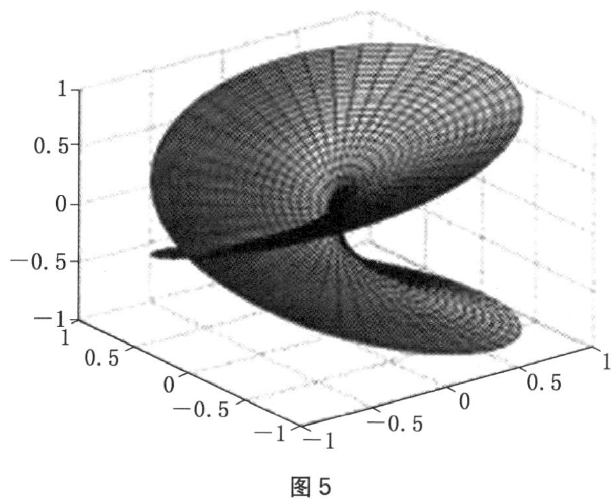

图 5

基于对黎曼理论的吸收，德勒兹提出理念即流形，一个黎曼曲面是一个一维复流形。黎曼曲面可以被认为是一个复平面的变形版本：在每一点局部看来，它们就像一片复平面，但整体的拓扑可能极为不同。例如，他们可以看起来像球或是环，或者两个页面粘在一起。在德勒兹看来，理念是一个流形，也即繁复体。在“繁复体”①一词的黎曼式用法中（被胡塞尔和柏格森继承了），德勒兹展开了对《巴门尼德篇》中柏拉图的“一”“多”组合，以及黑格尔的《逻辑学》中相关讨论的批判。传统哲学认为“一”是源始的、无限的、无规定的、无差异的，而“多”是派生的、有限的、确定的、分化的存在。但德勒兹对此提出质疑，他认为，繁复体不应当指“多”与“一”的组合，而应当指一种专属于“多”本身的、绝不需要借助统一性来形成一个系统的组织。“一”与“多”是知性概念，一—多辩证法犹如网眼过大捕鱼器，连个头最大的鱼都溜走了。人们提问的方式只关注在为什么、是什么，却甚少考虑“多少”“如何”“在什么情况下”。实际上，这个世界是复杂、多面，由无数差异构成，我们在同一性的思路之下只能看到单义的面相，而德勒兹要做的就是把世界的复杂性、繁复性打捞起来。理念的繁复性排除了作为先在条件的同一性，德勒兹将亚里士多德关于实体和属性的论述颠倒过来（如图 6 所示），理念不再是本质，如果人们坚持要保留“本质”这个词，那么条件是本质是偶性、事件、意义。不再是同一性形式作为偶性的可能性条件，而是偶性作为

① “繁复体”的法文原文为“multiplicité”，该词来自德国数学家黎曼的流形理论。流形是一类具有特殊的连通功能的拓扑空间，在此，空间中每一点的邻近预先建立了坐标系，使得任何两个（局部）坐标系间的坐标变换都是连续的。

同一性形式的可能性条件。当理念是本质的时候,我们总是探索理念是什么;而当它成为一种偶然性时,我们可以如此提问:它怎么样? 它有多少? 它处于什么情况?,等等。

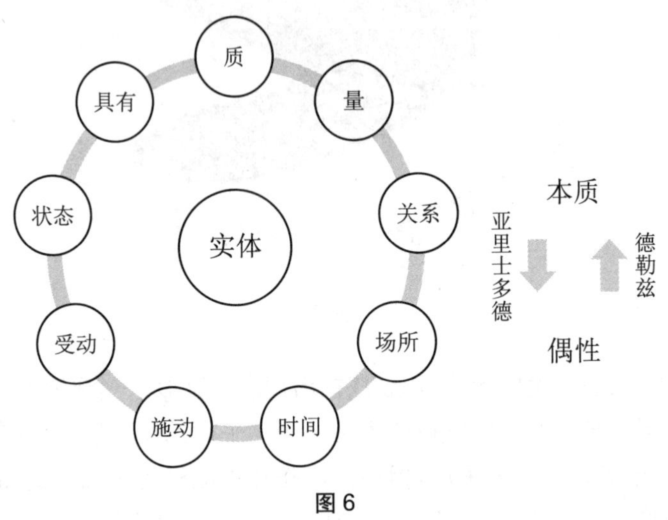

图6

"实体本身是使'一'与'多'一并失效的'繁复体'。可变的繁复体是'多少'、'如何'、'多种情况'。每个事物都是一个繁复体,因为每个事物都体现了理念。甚至连'多'和'一'都是繁复体。……繁复体之差异和繁复体之中的差异都替代了那些过分简单的粗劣对立。存在的不是'一'与'多'的宏大对立,而只是繁复体之变异性,即差异。……一个理念就是一个确定的、连续的N维繁复体。颜色,或者毋宁说颜色的理念是一个三维繁复体。"①这是一个全新的拓扑空间,我们的传统思维植根于欧几里得空间,这是一个由长、宽、高组成的坐标系,是一个横平竖直的、中心对称的、可测量的向量空间。而意向性应当在拓扑空间被超越,拓扑空间是一种按照不同度量、不同比例、不对称原则拼合、联结而成的多元体,它不可还原为一种严丝合缝的统一体,它是非均质、不可测量的曲面空间,"在每次分化的同时都必然会改变其本性"。②在拓扑空间中,逃逸线不断流动、出走、来回反复,进行着解辖域化的努力,让最遥远的外部和最深的内部随时都在发生联系。

---

① Gilles Deleuze. *Différence et répétition*. Presses Universitaires de France, 1968, pp.236—237.

② 吉尔·德勒兹,菲利克斯·加塔利:《千高原》,姜宇辉译,上海:上海书店出版社,2011年,第697页。

基于此，理念是共存的复合物，所有理念都以特定的方式共存着。但它们却处于边缘、角落，在自然之光、同一性、理性、逻辑之外的地方共存。每次与它们的区别相对应的都是阴影区域、昏黑幽暗。理念相互区别，但它们相互区分的方式不同于“体现它们的形式和项”的彼此进行区分的方式。根据那些规定了它们的流动综合的条件，它们客观地形成和消逝。这是因为它们将被微分的最大强力与被分化的无力结合在了一起。“理念在自身中包含着亚变异性(sous-variétés)。我们要区分出变异性的三个维度：首先，在高度上，是遵循微分元素[差异元素]与微分比[差异关系]之本性的秩序的变异性……然后，在宽度上，是与相同秩序中微分比[差异关系]的诸程度和每一程度的奇异点之分配对应的特征的变异性……最后，在深度上，是为不同秩序的微分比[差异关系]规定了一个共通公理……的变异性。”①理念特殊的共存状态是一种交错。借用德勒兹对巴洛克的论说可以更好地描述理念的共存状态。德勒兹认为巴洛克艺术中旋转、弯曲、运动的风格“是一种宇宙学的艺术再现”。②日常生活中看似直线式的运动，遵循的同样是曲线规则，曲线运动使得物质向边缘和临近的物质外向渗透。力的折叠与曲线运动导致漩涡不断形成，大漩涡又形成无数个小漩涡，小漩涡中又生出更小的漩涡，无穷无尽。不存在最终的漩涡，只有不断生成的漩涡，这种漩涡即褶子。由于物质是由褶子构成的，物质因而呈现为一个无穷微孔的、海绵状的物体的组织结构，一个洞里还有另一洞，海绵里还有海绵。每个褶子都能生成更小的褶子，以致无穷。无论褶子有多小，都与其他褶子一样包含着世界。“事物之间相互渗透，以毫无秩序的天然方式相互交结，形成无数相互重迭又相互穿梭的皱褶。皱褶之间并无明显的界限，因为它们本来就是无规范、无秩序和无目的的。它们并不是以什么目标而存在，也不是以什么标准而相互渗透。万事万物，包括人在内，也包括人的肉体和心灵及思想情感，都是这类变化万千、相互重迭的不尽相同的‘褶皱’。”③弯曲是褶子的本性，弯曲、折叠造成了漩涡。褶子运动规律是折叠、打开、再折叠、再打开，无穷无尽，这也是世界事变的规律。这种折叠打破了传统的对称性，以曲线、螺旋、旋涡状的方式进行折叠。世界并不呈现为单调的直线，而是呈现出大小曲线、螺旋、漩涡的混沌面貌，也只有这样，才能逃逸出固有的逻辑，抵达

① Gilles Deleuze. *Différence et répétition*. Presses Universitaires de France, 1968, pp.241—242.参见中译本第318—319页。

② 汪民安:《巴洛克:弯曲的世界》,《美术》,2020年第8期,第20—26页。

③ 高宣扬:《当代法国哲学导论》,上海:同济大学出版社,2004年,第527页。

外界。

实体意义上的变化是指实体从非存在到存在或从存在到非存在的运动——生灭；偶性意义上的变化则是实体的某一属性从非存在到存在或从存在到非存在的运动——变动。巴门尼德认为变化不可能，因为"非存在"不存在。亚里士多德则认为变化可能，但只能在偶性上变化，实体是不变的、同一的存在。而德勒兹认为变化是"生成"而非"存在"，理念的变异性不再是不变作为变化的可能性条件，而是以变化作为不变的可能性条件。在微分比的作用下，德勒兹认为原来的物理学、生物学、社会学思考问题的方式都发生了改变，它们内部都产生了无数分裂和繁复。

第三节　理念指向一种学习

繁复体绝不会倚赖主体或对象中的同一。理念的事件与奇异性不会允许存在任何作为"物之所是"的本质之设定。如果人们坚持要保留"本质"这个词，繁复体既非现象亦非本质，既非多亦非一。因此，非本质矛盾的方法绝不允许人们根据表象来表达它。

理念不是知识，而是一种无限的"学习"的元素。学习和知识有着本性上的不同，知识是对既有的范式、框架的接受，而学习完全是在对问题的理解中、在对奇异性的领会与凝聚中、在理想体与理想性事件的组合中演进。学习就意味着将学习者自己的身体或语言的奇异点与另一种形态或元素的奇异点结合起来。后面这些奇异点使我们变得支离破碎，使我们进入一个我们见所未见、闻所未闻的问题世界当中。我们正是要投身于那些要求我们的身体和语言发生转变的问题。

学习的特点是一种能力的超越性运用。德勒兹在《普鲁斯特与符号》中谈到《追忆》"不是对于非自觉记忆的揭示，而是对于一种学习过程的叙述"。[①]这种学习超越了目的和原则，追忆不是朝向过去，而是面向未来。而学习涉及最多的是符号，学习意味着认识一个对象、一个存在，去破译和阐释它们产生的无数符号，学习是一种对于符号或难解的符码的阐释。德勒兹认为《追忆》是基于对于符号的学习，而非对记忆的揭示。在传统认识中，学习是一种严肃的训育、修养或教化。它预设了思想者的善良意志、对所有

① Gilles Deleuze. *Proust et les Signes*. Presses Universitaires de France, 1964, p.10.

能力有序协作的调节、经过深思熟虑的有效安排，最终是一种通感[常识]的呈显。正如尼采所说，教养以全部的暴力和必要的残酷压制着感性、记忆，随后是思想，而这样做的目的恰恰是“培养一个思想者的民族”，“带给精神一种训练”。①

德勒兹在《差异与重复》中谈到一个著名的心理学实验：把一只猴子摆上舞台，人们试图让这只猴子在涂有特定颜色的箱子里找食物，这种特定颜色的箱子处在多种颜色的箱子中间。在此产生一种反讽的悖论。“错误”的次数在逐渐减少，猴子却没有获得一种适用于所有实例的解决问题的知识或真理。当选择终于正确了，猴子和哲学家也不断向真理靠近，并自认为掌握了真理。这一过程清楚地表明一种理念性的学习是如何被造就的，真与假是如何根据人们对问题的理解而被分配的，乃至真理是如何被制造的。人们总将学习看作一种向先验知识和过去经验的致敬，却错失了探寻真正真理的契机。人们总说学习是一个无限任务，但这个任务被作为对先天能力与范导性理念的探索。最终，人们获得的诸多先验原理不过是一种假定的简单本质，却让学习离真理越来越远。德勒兹质疑了原先的这种学习模式，赋予学习新的含义：学习的过程是对主客二元的超越，不是相似性的延伸，而是异质性的聚合。

学习是一种“探索理念”，它使每一种能力都无限提升，直至达到自身的超越性运用。理念激活并遍历了诸能力的悖论式运用，尤其是与符号相关的感性。在学习中，我们不再使用通感、常识。在通感和常识中，原本每一种能力都具有的超越对象的独异性和爆发性，都被整合到一种更高级的框架中，原有的矛盾和悖论被删改了，取而代之的是彼此的协作和调和。在这过程中，每一种能力都根据这种协和，将自身的能力沿着一条导火线传递给另一种能力。但学习需要排除常识的同一性、聚合与协作的“不协和的协和”。与通过自身完成勾连或重新统一的差异对应的正是这种协和的不协和。因此，思维、言说、想象、感觉等能力在某种程度上是相同的事物，但这事物所肯定的只是处在自身的超越性运用中的诸能力的发散。因此，重要的不是常识，而是一种“悖识”。

悖识是良知的对立面，这种悖识之所以将理念当作自己的元素，是因为它没有预设任何常识之中的同一性形式，而且激活并描述了那从超越性观点看来的诸能力的分离的运用。学习深入到理念、理念之变异性与理念之

① 尼采：《道德的谱系》，梁锡江译，上海：华东师范大学出版社，2015 年，第 110 页。

特异点那里，或者将一种能力提升到它那分离的超越性运用的层面上，提升到遭遇与被传递到其他能力那里的暴力的层面上。“悖识，或按顺序从一种能力被传递到另一种能力的暴力，给思想确定了一个特殊的地位：注定只有在首先使感性及其被感觉者运动起来的那条由一个理念到另一个理念的暴力线的末端，思想才会在强制作用下把握自身所固有的被思维者。这一末端亦可以被视为理念的根本起源。”①

在德勒兹看来，理念不是柏拉图意义上的事物的共相、绝对完美的模板，不是超越于个别事物且作为其存在根据的一种实在，也不是康德意义上的理性，即对象不能在经验中表现出来的那些必然概念，而是思想的“微分”或纯粹思想的“无意识”。在理念之中，先验的“我思”被解构了，取而代之的是一个脱根据的、分裂的、匿名的、差异的、微分状态的“我”，它不是先天综合能力，而是对自身能力的突破性和超越性运用和挑战。

第四节　理念肯定游戏与偶然

理念不是一种假设，而是没有答案的提问，它无法被原为意识、逻辑、命题和知识表象。也正因为理念的未知性和不确定性，理念肯定偶然、随机和变化。

德勒兹非常关注当代科技和物理学的发展，某种程度上来说，事实上，理念内涵的转变是一种认知模式的转变。启蒙运动以来，牛顿的经典力学成为我们认知世界的基石。牛顿力学基本假设是世界可以划分为各个独立的部分，并由独立的各个部分组成，整体可以被拆解成局部，部分之和等于整体。自然像一台精密的机器，独立的部件通过机械进行相邻连接，沿确定性的轨迹运动。经典力学思维是决定论思维，这在 18、19 世纪曾是科学界以及其他各界的主流思维模式。决定论认为，所有的事件都完全由其先前的事件决定，不可更改，不存在自由意志，不以人们的意志为转移，不存在过程的主动性、自由性。而物理学发展到量子力学，已经把随机性看作物理世界的内禀性质。“上帝不掷骰子”原是爱因斯坦的论断，那么，宇宙究竟是像发条装置还是掷骰子的桌子？如果一件事情会无缘无故地发生，这就意味

① Gilles Deleuze. *Différence et répétition*. Presses Universitaires de France, 1968, p.251.参见中译本第 331 页。

着我们的理性探寻在这里达到了极限，以前的物理学世界是机械的、有机的，但无论是机械还是有机都构成了一个必然如此的世界，这个世界是按照逻辑理性、因果关系而组成的。但现代量子学诞生之后，随机性，偶然性变成了最重要的考察因素，就如同薛定谔的猫一样。将一只猫关在装有少量镭和氰化物的密闭容器里，镭的衰变存在几率，如果镭发生衰变，会触发机关打碎装有氰化物的瓶子，猫就会死；如果镭不发生衰变，猫就存活。根据量子力学理论，由于放射性的镭处于衰变和没有衰变两种状态的叠加，猫就理应处于死猫和活猫的叠加状态。这只既死又活的猫就是所谓的"薛定谔的猫"。但是，不可能存在既死又活的猫，它的状态必须在打开容器后才知道。这个实验试图从宏观尺度阐述微观尺度的量子叠加原理的问题，把微观物质在观测后是粒子还是波的存在形式和宏观的猫联系起来，以此求证观测介入时量子的存在形式。随着量子物理学的发展，"薛定谔的猫"还延伸出了平行宇宙等物理问题和哲学争议。德勒兹正是在这样的物理学背景下，转换了思考世界的方式，原来的世界是固定的，同一性的表象世界，而新的思考世界的方式是建立在偶然性和随机性的基础上。世界具有"复数"性质，具有多样性、多维性、多种可能性、多样选择性。在人们观察、测量或者决策之前，选择是无限的、变化着的，一旦人们最终选择完成，所有其他与之相悖的可能性，因人事物的波函数被微扰而崩塌。世界五彩缤纷，人和事物有无数可能的发展方向，但结果会因时因地因人而不同。世界的运行存在跳跃性、不连续性和不确定性。世界发展不可精确预测，充满偶然、变异和"蝴蝶效应"。

德勒兹认为，理念、问题是从那些呈现为发问的偶发状况或事件的命令那里产生出来的。掷骰子是向着开放空间的天空抛掷，唯一规则的抛掷(lancer)。奇异点就在骰子上；发问的是骰子本身；命令就是抛掷。理念是作为骰掷(coups)结果产生的成问题的组合。这是因为掷骰子肯定偶然。而根据概率，可以通过多次骰掷来获得规律，于是，提问被分解为种种假设——赢和输的假设，而命令则在那些规定了赢的最优选择原则中被道德化，这是理性世界对偶然的取消。而每一次掷骰子都肯定了所有的偶然。骰掷之重复既不再服从于一个相同假设的持存，也不再服从于一条恒常规则的同一性。这正是命令及其抛掷、发问的意义。理念正是在抛掷过程中产生，正如奇异性产生自那每一次都凝聚了所有偶然的随机点。"偶然之中才会存在恣意之物：偶然没有被肯定或被充分肯定，它被分派在空间之中、被分派在数字当中，被那些注定要取消偶然的规则支配。既然一切组合以及产生组合的每一次骰掷从本性上说都与随机点的可动位置和可动指令一致,偶然也就得到了充分的肯定。"①

每一抛掷都进入了共振状态,并生成了一个问题,所有的偶然都存在于每次骰掷之中,虽然每次骰掷都是部分的;并且所有的偶然只一次便存在于骰掷之中,虽然产生的组合是一种渐进规定的对象。掷骰子进行着问题演算,进行着微分元素(差异元素)的规定或对某一结构具有构成性作用的奇异点的分配。在命令和从它们那里产生的问题之间便形成了一种循环关系。虽然问题是从命令中诞生的,但构成问题本身的真理的却是共振——问题在其中接受着考验。由于偶然被肯定了,任何恣意之物每一次都要被清除;由于偶然被肯定了,发散本身成为了问题中的肯定的对象。如果基体没有通过并合所有可被增添表现的量产生共振,那么规定了问题的添加的理想体就仍然被移交给了恣意之物。

一部作品即理想体,作品是一个源于命令的问题,它在一次骰掷中越完美、越完整,问题就被更好地渐进规定为问题。作品的作者因而可以被命名为理念的操作者。置身于这一随机点,置身于这一命令的、拷问的"盲点"时——作品正是从这随机点或"盲点"出发,通过使自身那些发散系列产生共振而将自身展开为问题。全部偶然每一次都得到了肯定,每一次都是可以更新的,但却可能从未存在过什么恣意之物。这种处于问题中心处的决定性力量,这种创造、这种使我们成了诸神之种族的抛掷却并不属于我们。诸神本身服从于必然,服从于天空—偶然。贯穿我们的命令或发问并非由我产生,甚至不须要借助"我"来理解它们。命令乃是存在命令,一切发问都是存在论发问,并且还将"存在之物(ce qui est)"分配在问题之中。存在论即掷骰子——即产生宇宙(cosmos)的混沌宇宙(chaosmos)。

这种抛掷有如下几个特点:

一是破碎的我的无意识发问。以发问形式存在的命令暗示了"我"最大的无力,一个盲目的、无头的、失语的原初随机点,也即"思维思想之所是的不可能性",以及那在作品中展开为问题的东西,而且,"无力"在这个随机点处转化为强力。命令针对着分裂之我,针对着思想的无意识,它们绝不取决于作为意识命题的"我思"。因为我具有一种无意识的权利,如果没有这种权利的话,我就无法思维,真正的思想是无意识的,并且要在超越的运用中

① Gilles Deleuze. *Différence et répétition*. Presses Universitaires de France, 1968, pp.256—259.参见中译本第 337—340 页。

思维这种无意识，它们不停地进出于我思维的断裂之处，自我分裂为他者(autre)，在这个意义上，真正的思维是他者在自我中思维，正如德勒兹所说："真正的自由在于有决定的能力，有提出问题的能力：这种'半神性的'能力不断意味着假问题的消失，而且意味着真问题的创造性涌现"。[①]在哲学中，真实在于发现问题、提出问题，这种发现不是对固有答案的重申，而是一种创新和发明。当理念成为一种游戏，那么设定的问题不再是能够被解决的问题，而与其"问题域"直接相关。德勒兹认为，真正的思想实验摒弃了同一的、固定的、标准的答案，任意的思想实验都可以尝试，甚至鼓励突破原有的框架，发现新的问题。而欲望作为一种生产性的"力"，它的自我创造与生产总是超出已有的预设，打破既定的组织、瓦解精密的分布、摧毁陈旧的配置，所以，思想实验总是僭越既定的认知框架与规范，生产性地将世界以全新的面貌表达出来。问题意识与头脑风暴对既有规范的僭越在此就体现为一种彻底的生产性的"肯定"对规范性的"否定"的僭越，即欲望的生产僭越规范性的自由意志。

二是遵循不确定的原则。掷骰子、偶然之发问不是坚实稳固的基础，而是那带来了整体性崩溃的随机点。偶然以这种极为特殊的发问方式被肯定，我们是根据共振来规定它，这种共振在那些由掷骰子产生的成问题的元素之间产生。发问呈现出四种内样态：命令的、存在论的发问；辩证问题或从辩证问题中生发出来的论题；可解决性的象征场域，在这个场域中，这些问题根据自身的条件"科学地"表现自身；问题通过使自身体现在实例的现实性中，而在这些场域中得到的解决。[②]德勒兹在《尼采与哲学》中多次谈道："尼采称之为必然(命运)的东西从未取消偶然，而是与偶然本身结合。必然就像偶然自己被肯定那样为偶然所肯定。因为只有这样一种偶然的组合方式，就像多样性的统一一样，把偶然的各部分连接起来，这就是数或必然。许多的数都具有增加或减少的可能性，但是这种偶然的数却注定仅此一个，它将偶然所有的碎片重新整合起来，宛如正午将午夜散落的碎片收集在一起。"[③]

---

① 吉尔·德勒兹：《康德与柏格森解读》，张宇凌，关群德译，北京：社会科学文献出版社，2002年，第101页。

② Gilles Deleuze. *Différence et répétition*. Presses Universitaires de France，1968，p.258. 参见中译本第340页。

③ 吉尔·德勒兹：《尼采与哲学》，周颖，刘玉宇译，北京：社会科学文献出版社，2001年，第57—58页。

巴丢对德勒兹的这一论述有过讨论，他认为在德勒兹那里，通过偶然和差异，世界的进程得以展开。他以马拉美的《掷骰子总不会消除风险》为例，马拉美将“掷骰子”比作被暴风雨袭击的遇难船残骸中对轮船未来航向踌躇不决的船长。面对灾难，他焦虑不安地等待机缘的降临。巴丢并不是像德勒兹那样将连续掷骰子的行为当作随机、偶然中重复的结果，他把关注点放在了两次掷骰子之间的历史时刻，存在的罅隙在这一刻得以绽出，一切概率论和决定论都在此刻丧失了解释效力。这一刻才是真正偶然和独一无二的时刻，而由于历史这一骰子的新“点数”尚未明晰，这一刻所统摄的历史事件杂多而不连续，是历史中的存在本身的缺场。实际上，德勒兹将抛掷和发问的意义落脚点落在强调偶然性的重要性，而巴丢更加彻底地强调抛掷这一动作的未知性和不可预测性，强调两次抛掷之间隙才是对决定论和概率论的再次解构。

三是“交错”的组合。德勒兹谈道：“在掷骰子的过程中，关键不是掷骰子的次数导致相同的组合出现；恰恰相反，是因为组合的数目有限，所以每掷一次骰子，便必然会重复某一种组合。因此，并非大量的投掷次数导致组合的重复，而是有限的组合数目导致骰子的重复。被掷出的骰子是对偶然性的肯定，它们落回时形成的组合却是对必然性的肯定。必然性为偶然性所肯定，恰如存在为生成所肯定，统一为多样性所肯定。”①与统一不会抑制或否定多样性一样，必然性也不会抑制或取消偶然性。尼采将偶然性等同于多样性，等同于碎片、片断以及摇动并掷出骰子时的混沌情形。尼采把偶然变成了肯定。骰子被一次又一次地掷出，每一次骰掷都一次性地肯定了偶然。它没有把不同之物、不同的组合当成相同的结果，而是将重复视为不同。在这种意义上，与发问同质同体的重复成了理念之“交错”的来源。理念的微分法本身与那已然界定了骰掷的重复过程密不可分。演算中有反复，问题中有重复，这种重复本身再生了那些作为问题之源泉的命令或发问的重复。只是这里所涉及的并非普通的、相同的重复。

四是奇异性的发现。差异的重复让一个奇异性传递到另一个奇异性中，不同奇异性彼此重演、相互凝聚。在机械重复中，差异被同一性取消，而在差异的重复中，事物以变幻的、爆破的方式呈现，奇异性就在这种自由的

---

① 吉尔·德勒兹：《尼采与哲学》，周颖，刘玉宇译，北京：社会科学文献出版社，2001年，第56—57页。

场域中凸显出来。奇异性如同“褶子”，在丹尼尔·史密斯看来：“褶子的概念是一个奇异性，因为褶子是多样的，每个褶子都是不同的，都凭借差异化而折叠起来。没有任何两个事物以相同的方式折叠，无论是两个石头，还是两张纸。也不存在任何一般的规则，规定同一个事物总是以同一种方式折叠。在这个意义上，到处都是褶子，但褶子自身并不是一个普遍者，相反，它是一个‘差异器’(differentiator)，一个‘微分’(differential)”。①重复就是这些奇异性的抛掷，它始终处于回声与共鸣之中，这回声、共鸣使每一奇异性都成为另一奇异性的复身，使每个星座都成为另一个星座的再分配。永恒回归中的重复不是指相同性的延续，也非自我的循环，而是差异化的、未经组织的、前个体的奇异性的发现。在这个意义上，差异的重复和普通的重复完全不同，德勒兹完成了一种新的重复理论，如表3所示：

表3

第一类重复(普通重复)	第二类重复(差异重复)
关涉抽象的整体效果	关涉作为作用力的原因
静态的	动态的
作品的结果	动作的“进化”
指向一个相同概念的重复，只允许图案的普通范本间的外在差异存在	内在差异的重复，将内在差异包含在了自身的每一个环节中，并从一个特异点转运到另一个特异点
被概念或表象的同一性所解释的相同重复	既包含了差异，又将自身包含在理念之相异性或共现之异质性中的重复
否定的，是概念之不足	肯定的，是理念之过剩
假言重复	定言重复
静态重复	动态重复
在结果(或效果)之中	在原因之中
外延的重复	内强的重复
普通的重复	特异的重复、奇异的重复
水平的重复	垂直的重复
被展开的重复，被外展的重复	被包含的重复，应当被阐释的重复

① 雷克斯·巴特勒：《导读德勒兹与加塔利〈什么是哲学?〉》，郑旭东译，重庆：重庆大学出版社，2019年，第94页。

续表

公转的重复	进化的重复
相等的重复、可公度的重复、对称的重复	奠基于不等、不可公度、不对称的重复
物质的重复	精神的重复
无生命的重复	掌握着我们的死亡与生命的秘密，束缚与解放的秘密，着魔之物与神圣之物的秘密
赤裸的重复	着装的重复（穿衣、戴面具、自我伪装）
归属于准确性	以本真性为标准

小　结

在《千高原》《普鲁斯特与符号》《电影 I》《电影 II》等书中，德勒兹用理念理论对文学艺术作品进行了解读，可见理念是德勒兹思想中极为重要的组成部分，而对理念的重新改写展现了德勒兹独异的思维模式。通过对理念的阐释，德勒兹建构了他的差异哲学：“理念即繁复体，每个理念都是一个繁复体、一种流行”。[①]繁复体概念源自黎曼，黎曼通过三维空间中微分比对元素的规定作用来阐明秩序和度量的变化。只有这样我们才能使理念摆脱“一”与“多”的抽象话语，使得真正重要的微小差异不被“同一”和“对立”那过于宽大的网眼滤去。具体而言，繁复体不具有现实的实存，因而在功能上不具有确定性，它与潜势性或潜能性保持紧密关联。繁复体始终以内在的方式被界定。理念是内生的，不由时空关系所孕育和创造，它并非康德所言之“物自体”，只能存在于我们的感性、知性之外。理念的元素需要化身和显现在杂多的时空之中，这是潜在元素现实化的过程，所以理念集发生与结构于一体。此处所言“结构”应该从运动学或动力论的角度考察，也就是说，理念内在的微分比或差异关系不是全然无规定，而是不可确定和不可定位，是变动不居和时刻更新。正如基因或胚胎在发育成为有机体前，并没有被现实地表达和分化，是纯然的潜能之物，因而它时刻具有变异和更新的可能。但是，其间的元素以整体的方式潜在地刻画了有机体的种种特征。并且，微

① Gilles Deleuze. *Différence et répétition*. Presses Universitaires de France, 1968, p.235.参见中译本第 310 页。

分元素之间的差异关系虽不是现实之物，却具有实存的力量，诸奇异点的分派经过相互规定和完全规定的双重过程后，终将被现实化为有机体的内在结构。

可以说，德勒兹从柏拉图、康德那里继承了理念的思想资源，理念不是铁板一块，而是内部开裂的，正如康德的"自我"一样，内部是复杂异质的。在康德那里，理念产生于问题的提出。德勒兹用微分的方式从量、质、度三个角度对理念进行阐释，理念被无限分割变成了微分的、差异的繁复体，并以潜能的方式存在着，潜在的部分是模糊的，而现实化的部分是清晰的，莱布尼茨论述大海之"低语"的段落便是对理念的恰切解释。我们认为整体声音的统觉既是明白的，又是含混的，因为具有组成性作用的微知觉丰富、芜杂、多变、不易把握，所以，微知觉清楚且模糊。微知觉是清楚的，是因为人的认知能力把握了奇异性、微分比、差异关系；微知觉是模糊的，是因为许多微小、变动的部分尚未被辨识，处于潜能状态。所以，问题被提出的根据不再是部分—整体，而是潜能—现实，清楚与模糊是理念的特征。这正意味着理念既是实在的又是非现实的，既是已微分的又是未分化的，既是完全的又是不完满的。德勒兹将笛卡尔的清楚—明白原则变成了莱布尼茨的清楚—模糊原则，也即德勒兹钟爱的尼采的狄奥尼索斯式理念——迷醉与晕眩的酒神精神，而"醉的本质是力的提高和充盈之感"，[①]由此我们进入下一章的论述：力与强度。

① 尼采：《悲剧的诞生》，周国平译，上海：上海文艺出版社，2017年，第185页。

第三部分

德勒兹差异哲学的重建及影响

第九章　从几何学到物理学

——德勒兹论强度

黑格尔在《逻辑学》中认为，差异是一种杂多，很难体现事物的本质性，真正能体现本质的是对立，它具有独立性，且在一种同样的前提下，如光明、黑暗、正负、生死，相互关联，相互转化，表现出对立统一的规律。而矛盾不只是统一，更是同一，对立可以有中间物，如黑白之间红黄蓝，而矛盾不允许有中间物，如黑与非黑。矛盾的同一性是自己的对立，是真正回到同一性，黑格尔认为自相矛盾才是万物的根据。

黑格尔为世界立法的逻辑框架是德勒兹批判的潜在对象，德勒兹认为差异并非杂多（diversité）。杂多是所予，而差异则是使所予得以被给予的关键。正是差异使所予作为杂多被给予。差异不是现象，而是现象的本体（noumène）。在黑格尔看来，同一高于差异，差异要归于同一，但德勒兹将差异提高到本体的地位，认为世界本身即差异。德勒兹谈道，如果说上帝确实如黑格尔所说是通过计算来创造世界，但他的计算始终不准确。正是这种不准确、不可还原的不等性形成了世界的条件，假如上帝的计算是准确的，世界便不会存在。世界始终是一个“余数”，世界中的实在只能根据分数甚至不可通约数来被思考。一切现象都取决于作为其条件的不等性。一切多样性、一切变化都取决于作为其充足理由的差异。任何产生与出现的事物都与各种差异秩序相关：水位差异、温度差异、压力差异、张力差异、势能差异、强度差异（différence d’intensité）。

德勒兹认为现象则是符号，即借助各种差异存在的交流在信号系统中闪烁的东西。所谓符号指的是至少由两个异质系列或两个能够产生交流的差异秩序构成或框定的系统。一切现象都是组合而成，因为不仅框定它的两个系列是异质的，而且这两个系列中的任何一个都由异质项组合而成，并且以那些形成了各种亚现象的异质系列为支撑。“强度差异”这一表达是同语反复。强度是作为感性物之理由的差异形式。一切强度都是微分，都是自在的差异。一切强度都是 E—E′,其中,E 自身指向了 e—e′,而 e 又指向了 ε—ε′……每一强度都已然是耦合(耦合的每个元素都指向了属于另一秩序的元素的耦合),它因而揭示了真正的质的内容。我们将这种差异被无限地一分为二、无限地共振的状态称为龃龉(disparité)。龃龉即差异或强度(强度差异),是现象的充足理由,是显现之物的条件。

德勒兹认为感性物的理由、显现之物的条件并非空间与时间,而是不等自身(Inégal en soi),是在强度差异、在作为差异的强度之中被包含和规定的龃龉活动。在《德勒兹词典》中,Constantin V. Boundas 表示,"强度"对于德勒兹来说是一个关键的观念:"强度"将自身呈现为他的存在论的"内强的潜在物"(the intensive virtual),作为他的伦理与政治学肯定性的、创造性的欲望,作为他的美学理论的"情动"(affect),作为他在方法论上选择先验经验主义(transcendental empiricism)的动机,也作为一种差异理论的保证者。

第一节 强度即差异

一、差异在广延中被取消,悖论保存差异

能量学用内强的(intensif)与外延的(extensif)这两个因素的组合来界定一种能量(例如,线性能量是力和长度的组合、表面能量是表面张力和表面的组合、体积能量是压力和体积的组合、重能是重量和高度的组合、热能是温度和熵的组合……)。在经验中,强度和广延联系在一起。虽然强度即差异,但差异却倾向于在广延的传递中像热量的传播一样自我取消。正如热力学一样,热量从温度高的地方传到温度低的地方,在传播过程中,能量会逐渐削弱,这是一种有方向的、不可逆的传播。认识论预设了差异传输中有一种均等化的时间,即差异在它被分配于其中的广延中自我取消所花费的时间。强度为一系列不可逆状态规定了一个客观方向,也就是"时间之矢"。根据时间之矢,分化程度会从最高向最低转化,生产性差异会逐渐弱化,而极端状态就是彻底消失。

德勒兹认为,差异的减弱、杂多的均一、不等的均等化这些讨论在 19 世纪末缔结成同盟关系,也即科学、良知与哲学的同盟关系。热力学便是锻造这种合金的熔炉。一个让所有人满意的基础定义系统得到确立:差异即所予,即杂多;理性朝向同一性、均等化过程;荒谬或非理性,作为杂多对这种

同一化理性的抵抗。无论是在自然之中还是在理性之中，多样性都倾向于弱化自身。强度差异在各种广延系统中自我取消。但德勒兹认为哲学不是良知、常识和通感，而是悖论，悖论与哲学的正统相对，从主体方面说，悖论打破了共通的运用，将每种能力都带到其自身的界限处，让它直面自身的不可比较性。思想直面着只有它才有能力思考的未思之物，记忆直面着不可追忆之物，感性直面着与它的内强之物浑然不分的不可感觉之物……悖论传递给了被打断的能力，一种不同于良知的关系：它从一个极限跳跃到另一个极限。从对象方面说，悖论不能被统合于共通的总体，不听任自己在良知的指引中被均等化或取消的差异。①可以说，"根据热力学的物理法则，万物终耗尽或消弱，不过，在斯宾诺莎那里，表现总是指向被表现者，以同样的方式，尼采那里的强力或者说内在性平面并不会耗尽。……这是因为强度或者内在性平面是作为其表现结果而出现的"。②

二、差异是"不可外展的(inexplicable)"，深度保存差异

差异如果外展，就会在传输过程中自我取消。差异本质上是被内含的，外展即同一化，差异在外展中会消除构成它的不等性。但深度不是广延，而是纯粹的复杂体，强度和深度构成了一种同盟关系。深度是存在的强度，强度是存在的深度。深度不是主体的辨识，而是一种身体的感觉。深度(profondeur)一词词源是拉丁语"profundus"，词根"pro-"意为"在……之前"，"fundus"的含义则是"在……底部"，两者都是对方位的描述，深度具有空间性。德勒兹深受梅洛-庞蒂影响，梅洛-庞蒂认为深度是身体的空间感知，是身体与世界的关系。在《知觉现象学》中，他谈道："在第一种空间里，我的身体和物体，根据上和下、左和右、近和远在它们之间形成的具体关系能向我表现一种不可还原的多样性。在第二种空间里，我发现一种唯一的和不可分割的描述空间的能力"。③第一种空间是物的位置，是经验空间，空间是承载物体的器皿；第二种空间是理智的、被划分的空间，空间是头脑中的几何框架；第三种空间意味着上下左右、远近高低，头脑的空间定位都不足以形成任何方向，身体的空间体验随着人处境的变化而改变。梅洛-庞蒂认为重

---

① Gilles Deleuze. *Différence et répétition*. Presses Universitaires de France, 1968, p.293.参见中译本第 383 页。

② 雷克斯·巴特勒：《导读德勒兹与加塔利〈什么是哲学?〉》，郑旭东译，重庆：重庆大学出版社，2019 年，第 92 页。

③ 梅洛-庞蒂：《知觉现象学》，姜志辉译，上海：商务印书馆，2001 年，第 311 页。

要的是拥有感知和理解空间的能力，这种能力正是知觉中来的，身体以知觉的方式来理解世界才有可能真正地把握空间。而“深度比其他空间维度更直接地要求我们摈弃关于世界的偏见和重新发现世界得以显现的最初体验”。[①]深度不关涉主体的理智、经验和逻辑，而是一种身体的感觉，这是自我在世界之中，世界从身体中自然涌现的一种状态。深度重塑了我们的视觉方式和运作机制，将身体拉回感觉的最初状态，弥合了身体与世界之间的裂隙。身体与世界随时都在变化，宛如一条变幻的河流，所以，深度始终处于一种诞生的、正在生成的状态，深度在身体与世界间不断地显现自身并湮没自身，是一种非此非彼、亦此亦彼的居间状态，是存在的根源，是身体与世界的原初关系。

三、强度的三个特征

肖恩·鲍登认为德勒兹的《差异与重复》受西蒙东思想的影响体现在三个方面：(1)两者都认为同一性在存在论层面上是派生出来的实体。(2)西蒙东为德勒兹提供了谈论纯粹问题性理念(根据这些理念，每一个差异可以被规定为差异之差异)之具体实际化的方式，特别是关于虚潜理念之实际化的两个概念：强度(强度量)与独异性。(3)两者都宣称个体化的强度过程关涉所有存在领域：物理的、生物的、社会的、心理的、感知的以及语言的。德勒兹论证强度的三个特征时采用的方法是黑格尔《逻辑学》概念推导的三段式：一个生发另外一个，第三个包含了前两个，这一方法论贯穿黑格尔的整个逻辑学。具体来看：

首先，强度即不等。例如七分之五，三分之二，这一分数在自身中集聚了两个数量的比，它是无理数，也称为无限不循环小数(例如 π)，其本身则表现了“为两个数量规定一个共同的整除部分，从而将它们的比等同于一个分数的不可能性”，一个数类(type de nombre)在自身本质中保留着一种不等性，但它必须同时在它所创立的新秩序中消除或取消这种不等性：分数会通过整除部分的相等性来弥补自身那标志性的不等性；而无理数则使自身的不等性从属于纯粹几何比的相等性，任何一个数就它在自身中内含着一种确实无法取消的量的差异而言都是内强的、向量的。但在我们的常识中，数字就是自然数，表示物体个数的数，即由 0 开始，0，1，2，3，4，……一个接一个，组成一个无穷的集体，自然数也只是一个特殊的数字，本身内部也

① 梅洛-庞蒂：《知觉现象学》，姜志辉译，上海：商务印书馆，2001 年，第 326 页。

是内强的。德勒兹通过数字想要说明,每一个事物内含的强度都是不等的。

其次,强度肯定差异。从第一个特征那里衍生出了第二个特征:强度包含着自在的不等,它已经是自在的差异,它肯定了差异。世界上的事物没有种、科、属、门、类的差异,而只有强度的差异,事物不是固定的、本质化的,而是以粒子的方式不断运动,根据粒子的动静快慢,事物呈现不同的形态。在这个意义上,没有两个事物是同一的,也没有绝对的好坏善恶,有的只是两个不同强度的事物彼此触碰时产生的影响,影响积极即好,影响消极即坏。德勒兹关于强度的讨论受到了谢林的影响,在《论人类自由的本质及相关对象》一书中,谢林提出恶并不是善的反面,而是强度较弱的善,这一说法可追溯到中世纪的司各脱,他认为人和上帝的不同不是有限和无限的不同,而是强度的不同,无限存在和有限存在在概念的层面上仅仅是同一存在本身的两种样式、两个强度。

最后,强度是内含的。强度的第三个特征概括了另外两个特征。根据这第三个特征,强度是一种被内含、被包含、"被胚胎化(embryonnée)"的量。这里所说的被内含并不是被内含在质当中,因为被内含在质当中只是强度的次要特征。它首先被内含于自身当中,它既是行内含的东西(impliquante),又是所内含的东西。我们应当将内含构想为一种得到了完满规定的存在形式。在强度中,我们把真正的行内含者、行包含者称为差异;把真正的所内含者、所包含者称为距离。所以,强度既不像外延量那样是可分的,又不像质那样是不可分的。

外延量的可分性通过如下三个元素得到界定:首先是对单位(这个单位本身永远是不可分的,它只是标志着分割活动中止的那个层面)的相对规定;其次是被单位规定的各部分的相等性;最后是这些部分与被分割的整体的同质性(consubstantialité)。因此,分割可以在不改变被分割物本性的情况下进行和持续。但内强量不同,例如某一温度不是由多个温度组成,某一速度不是由多个速度组成。当你说今天三十度时,这个三十度并不是一度一度叠加而成,而是立马感觉到三十度的温度值;当你说开到八十公里每小时时,这个八十公里每小时也不是一点点叠加而成,我们是直接感觉到速度本身。人们想要表达的是:每一温度已然是差异了,差异并非由归属同一秩序的差异组成,它们内含着不同系列的异质项。同质量(quantité homogène)的虚构在强度中消失了。内强量是可分的,但它的被分割必然伴随着它本性的改变。因此,虽然它从某种意义上说是可分的,但这仅仅是因为没有任何部分先存于分割,没有任何部分在被分割后还保留着相同的本性。尽管如此,人们还是应当说"更小"和"更大",不过这恰恰要依据某一部分的本性是假定了某一具体的本性变化,还是被这一本性变化所假定。因此,某一运动的加速或减速被说"更大""更小"的内强部分,这些部分的本性发生了改变,而且它们还遵循着这些变化的顺序(有序差异)。

构成了感性物之存在是强度中的差异。强度同样具有这一界限的特征:它是无法被感觉的东西,是不能被感觉的东西,因为它始终被异化它、"反对"它的质覆盖着,而且被分配在颠倒它、取消它的广延之中。换一个角度来说,它又是只能被感觉的东西,是界定了感性之超越性运用的东西,因为它给出了要被感觉的东西,并唤起了记忆、逼迫着思想。独立于广延或先于质(广延和质都是强度被展开的场所)而把握强度,这正是感官失调(distorsion des sens)恢复了强度的真正意义:不是知觉的预测,而是从超越性运用的观点看来的感性的真正界限。

事实上,自笛卡尔以来,理性的最高原则是"明白—清楚"的正比关系:一个观念(idée)的明白程度越高,清楚程度就越高,这种思维方式造就了同一的标准、形成了同心圆式的认知范式,而这几乎奠定了西方几个世纪的认知模式。德勒兹试图引入强度来重新思考世界,他认为事物的不同是因为它们力的强度不同,这时一个差异的、含混的、充满潜能的世界,我们所看到的清晰—明白只是冰山一角,而真正无比庞大、充满能量的是潜藏在下面的冰山,这是我们忽略的部分。在这个意义上,以理性、认知、范畴、中心、系统、组织为原则的笛卡尔模式就开始失效,而莱布尼茨微分化的强度认知模式就变得有效。德勒兹认为莱布尼茨第一个发现了潜在之物的能量与思想的含混。莱布尼茨认为明白的观念本身就是含混的,因为它的所有部分尚未达到应当的明白程度。而潜能的繁复体是由微分比[差异关系]和奇异点构成的,他以大海的"低语"为例,大海的"整体声音的统觉(aperception)既明白,又含混,之所以清楚是因为它们获得了奇异性和微分比[差异关系],之所以模糊是因为它们尚未'被辨别'、被分化——这些被凝结的奇异性规定了一个与我们的身体相关联的意识阈,它就像一个分化阈,微知觉正是以它为出发点开始被现实化的,但它们是在一种自身即是在明白的和含混的统觉中被现实化的。明白,因为统觉已被辨别或已然分化;含混,因为感知之下仍然潜藏着模糊的、微分的知觉"。[①]我们无法辨识的海浪的呢喃"低

① 参见 Gilles Deleuze. *Différence et répétition*. Presses Universitaires de France, 1968, pp.275—276。

语”才是大海潜在的理念，而我们感受到的海浪的拍打则是微分比的现实化、奇异点的具体化。所以，认知世界不再根据部分—整体的逻辑，而是潜能—现实的原则，即差异的现实化、奇异点的具体化。

这样一来，人的思维按照两种节奏在运行：一个只能作为模糊之物的清楚之物（它越是模糊就越是清楚）和一个只能作为含混之物的明白—含混的东西，即清楚—模糊的模式。德勒兹认为，“为了思维狄奥尼索斯式理念，阿波罗或明白—含混的思想者必须存在，但二者永远不会为了重新构成一道自然之光而重新统一在一起”，①这就形成一种清楚—含混的双重变奏。在这个意义上，德勒兹提出一种潜能存在论，即事物内在的关系不可确定、不可定位，是变动不居、时刻更新、不断差异的。现实只是潜在中浮出的很小一部分，现实是锚定的、派生的、暂时的、有条件的，而潜能是繁复的、原初的、根本的、无理由的，是复多和偶性的产物，其生成机制与异质性紧密相连，它现实化的过程就是绘制逃逸线的过程，是差异的回归，是新事物的创造。

第二节　强度的身体：“无器官的身体”

德勒兹认为“感觉，就是被画出的东西”，感觉是超越了主客之分的存在。感觉有一面是朝向主体的，比如神经系统、生命运动、“本能”、“性格”等，另外一面朝向客体，比如“事实”、场地、事件。感觉没有面，它就是这两样不可分割的东西的全部：“感觉一面是朝向主体，一面朝向客体，不可分割，是现象学‘此在’，我既在感觉中成为我，又有某物通过感觉而到来，此通过彼，此在彼中，既是客体又是主体”。②而就绘画来说，“我作为观众，只有进入画中，达到感觉者与被感觉者的合一处，才能有所感觉”。③这种感觉者与被感觉者的合一使得感觉与身体密不可分，因为“是同一身体给予感觉，又接受感觉，既是客体，又是主体”。④这也是塞尚超越印象派的地方，感觉不存在于光线与色彩的“自由”、无人介入的关系（印象）中，它存在于身体中。“在画中被画出的东西是身体，并非作为客体而被再现的身体，而是作为感受到如此感觉而被体验的身体。”⑤德勒兹认为培根与塞尚一样都画出

① 参见 Gilles Deleuze. *Différence et répétition*. Presses Universitaires de France, 1968, p.109。

②③④⑤ 吉尔·德勒兹：《弗朗西斯·培根：感觉的逻辑》，董强译，桂林：广西师范大学出版社，2017 年，第 47 页。

了感觉，这一感觉来自身体。在培根那里，"常常是一个圆圈，限定出一个场地，里面坐着一个人物，也就是说坐着形象。有时坐着，有时躺着，前倾着，或其他姿态"。培根绘画中的形象就是身体："身体是形象，或形象的材料。"但这里的身体只能是无器官身体："形象，就是无器官身体。"①

一、无器官身体和强度

首先，什么是无器官身体(corps sans organes)？无器官身体是德勒兹创造的最著名的概念之一，他试图将身体的感性存在彻底化。对身体的强调，从尼采、海德格尔到梅洛-庞蒂从未停止，到了德勒兹这里，他反思并超越了现象学的身体观。梅洛-庞蒂在构建一种身体现象学或肉体存在论的过程中始终受到胡塞尔的意识现象学的约束，而德勒兹认为现象学关切的只是有意识化体验的身体，但是，存在某种"更为深层的、几乎不可体验的力量"，②那就是身体在混沌中的有节奏的激荡。这种物质性的情动感受是更为真实的抽象体验，德勒兹称之为生成—不可感知，或是分子态感知，意图强调那种超出可见经验的不可见性，这样一个不可见的层面即身体—事件之中的虚潜。身体的现象学体验的界限就是无器官身体。"无器官身体"最初出现在《意义的逻辑》中，德勒兹从阿尔托那里引出这个概念，用来界定身体的二元性，即精神分裂的身体不仅仅是精神分析所关切的"破碎的身体"，而是拥有一个更加完整与能动的维度，即"无器官身体"，或称"荣耀的身体"。在《千高原》中，德勒兹、加塔利宣称："问题完全不在于一个破碎的、碎裂的身体，或无身体的器官。无器官身体与之正相反。根本就不存在作为相关于一个丧失整体的碎片的器官，也不存在向相关于一个可分化总体的未分化者的返归"。③"无器官身体"不与器官对立，而是与器官所形成的组织结构相对立，因为英文"organ"既有"器官"的意思，也有"机构、组织"之意。实际上是"无器官的组织"，"它界定了一种对身体去组织化的倾向，去层化的倾向，将身体从层化、统一化、同一化和同一性中释放从而使之于多重性、与强度的实验得以可能的倾向"。④无器官身体(CsO)来自阿尔托：

①② 吉尔·德勒兹：《弗朗西斯·培根：感觉的逻辑》，董强译，桂林：广西师范大学出版社，2017年，第59页。

③ Gilles Deleuze, Félix Guattari. *Capitalism and Schizophrenia*: *A Thousand Plateaus*. pp.164—165.中译本参见德勒兹，加塔利：《资本主义与精神分裂(卷2)：千高原》，姜宇辉译，上海：上海书店出版社，2010年，第228页。

④ 尤金·W.霍兰德：《导读德勒兹与加塔利〈千高原〉》，周兮吟译，重庆：重庆大学出版社，2016年，第105页。

“在有机组织之外，但同时也作为体验的身体的界限，有着被阿尔托发现并命名的东西：没有器官的身体。”在发表于1948年的一首诗中，阿尔托写道：“身体是身体/它是独一的/而且不需要器官/身体永远也不是一个有机组织/有机组织是身体的敌人”。[①]无器官身体不是一个概念，它就是身体之活生生的现实，它是一种实践的集合。无器官身体反对的是器官的组织化代表的同一性与总体性，无器官身体不缺乏任何器官，而是要求从器官的固定组织中解脱出来，无器官身体是流动的充盈生命，无机的或物质的生命（可以被恰切地称为“无组织身体”）。无器官身体实质上就是《差异与重复》的时空动力论所说的“卵”，填充这个身体时空的是纯粹的强度，作为生成之起源的强度零点，用来界定身体的强度运动的概念是“轴线、矢量、梯度、区域以及运动与动力的趋向”，动态抽象的各种元素。真正的情动主体或游牧主体的主体化以无器官身体的激活为基础，无器官身体就是关于身体愉悦的伦理学（前述的斯宾诺莎意义上的伦理学）所关切的“欲望”，是“欲望的内在性场域”或“欲望所特有的坚实性平面”，从内在性生命的立场出发，身体拥有的创造欲望（积极情动）本身就是正义。[②]可以说，“无器官的身体”意味着欲望和强度，正如齐泽克所说：“使身体的连接成为一种由多个器官组织而成的等级化的和谐整体。其中，每一个器官‘各在其位’，承担特定的功能”。[③]

在《千高原》中，德勒兹、加塔利谈到了无器官的身体的三个例子：一是吸毒者的身体，这是一种精神分裂的身体。在《裸体午餐》中，威廉·巴勒斯曾对这种身体进行了细致的描述：“人类的有机体就是一个可恶的无效之物；为什么人们有一张嘴和一个肛门——它们都具有失调的危险，而不是只用唯一一个多用途的孔洞，它可以用来吃饭和排泄？我们可以将嘴和鼻子封死，将胃填满，并直接在肺上穿个通气的洞——从一开始就这样干？”[④]二是施虐—受虐狂者的身体。德勒兹曾撰写专著论述过的萨克·莫索克，在其书中便存在着一系列对身体的操作或实验规划，通过这些规划，受虐者的

① 吉尔·德勒兹：《弗朗西斯·培根：感觉的逻辑》，董强译，桂林：广西师范大学出版社，2017年，第59页。

② 欲望与正义的关系参见吉尔·德勒兹，菲力克斯·迦塔利：《卡夫卡：通向一种少数文学》，《什么是哲学》，张祖建译，长沙：湖南文艺出版社，2007年，第110—115页。

③ 斯拉沃热·齐泽克：《无身体的器官：论德勒兹及其推论》，吴静译，南京：南京大学出版社，2019年，第7页。

④ 威廉·巴勒斯：《裸餐》，伽里玛，第146页。德勒兹在《感觉的逻辑》和《千高原》中都提到过，参见吉尔·德勒兹：《弗朗西斯·培根：感觉的逻辑》，董强译，桂林：广西师范大学出版社，2017年，第25页。德勒兹，加塔利：《资本主义与精神分裂（卷2）：千高原》，姜宇辉译，上海：上海书店出版社，2010年，第208页。

身体被施虐者或妓女缝合，他的眼睛、肛门、乳房、鼻子都被缝起来，身体被悬挂起来，以便中止器官的功能。三是精神病理学中各种类型的身体，比如忧郁症患者的身体——在这种身体中，器官已经被破坏无余，妄想狂的身体——这种身体的器官不停地受外在影响的侵袭，但也借助外在的能量而重新恢复。这些例子看上去都很阴森悲苦，无器官身体也同样充溢着戏谑、迷醉和舞蹈。“一旦身体拥有了足够多的器官，想要放弃它们，甚或是已经丧失了它们，无器官身体就形成了。”①“不再能够忍受用眼睛来看，用肺来呼吸，用嘴来吞咽，用语言来言说，用大脑来思索，拥有一个肛门和喉管，头和小腿。”②

德勒兹认为身体是独一的，它不是一个有机组织，而有机组织恰恰是身体的敌人，无器官的身体相对的不是器官，而是有机组织对器官进行的统摄和钳制，具有强度的身体仿佛有一道波贯穿它，根据广度和力度的不同而划出层次或界限。感觉不是质的，质量化的，它只有一种强度现实，它不决定再现的元素，而是同素异形的变化。有机组织不是生命本身，而是它以外在的框架囚禁了生命，身体整个都是活生生的，然而又不是有机的，所以当感觉穿过有机组织而达到身体时，它带有一种过度的狂热的样子，它会打破有机活动的界限，在肉体之中，它被直接诉诸神经之波或生命的激动。形象就是无器官的身体，无器官的身体是肉体和神经，一道波与在身体上起作用的各种力量相遇，是“情感的田径运动”，是叫喊与气息。当感觉如此与身体相关时，它不再是被再现了，而是各种力量在身体上所起的作用，即感觉。

其次，无器官的身体就是卵：强度的介质。德勒兹看来，“构成一个无器官身体的方式就是使得它只能被强度所占据或布居。只有强度才能通过和流通。”③无器官身体就是身体之强度化的现实，就是一个强度性/强烈的、具有强度的身体。无器官身体使得强度得以通过，它生产强度，并将强度分布在一个本身就是强度性的、非广延的空间(spatium)之中。无器官身体就是“强度的母体(matrice)，强度＝0”，以及由此出发的强度的连续体。德勒兹认为强度之流通像“有一道波贯穿身体，并在身体中根据它的广度和力度

① 德勒兹，加塔利：《资本主义与精神分裂(卷2)：千高原》，姜宇辉译，上海：上海书店出版社，2010年，第208—209页。

② 德勒兹，加塔利：《资本主义与精神分裂(卷2)：千高原》，姜宇辉译，上海：上海书店出版社，2010年，第209页。

③ 吉尔·德勒兹：《弗朗西斯·培根：感觉的逻辑》，董强译，桂林：广西师范大学出版社，2017年，第62页。

的不同划出层次或界限”。[①]身体没有器官，只有各个层次和界限。德勒兹将无器官身体和卵等同起来，卵最能够代表身体在有机再现“之前”的潜能状态。强度性的卵只为“轴和向量，级度和阈限所界定，为包含着能量转化的动态趋势以及包含着群体迁移和迁徙的运动所界定”，对于这一“纯粹强度的介质，非广延的空间，作为生产的本原的强度＝0”，有机体和器官组织及其附属形式都不再重要，因为器官在这里只作为纯粹的强度出现、发挥作用，并在逾越某个阈限、改变级度时发生变化。德勒兹引用巴勒斯来说明无器官身体：“器官失去了所有的稳定性——无论在位置还是在功能上，……性器官渐渐在各处呈现出来，……肛门突然呈现，敞开、以便排泄，接着就闭合，……整个有机体经过瞬间的调节就改变了构造和颜色……。”[②]

在德勒兹看来，“无器官身体就是卵，卵不是退化性的”，[③]卵就是纯粹强度的介质，是非广延的空间，无器官身体的形成是一个实践问题，而卵是一种完全同时性的存在，“你总是将它带在自己身上，将它作为你自己的实验环境，你的结合环境”。德勒兹认为，无论是科学还是神话、胚胎学还是神话学、生物之卵还是物理与宇宙之卵，卵总是指涉一种强度性的实在，这种实在并非是未分化的。在卵或无器官身体上，只有根据强度所进行的器官分布。不能说卵代表的是一种身体之有机再现“之前的”状态。受西蒙东的影响，德勒兹认为世界是一个卵，而卵本身则是一个剧场（theatre）：在这个上演着戏剧的剧场中，角色胜过了演员，空间胜过了角色，理念胜过了空间。此外，根据某一理念及其与其他理念的关系（比）的复杂性，戏剧化在多个层面上展开：在一个内空间的构成中，但亦在该空间散布在外部广延之中、占据广延的一个区域的方式中。“与无器官身体相对立的，不是器官，而是人们说的有机组织对器官进行的组织”，或者，“无器官身体的敌人不是器官。它的敌人，正是有机体”。这正是阿尔托提出无器官身体的原意所在：“阿尔托发动了对器官的战争，但他针对、他想要针对的其实是有机体。”而正如阿尔托在其诗中所言，这种战争所宣扬的题旨就是：身体就是身体。它是单义的。它不需要器官。

---

① 吉尔·德勒兹：《弗朗西斯·培根：感觉的逻辑》，董强译，桂林：广西师范大学出版社，2017年，第60页。

② 威廉·巴勒斯：《裸餐》，伽里玛，第21页。参见德勒兹，加塔利：《资本主义与精神分裂（卷2）：千高原》，姜宇辉译，上海：上海书店出版社，2010年，第213页。

③ 德勒兹，加塔利：《资本主义与精神分裂（卷2）：千高原》，姜宇辉译，上海：上海书店出版社，2010年，第227页。

二、有机体是无器官身体的敌人

首先,有机体是主体。无器官的身体体现在带来力量的特征,它呈现出"痉挛和瘫痪症状,根据它所占据或撤出的区域,时而固定,时而迁移,根据超前获滞后的波的来回摆动而出现加速、超前或迟缓的现象,即那些事后的动作,根据起作用的力量大小而出现的器官的确定性只具有过渡性的特征"。①在这个层面上,有机体是身体的敌人。有机体不是身体,更不是无器官身体,它是一个在无器官身体上的层,它是对无器官身体的层化。这种层化首先表现为"一种类聚、凝固和沉积的现象"。有机体"将形式、功能、束缚、支配性和等级化的组织以及被组织的超越性强加给无器官身体,而这些都是为了从中获取一种有效的功用"。"层就是束缚,就是钳制。"②无器官身体是"如同冰川般的实在,在其上形成了冲击层、沉积、凝固、褶皱以及重褶,就是这些构成了有机体"。与有机体一起出现的还有意义和主体。正是有机体、意义和主体构成了对无器官身体的层化,层化意味着上帝的裁断:"上帝的裁断施压于、抵制着无器官身体,是无器官身体在承受着上帝的裁断"。③所谓"上帝的裁断"其实就是超越性,是这种"超越性"将无器官身体与其内在性分离,并把它形成一个有机体,一种意义,一个主体。有机体意味着"你将会被组织起来,你将成为一个有机体,你将自己的身体连接起来——否则你就只是一个反常的堕落者。你将是能指和所指,解释者和被解释者——否则你就只是一个不正常的人。你将成为主体,被固定为一个主体,一个表述的主体(被重褶于一个陈述的主体之中)——否则你就只是一个流浪汉。"④

其次,去主体化的游牧运动。"怎样将自身形成一个无器官身体?"无器官身体的实践性首先是摆脱有机体的挟制。所有这些束缚着我们的层相对立,无器官身体将把去连接或多重连接作为内在性平面的特征,将抛除意指、否弃解释的实验作为在这个平面上进行的运动,将去主体化的游牧生活作为运动(这种运动甚至就发生在原地:原地不动的旅行)。"瓦解有机体,这绝非

---

① 吉尔·德勒兹:《弗朗西斯·培根:感觉的逻辑》,董强译,桂林:广西师范大学出版社,2017年,第65页。

②③ 德勒兹,加塔利:《资本主义与精神分裂(卷2):千高原》,姜宇辉译,上海:上海书店出版社,2010年,第220页。

④ 德勒兹,加塔利:《资本主义与精神分裂(卷2):千高原》,姜宇辉译,上海:上海书店出版社,2010年,第221页。

是自杀，而是将身体向以下事物开放：以一整套配置为前提的连接，流通循环，结合，分层和阈限，强度的流通和分布，以一个土地测量员的方式来度量的界域和解域。”①我们又如何能挣脱将我们固定于某个主导性实在中的主体化之点？德勒兹认为，将意识从主体之中脱离出来，以便形成一种探索的方式，将无意识从意义和解释之中脱离出来，以便形成一种真正的生产：这些肯定与将身体从有机体之中脱离出来的过程同样艰难。谨慎是三者所兼有的艺术；而如果说人们在瓦解有机体的过程之中往往会触及死亡，那么，在摆脱意义和主体化的过程之中就会触及虚假，错觉，幻觉和精神的死亡。正如阿尔托所言：“在人的存在之中还有另一个平面，它是模糊的，无定形的，意识无法进入其中，但它却围绕着意识，在不同的情境之中，它就像是一种不清晰的延展或一种威胁。它也释放出充满危险的感觉和知觉。这些就是影响着一种罹病的意识的无耻幻觉。我也同样有着虚假的感觉，虚假的知觉，但我相信它们。”②在德勒兹看来，只有摆脱主体的、意识的、认知的、主客二分的思想范式，才有可能取消有机的身体，进入无器官的身体。在这里，我们的感觉是游牧的，差异的，自在的，不需要被固定的范式组织，拒绝用理性的框架钳制，尽管这个状态只能无限逼近，是非现实的、模糊的，无意识且不定形。

可以说，无器官身体是拯救差异、摆脱有组织挟制的有效出路，在强度＝0 的内在性平面，被层化或被有机化、主体化的并不是“我”，而是无器官身体。德勒兹认为，无器官身体始终处于在两极之间摇摆的状况：一极是它在其上被遏止并屈从于裁断的层化的平面（组织平面），另一极则是它在其上展开自身并向一种实验开放的平面（融贯平面）。无器官身体是一个极限（强度＝0），如果说人们永远无法最终达到它，因为在一个层背后始终存在着另一个层，但是在解放无器官身体，瓦解所有层的融贯平面，遏止无器官身体的层化之路上需要我们不断地做出抗争。

第三节　“感觉的逻辑”与培根的绘画

在西方思想中，柏拉图将世界分为经验世界和理念世界，身体被归属于

① 德勒兹，加塔利：《资本主义与精神分裂（卷 2）：千高原》，姜宇辉译，上海：上海书店出版社，2010 年，第 222 页。

② 德勒兹引用阿尔托：《塔拉胡马拉》，第 34—35 页。转引自德勒兹，加塔利：《资本主义与精神分裂（卷 2）：千高原》，姜宇辉译，上海：上海书店出版社，2010 年，第 223 页。

相对低级的经验世界。笛卡尔的身心二元论基于"我思"确定了意识的主体地位,区分了内部的心灵与外部的身体。这之后,在西方传统中渐渐形成了一种惯性思维:"把身体定义为无内部的部分之和,把灵魂定义为无间距地本身呈现的一个存在"。[①]存在要么作为客体而存在,要么作为意识而存在,身体被当作认知对象被简约化,进而被忽略、被贬低。正如梅洛-庞蒂在《作为表达与说话的身体》中提道:"动作和说话发展了或显示了另外一种潜能,即想象或心灵。我们以往不曾认识到,为能表达它自己,身体应该在分析之后也变成思想或其指示我们的意向。其实,在显示、在说话的正是身体。"[②]

事实上,身体不像思想那样透明,不像思想通过同化、建构和改造等方式思考,而是"从看者到它之所看,从触者到它之触,从感觉者到被感觉者的相混、自恋、内在意义上的自我——因此是一个被容纳到万物之中的,有一个正面和一个背面、一个过去和一个将来的自我"。[③]身体经验显示了一种模糊的存在方式,我们只能在体验中认识身体。身体是一个天然的主体,是一个存在的临时轮廓,它不受制于二元对立,具有优先性与含混性,是可见者和可动者,它使事物围绕在自我周围,意味着主动和被动、作用者和被作用者的统一。梅洛-庞蒂认为:"感官在我们向世界开放时,它们之间建立了联系。"[④]身体的知觉是视觉、听觉、触觉等身体经验的综合体,在感知过程中呈现的事物是身体各个感官各种相互交流、相互渗透、共同作用的结果。这种联觉在"向我们说出事物的真相的同时,也是向我们身体的所有感官说出真相"。[⑤]于是,我们感知到的不仅是物体的几何形状,例如,当我们看到玻璃的外观的时候,可以感觉到玻璃的平滑的触觉,可以想象到玻璃清脆的碎裂声音。我们平时所见到的可见物体的运动也并不是视觉场中的物体的颜色的单纯移位。可以说,身体是一个协作系统,各种感觉在相互作用下形成了一个不可分割的整体。

首先,身体与世界交织。梅洛-庞蒂认为世界的问题从身体开始,在《眼与心》中,他谈到面对世界原初的沉默,必须学会视看:"我只要看着某一物,

---

① 莫里斯·梅洛-庞蒂:《知觉现象学》,姜志辉译,北京:商务印书馆,2003年,第256—257页。

② 莫里斯·梅洛-庞蒂:《作为表达与说话的身体》,《梅洛-庞蒂现象学美学文集》,刘韵涵译,北京:中国社会科学出版社,1992年,第37页。

③ 莫里斯·梅洛-庞蒂:《眼与心·世界的散文》,杨大春译,北京:商务印书馆,2019年,第34页。

④ 莫里斯·梅洛-庞蒂:《知觉现象学》,姜志辉译,北京:商务印书馆,2003年,第42页。

⑤ 莫里斯·梅洛-庞蒂:《知觉现象学》,姜志辉译,北京:商务印书馆,2003年,第43页。

就足以能够与之会合，足以达到它，即便我对这一切在神经器官当中如何进行一无所知。我的活动的身体可以算在可见的世界之中，构成它的一部分，而这就是我何以能够在可见者中驾驭它的原因”。[①]可以说，当我注视世界时，世界也在注视我，这不是笛卡尔式的理性直观，而是我观看世界时已身处其中，我与世界同在，在相互影响中获得意义，“世界就是身体的延伸”，世界就是我的境遇，而视觉是这种“境遇的持有者”。他者与我的目光交会，他者将他的境遇给出，我将我的境遇借出，相互融通交流，我才见出我自身——“正是在被外在的声音询问，被来自他者的光亮询问时，个体的普遍性才得以存在”。[②]梅洛-庞蒂将世界作为绝对沉默的他者，通过“身体”建立我与世界的关系。“物体不可能与感知它的某个人分离，物体实际上不可能是自在的，因为物体的联系就是我们的存在联系本身，因为物体是在使物体具备人性的目光或感觉探索之后被确定的”，[③]也就是说，物体被我感知之前就已经和我发生了关系，“自然世界是感觉间关系的形式”。[④]梅洛-庞蒂认为“自然”与我并不对立，而是处于等待召唤、相互召唤的和谐中，尤其是在追求美的过程中，人不再感到自身的匮乏或虚无，而被世界询问、召唤，等待被融合、吸纳，在其中见出自身与世界的价值。世界即肉身，无数他者的肉身交织构成了世界的整体性：“世界不是意识的整体，我们的肉身的直觉与混杂的总体性打交道”。[⑤]

可以说，在《知觉现象学》中，梅洛-庞蒂批判将我与世界定义为主客二元对立的观点，他认为，身体与世界相互交融、彼此渗透、互相敞开，深度被定义为一种场域性的存在。而这种场域性存在在主体和世界之间构成了流动的通道，客观世界不再是主体需要认识、把握的对象，“而是事物的可能性、潜在性和肉身”。[⑥]这些开放、流动的关系激活主体的身体。梅洛-庞蒂举了“左手触摸右手”的例子：“当我用自己的左手触摸右手，作为对象的右手也体验到这种特殊的感知”，[⑦]事实上，两只手互相触摸与被触摸的感觉

① 莫里斯·梅洛-庞蒂：《眼与心·世界的散文》，杨大春译，北京：商务印书馆，2019年，第33页。

② Kascha Semonovitch. “Merleau-Ponty at the Limits of art”. Religion, and Perception Continuum, 2010, p.49.

③ 莫里斯·梅洛-庞蒂：《知觉现象学》，姜志辉译，北京：商务印书馆，2003年，第405页。

④ 莫里斯·梅洛-庞蒂：《知觉现象学》，姜志辉译，北京：商务印书馆，2003年，第414页。

⑤ 莫里斯·梅洛-庞蒂：《可见的与不可见的》，罗国祥译，北京：商务印书馆，2008年，第75页。

⑥ 莫里斯·梅洛-庞蒂：《可见的与不可见的》，罗国祥译，北京：商务印书馆，2008年，第164页。

⑦ 莫里斯·梅洛-庞蒂：《知觉现象学》，姜志辉译，北京：商务印书馆，2001年，第109页。

无法同时发生，而是一个“确定触摸者—确定被触摸者—被触摸者也在触摸”的过程，身体通过外界的触感确认了自己的知觉和行动，无法同时发生的触摸与被触摸带来了还原自我的不彻底性。这意味着身体与外在于身体之物的关系被倒转过来，“被触摸的手成了正在触摸的手，我必须说，这里的触摸是被传到身体中的，身体是在感觉的事物，是主体—客体（subject-object）”。[①]身体在与其他物体发生接触时，“身体—主体”激活了人与世界之间的关联，但这是在将两者分开之后的再度连接，而“肉”展现了一种交融感与共通性，让身体与世界交织在一起，“肉”不是生理意义上的身体，而是主体行动并向世界敞开的能力，是知觉诞生的根据。肉是开裂的、流动的，这种开裂也渗透到主体之间，形成一种主体间性，即“一个自我，它的周围有一些人，它是它周围那些人的反面”。[②]可以说梅洛-庞蒂呈现一种场域的、变化的、虚实交错的身体与世界的关系。

梅洛-庞蒂以身体知觉来把握人与世界的关系。他认为自我、他人、世界都是“肉”之存在的延伸，我与他人、与世界之间所进行的一切活动实际上都是一种对知觉存在的探索和确认。这里呈现的是一种身体和世界之间的彼此交融、互通互惠，需要指出的是，身体以分裂的方式与世界产生联系，肉具有“被感觉之物”和“有感觉之物”两重含义，肉展现的是“我被感觉的躯体与我有感觉的躯体之间的关系”，[③]肉的开裂让主体分离、破碎、产生褶皱，只有在主体退去之后，真正的感觉才得以呈现。因此，梅洛-庞蒂认为，“感觉的产生是具身化生存的绽出”。[④]身体和世界之间形成了一个互相开放的场域，两者不断地进行交会融合，而“场”处于不断创新、彼此共振、始终变化、永远生成的运作之中。

德勒兹深受梅洛-庞蒂的影响，在德勒兹那里，肉就是一种精神分裂或歇斯底里的主体，它充满随机性、偶然性，是一种非主体、非理性的感觉的身体，于是，他借培根的画提出了“感觉的逻辑”。肉是培根钟情的对象。这来源于他对无器官的身体的偏爱，身体的器官不是有机的、理性的状态，而是神经元无限滋长，解放所有的感觉。例如，培根十分欣赏德加笔下《浴后》中的年轻女人，“她那脊椎骨仿佛要从肉体中戳出，而肉体显得更加脆弱、调

① Merleau-Ponty. *Signes*. Gallimard, 1960, p.201.

② 莫里斯·梅洛-庞蒂：《电影与新心理学》，方尔平译，北京：商务印书馆，2019 年，第 97 页。

③ 梅洛-庞蒂：《电影与新心理学》，方尔平译，商务印书馆，2019 年，第 97 页。

④ C. Vasseleu. Textures of Light-Vision and Touch in Irigaray, Levinas and Merleau-Ponty. London: Routledge, 1998, p.130.

皮，如杂技演员般柔软。在一组完全不同的绘画系列中，培根也画了类似的脊椎骨，画在一个脑袋朝下、扭曲成团的形象身上，他这是为了达到这肉体与骨头的绘画张力。而在绘画中，正是肉能够实现这一张力，包括通过华美的色彩。肉是身体的一种状态，在这一状态中，肉体与骨头在某个具体区域中产生对立，而不是在结构上产生组合。嘴与牙齿的关系也一样，因为牙齿是些小小的骨头在肉中，就好像是肉体从骨头上卸了下来，而骨头又从肉体中戳了出来”。[①]德勒兹强调这是培根绘画的独特之处，尽管伦勃朗与苏丁对肉也很痴迷。培根对身体的描绘体现在他喜欢画躺着的形象，在这里，抬起的手臂或大腿起到了骨头的作用，而下坠的肉体仿佛是从上面卸下来，画中女子弯腰曲背时脊柱仿佛要从身体里穿出，而这种形象所表达的不是头脑的知性，而是神经性的肉，是无器官的身体，这里的肉并非肉体。所谓“肉”是指没有骨骼或生气支持的肉体，如同喝醉的人、吸毒的人那样，肉体在重力吸引下“向下坠落”。“肉”是动物与人共同的、不可区分的区域：痛苦的人是动物，痛苦的动物是人。所有痛苦的人都是肉。此时，人变成动物。在此基础上，对于培根对割裂的人体器官与肢解的身体近乎残酷的展示，德勒兹做出了动人的注释，将对精神性的否定升格为向更高层次的精神的跳跃——对肉的怜悯。

其次，什么是感觉的逻辑？梅洛-庞蒂认为身体参与并构成了认识的发生、概念的形成，在世界中，人通过感觉、行动与外部事物发生关系，如果用二元对立的认知模式，即意识主体对客体进行把握，这“掩盖了主体和世界的有机联系”；[②]人是一个永远共通的感觉体，始终在接受来自四面八方的刺激，“身体是所有物体的共通结构，至少对被感知的世界而言，我的身体是我的‘理解力’的一般工具”。[③]可以看到，在梅洛-庞蒂看来，感觉的建构不离“主体”的生存环境，且感觉从根本上源于“（我的）身体”的具体经验。在《普鲁斯特与符号》中，他指出“联想”（association）与“感觉”不同，联想借主观回忆的相似性或相邻性，走向过去经验的“私人博物馆”；[④]而真正的艺术家“‘就像是一个异国的公民’……个体化的点要高于个体自身，它摆脱了后

① 吉尔·德勒兹：《弗朗西斯·培根：感觉的逻辑》，董强译，桂林：广西师范大学出版社，2017年，第30—31页。

② 莫里斯·梅洛-庞蒂：《知觉现象学》，姜志辉译，北京：商务印书馆，2001年，第202页。

③ 莫里斯·梅洛-庞蒂：《知觉现象学》，姜志辉译，北京：商务印书馆，2001年，第300页。

④ 吉尔·德勒兹：《普鲁斯特与符号》，姜宇辉译，上海：上海译文出版社，2008年，第29—38页。

者的联想链条"。[1]艺术本身是非审美的,因为审美是主体的精神活动,依然有强大的主体观照,真正的艺术不要去"寻找一些所谓自由的联想(我们很清楚它们可怜的命运,不外乎把我们牵回童年的回忆,甚至更糟糕,牵到幻觉里去……)"。[2]德勒兹认为主观"联想"或"想象"在同一或过去的持存中滞留,遵循的依然是知性范畴、理性逻辑、同一性思维的框架,而艺术打破原有的秩序,呈现出异质性的元素,从过去中拔出去向未来,抵达未知。

德勒兹认为感觉具有"表达的自主性":"有时凌驾于内在冲动之上,有时又被叠加于内在冲动之上,有时它们将一种冲动建立于另一种冲动之上,有时它们使一种冲动转化为另一种冲动……它们自身不是'受冲动控制'"。[3]感觉的运动中即便有本能出现,也只能作为感觉间的"过渡"而呈现,绝非先验之物。[4]德勒兹认为感觉是"情动的田径运动",情动"不再是感情(sentiments)或感受(affections),它们逸出了经历者的束缚"。感情和感受依然属于主体逻辑,而情动取消主体、直面感觉,这要求人们"停止把自己想象为一个自我,感受自己是一股潮涌,汇集在一起的潮涌,处于与自身内外的其他潮涌的关系中"。[5]德勒兹更强调回到经验的身体,整个身体被一种强力所贯穿,形成一种无器官的身体。这是对传统经验主义、理性主义的背离,他认为:"当理智突然到来的时候,它总是滞后的,而非在先的","由纯粹的理智造就的那些观念只具有某种逻辑的真理,可能性的真理,它们的选定是独断的"。[6]而感觉的节奏是非理性的,感觉穿过了有机组织到达身体,并直接诉诸神经之波或生命的激动;感觉就好像是那道波与在无器官身体上起作用的各种力量的相遇,而当感觉如此与身体相关时,它就不再是被再现的而是真实的了,因为它达到了它的强度性条件。而"培根的作品与那些悲惨的、画出器官一角的作品相比,一直都是在画无器官身体"。[7]对感觉与

① 吉尔·德勒兹:《普鲁斯特与符号》,姜宇辉译,上海:上海译文出版社,2008年,第62页。

② 吉尔·德勒兹,菲力克斯·迦塔利:《什么是哲学》,张祖建译,长沙:湖南文艺出版社,2007年,第14页。

③ 吉尔·德勒兹,菲力克斯·迦塔利:《什么是哲学》,张祖建译,长沙:湖南文艺出版社,2007年,第16页。

④ 吉尔·德勒兹:《弗兰西斯·培根:感觉的逻辑》,董强译,南宁:广西师范大学出版社,2017年,第24页。

⑤ 吉尔·德勒兹:《批评与临床》,刘云虹,曹丹红译,南京:南京大学出版社,2012年,第104页。

⑥ 吉尔·德勒兹:《普鲁斯特与符号》,姜宇辉译,上海:上海译文出版社,2008年,第24页。

⑦ 吉尔·德勒兹:《弗朗西斯·培根:感觉的逻辑》,董强译,桂林:广西师范大学出版社,2017年,第61页。

无器官身体在绘画中的关联，感觉不是单义的，它包含“不同的构成层次，一种构成领域的多样性”。培根在访谈中所提出的“感觉的范畴”“感觉的层次”“感觉的领域”或“变幻的延续性”等说法，每一种感觉都是一种延续性或一个系列中的项，而这也体现在以系列形式出现的画作中：培根的“十字架系列”、教争系列、肖像系列、自画像系列、嘴巴系列等，培根提到的伦勃朗的自画像也是这样一个系列。系列可以是共时性的，比如在三联画系列中就至少有三种范畴或三个层次共存。它可以是封闭的，在那些具有对比、反差的构图中，也可以是开放的——在超过三幅画作而画家继续创作或愿意继续创作时。

德勒兹否定了将感觉缩合为单一、扁平的状态，而是要呈现感觉的多层次、多领域，感觉是一个被解放了的复合体，那么什么是感觉的逻辑？首先，培根要“试图画出叫喊，而非惊恐”，一旦有了惊恐，就会有一个故事被重新引入，而在《教皇》中，当画中人面对不可知见物而叫喊，惊恐被取消，促发叫喊的是一种强大的力量。在这里，感觉不是主体对客体产生的感觉，而是一种纯粹的神经运动。①其次，不能把感觉的不同价值和模棱两可性混在一起。培根笔下没有感情，只有情动，只有感觉和本能，本能则是“从一个感觉到另一个感觉的过渡”。再次，“运动不能解释感觉，它通过感觉的弹性得到解释”，也就是感觉的不同层次。最后，感觉的不同层次是与不同感觉器官有关的感觉领域，但每一个层次、领域都有一种与其他层次与领域相关的手段，独立于再现的同一客体和对象。塞尚说，有一种“感觉的逻辑是非理性的，非智力性的”，②表现最深处就是节奏和感觉的关系，它是收缩与舒张：

① 培根在20世纪50—60年代间以委拉斯贵兹的《教皇英诺森十世》为基础，创作出一系列“教皇”主题的绘画作品。其中最为令人熟悉的图像借用是来自委拉斯贵兹的《教皇英诺森十世》，这是一个既涉及艺术史图像又涉及摄影图像的借用，培根利用和工作的基础是该作品的摄影印刷图片。《根据委拉斯贵兹的〈教皇英诺森十世〉的习作》中，艺术家通过线条、色彩等表现出歇斯底里般的感觉，使观者感知到不可见的叫喊，塑造了一个扭曲变形的教皇形象。在17世纪西班牙画家委拉斯贵兹的肖像画中，教皇双唇紧闭，眉头紧皱，露出坚毅的神情。大面积的红袍与白色的法衣形成鲜明的对比。画中的教皇是个贪婪的活生生的当权者形象，到了培根的绘画中却发出凄厉绝望的呼号。在围绕作品《仿委拉斯贵兹教皇英诺森十世像》的访谈中，培根指出：“要画出叫喊，而非惊恐”。惊恐是可见的，具有形象化与叙述性的特征，然而叫喊之所以被促发的动因，却是来自无形的力的作用，是不可见的。描绘出人物形象歇斯底里的叫喊，也便画出了这种力量。培根的这幅名作，以他独到的创作手法，描绘出了那股不知遁形于何处的力量，从而以一种前所未有的画面张力与压迫感，直指人内心的恐惧和不安，最终在观众感官的领域发生效应。这也是在德勒兹那里，培根的绘画创作所追求的。

② 吉尔·德勒兹：《弗朗西斯·培根：感觉的逻辑》，董强译，桂林：广西师范大学出版社，2017年，第68页。

世界在封闭的过程中将我攫取，我朝向世界开放，并打开世界。绘画的重要目标是画出形象，而“所谓形象，就是被拉到了感觉层面的、可感觉的形状”。①可以看出，感觉的逻辑是要破除主体的认知模式，彻底地解放感觉，让感觉的多样性、繁复性和游牧性充分地展现出来，这也就是感觉强度的不断交流、回旋、共振的结果。

培根最常用的画幅形式便是三联画。1979 年培根谈道，“三联画是我最喜欢做的事情”，“就我的作品质量而言，我常常觉得也许是三联画质量最好”。培根的三联画之间并没有叙述性的情节，他赋予了画面新的意义与多种可能性。三联画来自希腊语形容词τρίπτυχos，意思是“三折的”。三联画在基督教艺术早期就已经出现，是中世纪祭坛画的常见形式，后来又被文艺复兴画家们采用。德勒兹认为培根的去中心采取了“三联画”的形式，这是一种折中的、有节奏的铺陈。现代绘画里一个很重要的取向是摒弃画框，因为它影响画面的内在组织。画面不要形成一个有机的部分。德勒兹认为三联画的原则是光线与色彩的统一，以达到形象的最大分离。三联画是相互独立的，驱走传统祭坛三联画中的“图解性”“叙述性”，并且三联画是一种超越架上画的手段。三幅画是分开的，但是它们并不孤立，框架和画作的边缘不再指向每一幅画的限定上的统一，而是三幅画的分配上的统一。三联画的法则区分三种节奏，其中一直存在着一个见证的节奏，可以在三幅画中流通，根据节奏的强弱、快慢形成变化无穷的效果。在德勒兹看来，三联画的法则只能是一种运动之运动，或者一种复杂的力量状态，培根的许多画作都是以三联画的形式呈现出来的，画作中表现出一种强度的力量：(1)在单幅画中总是有双重运动，从结构到形象，从形象到结构，这一双重运动展现了隔离、变形、消融的多重力量；(2)形象本身之间的运动展现了多层面的交合的力量，并在它们的维度上再次出现隔离、变形和消融的多重力量，这是一个强度的增殖过程；(3)还有第三类运动，三联画可以作为形象产生交合，但它将之与其他强度一起运作，并引入其他运动，形成了强度的互通和流转。三联画就是通过光线与色彩来展现强度的，三联画中光线的统一可以让形象最大程度上分离，也即用光线产生有节奏的人物。光线的存在让画面中的身体感受不同层次的变化、扭曲和力量。德勒兹认为，“在光线主导的三联画中，一切都成为空气般的，甚至分离也是在空气中进行的，不再存在于

① 吉尔·德勒兹：《弗朗西斯·培根：感觉的逻辑》，董强译，桂林：广西师范大学出版社，2017 年，第 46 页。

身体的色彩中，它进入了单色的永恒之中，一种巨大的空间和时间将这些东西汇聚在一起”。①

可以看出，在各种力量的作用下，感觉会穿越不同的层面，有时候两种感觉相遇并产生关联，进入共振的领域，出现交合在一起的感觉的强度，这不是在主体对客体的认知中完成的，而是完全遵循着感觉的逻辑，一种由强度的不等和差异的游牧构成的自由状态。这标志着“打开感觉的新领域——新的色彩、声音、节奏、气味、质地、渴望、欲望、实践、感觉、信仰、姿势和认识——产生了新的事实、新的事件、新的节奏关系、新的感觉的逻辑，总之：新的欣赏生活的方式和新的生存方式”。②

小　结

德勒兹整个差异哲学的出发点是强度。强度正是德勒兹意义上的自在差异，康德在《纯粹理性批判》中提出“知觉的预测”原理，强度这一概念便来源于此，即在一切现象中，实在的东西作为感觉的一个对象具有强度的量，即具有一个度。他认为，在空间和时间中形式之杂多的综合之外，必然也有“对一个感觉的量之产生的综合”，例如，看到玫瑰花，就能够预感到过一个星期它会枯萎。所以，从知觉的预先推定中可以发现，感知对象具有强度的量，于是德勒兹认为存在是强度的，而非种差和属差，只有强度才是真正的差异。强度是不会在传递过程中减弱或消失的，因为它是内含而非外延。强度有三个特点：自在不等，肯定差异，内含的、胚胎化的量。在德勒兹看来，思想只能起源于一种遭遇、震惊、暴力，而在思想之起源中，我们所遭遇的是作为感性之存在的强度。可以看出，德勒兹的强度与感性问题联系在一起，这一联系最显著地体现在无器官的身体上，无器官的身体意味着身体不再是有机的、系统的组织，而是身体中各个感觉呈现出的游牧的状态，这在培根的画作中被表现了出来。培根画作中的身体都是变形的，静力的，在原地进行的，踏实运动从属于力量，同时将运动从形象中抽取出来。它不能仅仅归于任何一种形式，它可以改变形状的精确性，从而逃避一切形状。在

① 吉尔·德勒兹：《弗朗西斯·培根：感觉的逻辑》，董强译，桂林：广西师范大学出版社，2017年，第106页。

② 查尔斯·J.斯蒂瓦尔：《德勒兹：关键概念》，田延译，重庆：重庆大学出版社，2018年，第227页。

德勒兹看来,只有摆脱主体的、意识的、认知的、主客二分的思想范式,我们才有可能取消有机的身体,遵循着感觉的逻辑,进入一种由强度的不等构成的自由状态。

培根画出了“感觉”,而感觉来自身体,身体是某种纯然的力的化身,而力则是感觉的条件:感觉是身体在自身与外部力量的作用下,在被力击中的一瞬间,产生的最为纯粹与直接的反应。这种反应难以名状,超出了理性的思考与语言的范畴。培根的画作之震撼就来自一种独特的感觉逻辑,感觉超乎于理性的系统之外,因此它带给读者的是纯然的身体反应,直接作用于肉体与神经系统,绘画的运动(movement)联通身体的扭曲呈现出一种生成性。培根画出了不可见的力,让不可见的事物变得可见,德勒兹认为这是“只有伟大的艺术家才能获胜的历险”。他在《什么是哲学》中谈道:“艺术是一个感觉的聚块(bloc de sensations),也就是说一个感知物(percepts)和感受(affects)的组合体。”感觉是一切艺术形式的内核,“无论绘画、雕塑还是写作都离不开感觉。人们描绘、雕塑和书写出感觉”。现代绘画解构了传统绘画中形象的“具象性”,它不再具有图解功能,它创造力量并获得力量,将“智性的悲观主义”转变为一种“神经的乐观主义”。“艺术家给予我们感受和视觉,他们因而就是感受的报告者,发明家,创造者。艺术家并非仅仅在作品里创造感受,而是把感受交给我们,让我们跟感受一起渐变,他们用组合体把我们牢牢抓住”,①而“艺术是感觉的语言,艺术借助词语、颜色、声音、石头传递感觉。艺术没有定见。艺术把知觉、情感和定见的三重组织打散,代之以一座用感知物,感受和感觉的聚块构成的代行语言职能的纪念碑”。②可以说,感觉的逻辑是艺术先锋性的源头,是抵御理性、秩序的最有效的武器。

①② 吉尔·德勒兹,菲力克斯·迦塔利:《什么是哲学》,张祖建译,长沙:湖南文艺出版社,2007年,第456页。

第十章　构建一种全新的身体诗学

——德勒兹对斯宾诺莎的理论改写

在西方传统的思想脉络中，灵魂更接近上帝，而身体是易变的、堕落的，需要被压抑和改造。从柏拉图"灵魂马车"到笛卡尔"身心二分"再到黑格尔"理性是世界的主宰"，承接着一套精密完整的论证体系，但到了当代，身体的位置已然被颠转过来，身体是我们认知世界、感受生活的重要载体。然而，这一转变不是一蹴而就的，在西方思想史上经历了无数理论家的辨析、推论、继承和改写。从斯宾诺莎的"身体能做什么"到尼采的"一切从身体出发"再到德勒兹的"无器官的身体"，在认识论维度另辟蹊径地谱写了一条发掘身体的反叛之路。

从斯宾诺莎生活的17世纪到德勒兹生活的20世纪，人们的认知模式发生了翻天覆地的变化，世界已经从上帝主宰的王国转变为上帝已死、人也覆灭的城域，但德勒兹在全然不同的知识体系和认知架构中挖掘出两者隐秘的内在联系。他从斯宾诺莎那里获得了思想资源，接通并点燃了西方知识传统中的一条非主流的谱系，将身体放在整个西方思想史的脉络中去论证其价值，从而形成自己独特的身体诗学。而我们要追问的是：德勒兹如何穿越三百年，从上帝的世界延续到身体的世界？如何汲取了斯宾诺莎又改造了他？如何在当代诸多身体理论中生成独树一帜的思维模式？而这样的身体诗学为我们勾画了一个怎样的现代世界？

第一节　力量的产生：从笛卡尔到斯宾诺莎

一、上帝是什么：从笛卡尔的"现实之量"到斯宾诺莎的"力量公理"

证明上帝的方法论代表着不同的思维模式。在西方哲学神学体系中，证明上帝存在是一个历史悠久且至关重要的思想传统。近代以来，笛卡尔尝试用哲学的方式论证神学的合理性，他以思维推理证明上帝的存在，这意味着论证的重心从“上帝的存在”转向“作为主体的人如何认识上帝”，哲学不再简单地探究世界的本源，开始了对知识起源和认识能力的讨论。笛卡尔用普遍怀疑的方法质疑一切人类知识的合理性，认为只有数学和几何是最科学、最真实的知识，这种知识在人的灵魂中，人先天具有的本性就是上帝的本性。可以看出，证明上帝存在不再依靠客体的视角和外在的作用，而内化为对主体的理解，强调主体能动性。“主体”的发现、内在观念的证明方法都预示了一种全新的哲学转向，这是一种形而上学的“下移”。在这种转向中，人们对上帝的思考不再是唯一标准，由此产生了截然不同的思想裂变，斯宾诺莎就开辟了一条迥异于笛卡尔的思想脉络。

德勒兹在《斯宾诺莎与表现问题》一书中谈到斯宾诺莎对笛卡尔的质疑：笛卡尔在《第一哲学沉思集》中对上帝的论证涉及一个先验证明和两个后验证明，先验证明是：笛卡尔认为在思考上帝的时候，尽管存在诸多不确定的、需要排除的因素，但在我们思维中，一定存在某个确定的东西，尽管我们无法理解却真实存在，它是一个完满的存在，即上帝。后验证明是：“第一，我们之内有一个上帝的观念，我们是存在的，上帝也必然存在。这个证明的逻辑起点是基于‘完善的或现实的量’。原因具有的现实不能少于其结果具有的现实，一个观念的原因形式地所具有的现实不能少于这个观念客观地所具有的现实。而在我之内有一个无限完美的观念，换言之，此观念包含了‘比任何东西所具有的客观的现实更多的现实’”；①第二，“如果我有创造自己的力量，那么，使自己拥有我有其观念的各种性质是很容易之事，保存自己比产生自己或创造自己更容易。这里的准则是‘能力上能做更难的事，自然对于比较简单的事亦能胜任’”。②创造或保存实体比起创造或保存性质更难，这是因为实体比性质拥有更多的现实。德勒兹发现斯宾诺莎对笛卡尔的“简易方法”颇有微词，他认为“笛卡尔要么将客观现实的量关联于形式现实的量，要么将现实的量放入总体与部分的关系中，笛卡尔把相对的东西当成了绝对的东西”。③在先验证明中，笛卡尔把绝对性当成无限完善性，而无限完善性是一个相对性的词汇。在后验证明中，他将现实或完善性的这个观念应用在

①② Gilles Deleuze. *Spinoza et le problème de l'expression*. Les Éditions de Minuit, 1968, p.73.

③ Gilles Deleuze. *Spinoza et le problème de l'expression*. Les Éditions de Minuit, 1968, p.74.

绝对性之上，这依然属于相对性的范畴。而斯宾诺莎主张绝对无限性是无限完善性的本原和充足理由，也即"力量"是"现实的量"之充足理由。

斯宾诺莎在《简论上帝、人及其心灵健康》(后称《简论》)中保留了笛卡尔的先验证明："如果有一个上帝的观念，那么这个观念的原因就必须形式地存在，并且在它之中包含了那观念对象所具有的一切"。[①]德勒兹的症候阅读发现了"斯宾诺莎修正了这个证明的第一个命题，原先的三段论被增加了"，[②]这隐秘地反映了斯宾诺莎的思想倾向，他尝试发展出一个以"力量"(la puissance)为基础的论证形式，超越并取代原先基于"现实的量"的论证。他认为若仅凭自身，一个有限的理智并不具备认识无限性的"能力"，他"能够"认识什么必然受某种东西限定，而这个东西"能够"认知无限性，所以，上帝必然形式地存在。斯宾诺莎进一步追问为什么上帝观念之原因形式地包含了这个观念客观地包含的所有东西，这实际是基于对笛卡尔的反思和质疑。

具体来看，笛卡尔的公理认为一个观念的原因所具有的形式的现实性不可少于该观念所具有的客观的现实性，即没有比客观现实的无限量度更多的东西了。对此，斯宾诺莎有不同的见解：《简论》已经给出了为"力量公理"的部分解答：理智所拥有的认识能力等于其对象的存在与行动的能力；思想与认知的力量不能大于相应的、必然存在的力量。他在《简论》中宣称："每一个实体，由于本性，它的本性蕴含它的存在；因此不可能在无限的悟性里有一个实体的本质的观念，这个实体是不在自然中存在的。"[③]也就是说，自然中存在的事物一定在思想中存在对应的观念，一个观念如果不是某个存在物的观念，就不够明晰，便不能称之为此物的观念，这是所有斯宾诺莎主义的基础。斯宾诺莎进而谈道：所谓认识就是通过原因而认识，以至没有什么东西是可以不通过其存在或本质的原因而被认识的。

与笛卡尔不同，斯宾诺莎认为思想的力量并不大于存在与行动的力量，必须具有相应于上帝本性之无限的存在力量。上帝的观念不能直接推出上帝的存在，通过诸种力量之迂回，我们在上帝的观念之中发现了包含于其内

---

① 斯宾诺莎：《斯宾诺莎文集(第1卷)：简论上帝、人及心灵健康·知性改进论》，顾寿观，贺麟译，北京：商务印书馆，2014年，第36页。

② Gilles Deleuze. *Spinoza et le problème de l'expression*. Les Éditions de Minuit, 1968, p.75.

③ 斯宾诺莎：《斯宾诺莎文集(第1卷)：简论上帝、人及心灵健康·知性改进论》，顾寿观，贺麟译，北京：商务印书馆，2014年，第192页。

的客观现实之基础，并在能存在的力量中发现了上帝自身形式的现实之基础。德勒兹认为这是后验证明的观点中真正关键的东西。斯宾诺莎从《简论》以降追求的是用"力量的公理"替代笛卡尔没有言说的"现实的量之公理"。"思考或理解事物的思想力并不大于存在和行动的自然力。这是清楚而真实的公理，根据这个公理，就能从神的观念非常清楚而且有效地推出神的存在来。"①

德勒兹特别提到了斯宾诺莎对笛卡尔的修正，他注意到斯宾诺莎在《伦理学》接续了《笛卡尔哲学原理》对笛卡尔上帝存在证明进行的修正，斯宾诺莎对笛卡尔的第一个证明未提出修正或批评，却对第二个证明进行了彻底的重建，提出了完全不同的替代方案：(1)"事物按其本性愈圆满，则它包含的存在愈多和愈必然，毋宁说，事物按其本性包含的存在愈必然，则必更圆满。"②这意味着事物的现实性完善性越多，就有越多的存在。(2)"谁有力量支持自己，他的本性就包含必然的存在。"③这里的意思是不需要其他原因就能自我保存的力量本质是必然的存在。(3)"我始终没有力量自己保存自己，故另有一物保存我"，④我是不完善的，因此不具备必然的存在，也无法具有保存自己的能力，我是借由其他的原因而被保存，这个原因必然具有保存自己的能力，因此也必然地存在，这就是最圆满的存在物，即神。在《伦理学》中，斯宾诺莎表明，不管是可能的或必然的存在，其自身都是力量，力量同于本质，本质即力量。《伦理学》的论证如下："不能够存在就是无力，反之，能够存在就是有力(这是自明的)。因此假如说除了有限之物以外，没有别的事物必然存在；那就无异于说有限之物较绝对无限之物更为强而有力。这(显然无疑)是不通的；所以如果不是无物存在，就是有一个绝对无限之物存在。但是我们存在却是事实，而我们的存在如果不在我们自身内，就必定在必然存在之他物内。所以绝对无限的东西，亦即神，必然存在。"⑤斯宾诺莎由此推出上帝具有绝对无限的、能存在的力量。可以看出，笛卡尔从上帝的观念推断出上帝的存在，注重的是观念上的、形式上的上帝，而斯宾诺莎是从上帝的存在反推出上帝的观念，更注重存在的力量、行动的力量和存在

① 斯宾诺莎：《斯宾诺莎文集(第 5 卷)：书信集》，洪汉鼎译，北京：商务印书馆，2014 年，第 202 页。
② 斯宾诺莎：《笛卡尔哲学原理》，王荫庭译，北京：商务印书馆，2019 年，第 34 页。
③ 斯宾诺莎：《笛卡尔哲学原理》，王荫庭译，北京：商务印书馆，2019 年，第 35 页。
④ 斯宾诺莎：《笛卡尔哲学原理》，王荫庭译，北京：商务印书馆，2019 年，第 36 页。
⑤ 斯宾诺莎：《斯宾诺莎文集(第 4 卷)：伦理学》，贺麟译，北京：商务印书馆，2014 年，第 10 页。

的多样性，上帝存在通过在上帝自身的实现即多样的存在物质才能被证明。这意味着斯宾诺莎将观念上的上帝变成存在的上帝，观念中的圆满上帝是一个高蹈虚空的状态，但实际存在的物的多样性却证明了上帝的存在之力、行动之力，是一种力量的实现。于是，力量就成为斯宾诺莎一个至关重要的理论基础。

二、修正笛卡尔：分有力量

基于存在的力量，后验证明进一步发展为一个新的先验证明：某物的本质所具有的现实或完善性越高，某物具有的力量就越大，其存在的力量也越大；“神，或实体，具有无限多的属性，而它的每一个属性各表示其无限的本质，必然存在”。[①]斯宾诺莎的思想是存在的力量被赋予有限的存有，并等同于其本质。一个有限的存有之所以能存在，并非出于自己的本质或力量，而是来自外因。但它仍然具有能存在的力量，即使这个力量只有在外在作用下才能产生效果。斯宾诺莎认为我们能够肯定一个有限存有的力量，是因为我们将它视为总体的部分、属性的样态，以及实体的分殊(modifications)。实体自身能存在的力量是无限的，它具有的力量越大，拥有的属性就越多。也就是说，上帝/实体的力量被分化为无限多的部分或样态，上帝是不可见的，但实体的分殊能够反推出上帝/实体的存在，存在物越多恰恰能证明上帝/实体自身的力量越大。这一推论同样可以用在思想力量：一个清晰的观念具有认知的力量，是因为这个观念被看成总体的一个部分，是思想属性的一个样态，是思想实体的一个分殊，这一实体具有无限的思想力量。

《伦理学》中的后验证明如何发展成为先验证明？一个拥有所有属性的上帝，先验地拥有任何事物的所有前提条件，通过这种条件，人们断定某一事物具有存在的力量：因此，上帝具有“绝对无限的”存在力量，通过自身绝对地存在着。同样，具有思想属性的上帝拥有绝对无限的思想力量。属性因此具有一种动力学的意义，并非它们自身具有力量，而是从集体来看，它们被归属到绝对本质，绝对本质是能存有和作动的无限绝对力量，属性是这个力量的前提条件，属性等同于实体的形式本质。从分配的角度来看，属性可用于诸多有限存有，此有限存有为存在的力量，而属性即力量的前提条件，属性等同于此诸多有限力量之形式的本质，而这是就该本质被包含在这一个或那一个属性的意义上来说的。另一方面，思想的属性就其自身而言，

① 斯宾诺莎：《斯宾诺莎文集(第4卷)：伦理学》，贺麟译，北京：商务印书馆，2014年，第9页。

是赋予绝对实体绝对无限思想力量的前提，它等同于这一无限思想力量的客观本质，它使诸观念具有能够认知的力量，这种力量与定义这些观念的客观本质是同一的。在这个意义上，有限存有是受限制，它必然属于实体的分殊或属性的样态。

实体是不受限制的总体，它先验地具有所有事物的前提条件，属性是前提条件，这一前提条件适用于集体地拥有属性的实体，也适用于具有分配性意涵之样态，是两者之间的共通桥梁。如斯宾诺莎所说，因人类具有善、公正、慈爱等属性，所以，上帝以人类这个物种所具有的属性向其传达与此属性相应的完善性。上帝通过自身的属性向所有的物种传达适应于该物种的力量。《神学政治论》出现了一个后验证明，这个证明类似于《伦理学》与《笛卡尔哲学原理》所提出的证明：有限存有不能仅凭自身的力量存在，也不能仅凭自身的力量保存自己，它们必须依靠另一个存有，而这个存有单凭自身便得以存在。这个使有限存有得以存在、保持、产生作用的力量就是上帝的力量。这并不取消被造物特有的力量，而是有限存有也具有存在、行动、自我保存的力量；在《神学政治论》中，斯宾诺莎强调事物各有其力量，这一力量相应于它们各自的本质与其“权利”之建构。这不是说单凭其自身不能存在的事物不具有力量，而是指事物单凭自身不能具有力量，除非作为总体的一个部分，即它是一个绝对力量的一部分，而后者是一绝对存有，完全通过自身而存在，否则事物不能具有力量。（整个后验证明的过程是由受限制者通向不受限制者。）斯宾诺莎在《伦理学》中表示，人的力量是“神或自然的无限力量的一部分”。[①]但是这个作为部分的力量不可被进一步化约，它与其他的力量区分开来，是力量最原始的显现。我们都是上帝力量的一部分，上帝的力量藉由我们的本质而被展开。[②]论述到此，我们已经可以清晰地看到斯宾诺莎的思路，他认为上帝以一种力量的形式存在，而每个部分分有了上帝的力量，使得有限存有得以存在并产生力量。

可以看出，在斯宾诺莎看来，实体（substantia）即上帝、自然，即单一、永恒、无限、以自身为原因的必然的事物基质。“实体，在自身内并通过自身而被认识的东西。换言之，形成实体的概念，可以无须借助于他物的概念。”[③]属性是理智认识到的组成实体的本质的东西，而样式是实体的状态或变化，

---

①② 斯宾诺莎：《斯宾诺莎文集（第4卷）：伦理学》，贺麟译，北京：商务印书馆，2014年，第174页。

③ 斯宾诺莎：《斯宾诺莎文集（第4卷）：伦理学》，贺麟译，北京：商务印书馆，2014年，第1页。

或在另一东西以内，并通过另一东西而被人理解。样式“是实体的分殊，亦即在他物内(in alio es)通过他物而被认识的东西(per alium concipitur)”。[①]实体“在自身以内”，不依赖他物而存在，是“自因”(causa sui)。而样式则是“在他物内”，依赖于他物而存在，可以说，实体是“通过自身而被认识的”，而样式是“通过他物而被认识的”。“实体”或“神”是万物的“内因”，万物都在神以内，都依靠神而存在。[②]这样，在神与样式之间存在一种内在统一性。实体与样式之间的这种统一性表现在：每一个样式都“表现”了神的某种属性，而每一属性则又是神的永恒无限本质的某种表现。[③]

基于此，在1968年的《斯宾诺莎与表现问题》中，德勒兹把斯宾诺莎的哲学解释为“表现主义”(expressionnisme)哲学。“表现主义”指斯宾诺莎哲学中的实体不是一个抽象的原则，而是活生生的表现过程。这一表现过程就是实体、属性和样态之间离心与向心的互动：一方面，实体首先表现为无限的属性，而属性则进一步表现为无限的具体样式；另一方面，样式也努力向实体/上帝聚拢。在德勒兹的表现主义解释模式中，力量和欲求(conatus)成了理解斯宾诺莎哲学中的实体与样态之关系的关键所在。按照斯宾诺莎的界定，实体/上帝的本质包含存在，因此它必然拥有无限和绝对的力量。但是，包括人在内的任何个别样态在本质上并不包含存在，因此必定竭尽全力地追求力量，以维持自身的存在。这种追求力量的倾向就是所谓的自我保存欲求，它构成了包括人在内的一切个别样态的现实本质。德勒兹就此认为斯宾诺莎的哲学不是一个抽象的理性主义形而上学体系，而是一种表现主义的动力学(dynamique)。[④]

第二节 样态：绝对差异性

一、样态是力量的差异化

首先，斯宾诺莎认为上帝的力量以样态的方式“展开”(explicare)或“表

① 斯宾诺莎：《斯宾诺莎文集(第4卷)：伦理学》，贺麟译，北京：商务印书馆，2014年，第1页。

② 斯宾诺莎：《斯宾诺莎文集(第4卷)：伦理学》，贺麟译，北京：商务印书馆，2014年，第13页。第1部分，命题(15)，命题(25)等，第13，25，31，37页等。

③ 斯宾诺莎：《斯宾诺莎文集(第4卷)：伦理学》，贺麟译，北京：商务印书馆，2014年，第1—2页。

④ Gilles Deleuze. *Spinoza et le problème de l'expression*. Les Éditions de Minuit, 1968, pp.36—37.

现"(exprimer)自身,通过量的分化而达成。但力量的分有并不抹杀诸多本质间的差异。斯宾诺莎没有混淆样态的本质与实体的本质之间的区别:甚至在我的力量是上帝力量的一部分时,我的力量是我的本质,上帝的力量仍然是上帝的本质。诸多本质间的差异如何与诸多力量的分有彼此相容?上帝的本质和力量能够被一个有限的本质所展开,是因为作为实体与样态间共通之形式的属性一方面共同地建构了上帝的本质,一方面包含了有限事物的诸多本质。

上帝的力量按照被包含在每个属性中的诸多本质,在每个属性中区分并展开自己。因此,部分—总体的关系倾向于进入样态—属性、分殊—实体的关系。有限事物是神的力量的组成部分,因为前者是上帝的属性下的诸多样态。但是将诸多被造物化约为样态,这并没有将它们的力量取消,而是展现了相应于各有限事物之本质、属于其自身那个部分所具有的力量。在相同的条件下,力量与本质的同一可以应用于样态与实体。这些条件指的就是属性,通过属性,实体能够具有与其质相符合的无限力量。样态则意含了属性,这些建构了实体本质的属性被认为"展开"或"表现"了神的力量。将事物化约到一个单一实体之下的样态,这不是把它们变成了假象或幽灵,而由于样态是自然的一个组成部分,它要么处于外物影响下(被动的情状),要么处在自己本质所产生的影响之下(主动的情状)。所以力量与行动的区分,在样态这个层次上,被两种相等的力量形式所取代,行动的力量与受动的能力,两者相反,但两者之和是恒常的,具有能影响它物和被它影响的力量。这样斯宾诺莎便能将样态的力循同于其本质,而能够接受它物影响的能力一般保持固定,但有时也会不一样,因为能够产生影响的能力(或能存在的力量)或"有所增加",或"有所减少",这一施动力的大小视乎在任何时刻产生该作用力的主动情状的多寡而定。每个样态所具有的力量都是现实的:在任何时刻它都是自己一切所能为者,它的力量即其本质。

需要指出的是,力量的分有过程不是同质的划分,而是每个分有的样态都保留了独特性和奇异点。上帝的力量被分化在每个属性、本质中,在其中展开并成就一个个差异的、独异的自己。因此,上帝分化有不是部分与总体的关系,而是样态与属性、分殊与实体的关系,部分与总体意味着部分彼此之间是割裂的、同质的,部分要为总体服务,没有总体,部分只是一个无用的零件,但样态与属性意味着每一个事物都是包含了总体的全部,且每个样态都独具一格。世界上展现出来的有限事物是无限的神之力量的分化,是上帝的属性分化为诸多样态。这些样态展现了相应的各个有限事物之本质、属于其自身那个部分所具有的力量。通过属性，实体能够具有与其质相符的无限力量。

这造就了斯宾诺莎的泛神论，他谈道："神，我理解为绝对无限的存在，即具有无限多属性的实体，其中每一属性各表示永恒无限的本质"。[①]特殊的事物只不过是神的属性的分殊，也就是以某种一定的方式表示神的属性的样式。实体是在自身内并通过自身而被认识的东西。属性是由知性看来构成实体的本质的东西。斯宾诺莎认为神必然存在，且无处不在，万事万物都属于神，万物一体，莫不是神。斯宾诺莎的思维结构是一个金字塔式的，塔的最顶端是拥有无限力量的上帝，而诸多存在物分有了上帝的力量，但这种力量不是同质、均等的，而是彼此差异、程度不同的。在这世界上，神是绝对的、唯一的存在，万事万物都是神的一部分，人的生死存活皆属于神，只是变换了形态。神有无限多的属性，但人只能认识两种，一种是物质，一种是思想。神随时随地都在各种属性中变换形态，从一种物质/思想变成另一种物质/思想，还可以在人类不可认知的其他属性中来回转换。神即自然，是唯一的实体，"一切存在的东西"都是神或实体的具体样态，都存在于神之内。

其次，样态具有不同的强力。存在的样态具有时间性，当它持存于时间中时，就不只是简单地包含在其所属的属性之中，就像这一样态之观念也不仅只是简单地包含在上帝的观念中那样。存在的样态通过时间性（在广延的样态中，通过图形与位置）而具有其外在的个别性。只要整面墙是白的，我们就无法从中区分出任何形状。在这种情形下，性质不被任何外在于它的、与其有别的东西所影响。此外，通过样态的存在所得到的个体性是不充分的。如果不预设存在事物的本质是不同的，我们便不能对这些事物做出区分；同样地，任何的外在区分都预设了一种先在的、内在的区分。所以，一个样态的本质在自身之中就是个别的，即便其相应的样态并不存在。

德勒兹援引了司各脱的理论，他以白性为例："白性具有不同的强力；这些强力并不是像一种东西加到另一种东西之上那样，或者像一个图形被画在一面墙上那样加到白性之上；不同程度的白性之强力是白性内在的样态或限定性，不管人们在何种样态中考虑白性，这个白性始终是同一

① 斯宾诺莎：《斯宾诺莎文集（第 4 卷）：伦理学》，贺麟译，北京：商务印书馆，2014 年，第 1—2 页。

个白性”。[①]斯宾诺莎也认为样态的诸本质是内在的样态或强力的量。属性—性质始终单义地是其所是，它包含了影响它的所有不同程度的强力，而这些不同程度之强力又不会改变它的形式因。样态的诸本质与属性之不同在于本质是性质的强力的各种程度。斯宾诺莎没有很明确地发展这一理论，只是一种倾向，即追求那种建立在样态的诸本质所特有的区分与个别性基础上的观念。存有的区分(样态的诸本质之间的区分)是内在的，且是纯粹量的区分即强力的量的区分。只有这样的区分，即存有在量上的区别，才能与绝对存有在性质上的同一并行不悖。存有在量上的区别并不是表面的区别，而是一种内在差异，是强力在量上的不等。因此，强力的量之原则建构了绝对者之本质，按照这一原则，即按照绝对者力量的不同程度，每个有限存有都表现了绝对的存有。

所以说，德勒兹认为斯宾诺莎所谓的个性不是质的、外在的，而是量与内在的强力。从这个意义上，样态的诸本质之间的区分不仅使本质与属性相区别，也使它们彼此之间产生了差异。样态的诸本质间的不同不是包含在其属性中的外在的区别，而是在属性之中的诸本质所具有的、适用于它们身上的一种特殊的区别。强力的量是无限的量，诸多本质的系统是一个真实的无限系列。在这种意义上，属性包含了它所具有的一切样态之诸本质；属性将不同样态的本质等同于不同的强度。可以看到，无限性是不可分的，不能将之区分成外在的不同部分，一旦抽象地区分，我们便将诸本质与其原因以及包含了它们的属性相分离，把它们设想成简单的逻辑可能性，把它们从整个物理实体中抽离。

而诸多样态物分有了上帝的力量，但这种力量并非均等、同一，而是彼此差异。斯宾诺莎所谓的个性不是质的、外在的，而是量与内在的强力。从这个意义上，样态的诸本质之间的区分不仅使本质与属性相区别，也使它们彼此之间产生了差异。样态的本质是不可分离的，它们通过彼此间的整体性而定义。但它们又是个别的、独特的、内在差异的，这意味着所有的本质都参与了每一个本质的生产，即便最低程度的本质也包含最高程度的本质，而每个被生产出来的本质都具有一个不可化约的存在强力，而必然地被理解为一个单一的统一体，这就是诸本质之“包含”的系统。这如同“单子”，莱布尼茨认为单子的本性是表象，每个单子都是对世界和宇宙的表象，它体现

① 参见司各脱：《牛津集》，转引自 Gilles Deleuze. *Spinoza et le problème de l'expression*. Les Éditions de Minuit，1968，p.179。

和表象了宇宙和世界的某一个侧面，就如同一片树叶表象了整棵大树的秘密一样。单子都以混乱的方式在追求无限和全体。基于此，德勒兹提出了“褶子”，褶子可以无限地细分，是物质的最小单位，在这个最细小的褶子中，还存在着褶子，就像在漩涡中还存在着漩涡一样，最小的世界中还存在着世界。褶子不是点，而是团块的集合体，点无法折叠，褶子具有弹性，可以打开、伸展、继续折叠。可以说，德勒兹受斯宾诺莎的样态、莱布尼茨的单子的影响提出“褶子”，这些理论都指向一种绝对差异的个体，即便是最小的个体也包含了整个世界的本质。

二、样态是力量的现实化

首先，样态的本质必然具有存在。斯宾诺莎认为一个样态的本质是一种特别的或单一的本质，即一个样态的本质并非一种逻辑的可能性，它不是数学的结构，不是形而上的实体，而是一个物理的实体。也就是说，本质具有存在。本质都是某存在物的本质；一个样态的本质就是某物的本质。在这点上，斯宾诺莎和莱布尼茨截然相反：对莱布尼茨而言，本质是一种逻辑的可能性，与某种形而上的实体不可分，它是一种存在的倾向，有一种属于其自身的真实存在；一个不存在的样态并不缺少任何东西，也不声称任何事物，而是它在上帝的理智中被认作该样态真正本质的相应之物。因此，样态的诸本质和存在的诸样态一样，都有其动力因。上帝“是万物的本性与存在的致动因”。①但当斯宾诺莎表明，一个样态的本质并不涉及存在时，他指的是该样态的本质并非该样态之存在的原因。这不是说一个本质和其自身的存在之间有真实的区分，而是说本质必然地存在，但是它的存在是通过其原因而非通过该本质自身。邓·司各脱认为存在必然伴随着本质，但这是通过后者的原因而成立，存在并非被包含在或涉入本质之中，而是从外面加上去的东西。并不是说这个外加上去的存在与本质之间具有真实的区分，这一存在只是一种来自本质之原因的终极限定性。本质总是具有存在，这个存在通过此本质的原因而得以成立。因此，在斯宾诺莎那里，下面两个命题连接在了一起：诸本质具有存在或物理实体；上帝是诸本质的动力因。一个本质的存在只能由该本质的原因的存在所造成。

斯宾诺莎与笛卡尔不同，当笛卡尔说上帝生产了诸本质，他的意思是上

① 斯宾诺莎：《斯宾诺莎文集（第4卷）：伦理学》，贺麟译，北京：商务印书馆，2014年，第25页。

帝不臣属于任何律则，上帝创造了一切事物，创造了可能性。斯宾诺莎则认为诸本质并非可能的事物，它们具有完全真实的存在，这存在通过其原因而成立。唯有当我们以抽象的方式来考虑样态的本质时，换言之，当我们将后者与使其成为现实存在之物的原因相分离时，才使得样态的本质被归诸可能的事物。如果说诸本质是一致的，这是因为它们不是彼此的原因，它们以上帝为其原因。具体来说，我们将诸本质指向一个它们所依赖的原因，并将它们放在一起，彼此共存而一致。所有的本质在存在或现实方面来说，都是一致的，而其存在与现实都是来自它们的原因。只有当我们把一个本质看成独立于那个包含一切的生产原则时，才使得该本质与其他本质抽象地分离开来。这样看来，诸本质形成了一个总的体系，这是一个现实的无限整体。可以看出，斯宾诺莎这里，事物的存在不是由于本质，而是由于内部的动力因，而上帝就是诸本质存在的原因和动力。

其次，样态之存在不是数目，而是力量。样态的诸本质是一个无限系列的组成部分。不过，这是在强力部分或内在部分的意义上来说的。与莱布尼茨不同，斯宾诺莎这些本质并不是小宇宙。它们并非包含在一个本质之中，而是包含在一个本质的生产之中。样态的本质是强力的部分，而不是整体的部分。如此，样态的本质具有表现性的力量，样态的诸本质关联的是斯宾诺莎所特有的问题，即绝对无限的实体。这是一个从有限过渡到无限的问题，即实体是所有性质在本体上绝对的同一，它是无限的力量，以一切形式的方式所表现出来的存在的力量，以及思考一切形式的力量。属性是无限的形式或性质，属性是不可分割的。

有限的事物既非实体、非性质，也非表象，它是样态，具有量的性质。每个实体性质都具有样态强力的量，而实体性质本身是无限的，可以分割成诸多无限的内在的样态。这些内在的样态作为一个整体被包含在属性中，它们是构成属性自身之强力的组成部分。因之，它们被包含在属性之中，是组成上帝力量的诸部分。在这个意义上，一个神的属性下的诸样态分有了上帝的力量：样态的本质是上帝力量的一部分，是组成上帝力量强度的一部分，或者说是在不同程度上对该力量的表现。把世界上的一切被造物化约成诸样态，这是诸样态本质作为一种力量的前提，这也是上帝的力量不可被化约的组成部分之前提。因此，诸样态就其本质而言都是表现性的：它们表现了上帝的本质，每个样态都按照其力量的程度建构了它的本质。对斯宾诺莎来说，有限事物的个别性并不是从属到类或到个体的过渡，也不是从普遍到特殊的过渡；它是从无限的性质到其相应之量的过渡，它所代表的是那些被分割成不可化约的、内在的，或具有强力的量的不同部分。

样态的本质的存在不同于对应的样态之存在。即使样态不存在，样态的本质仍能存在：样态的存在的原因并非其本质。一个样态的存在可以以另一个样态的存在为原因。[①]但这样无限的后退无法告诉我们样态的存在到底是由何者所构成的。如果说一个存在的样态"需要"许许多多其他存在的样态，这就等于说这个样态是由非常多的部分所组成，借由施加外力于其上，这些组成部分构成了该存在的样态，该样态之存在处于一个造成其存在之诸多原因不断更替的状态，一旦该样态之存在消失，其组成部分亦随之瓦解四散，不再属于该样态。可以说，样态的存在就是真实地拥有非常多的部分。这些组成部分外在于样态的本质，也外在于彼此：它们是具有广延的组成部分。在斯宾诺莎那里，所有存在的样态都是由非常多具有广延的部分所组成。在广延之中，存在的物体都是由非常多的简单物体所构成。至于心灵，它是存在的身体的观念，其本身也是由与身体各组成部分相对应的诸观念所组成，而这些身体的各个组成部分外在于彼此。

第三节　从样式到身体：由无限的复合物构成

一、样态即身体：力量的差异与组合

斯宾诺莎认为"身体"[②]是一个指向由实体的广延属性派生出来的无穷的诸样式的概念，即一切身体都是一个无限实体派生出来的诸样式。身体之间藉以区分开来的标尺，不是每个身体的实体性(因为身体不是实体)，而是其属性，即构成它的诸部分之间所具有的一种独一无二的、相对固定的运动和静止的关系，斯宾诺莎认为区别不同的身体不是根据实体的差异，而是涉及运动和静止、迅速和迟缓等因素。斯宾诺莎理论架构的基本元素：样态的本质是强力的一种确定的程度，是力量不可化约的量的程度；如果一个样态具有非常多与其本质或力量之程度相应的广延部分，该样态即存在。"非

① 斯宾诺莎：《斯宾诺莎文集(第4卷)：伦理学》，贺麟译，北京：商务印书馆，2014年，第21页。

② 在斯宾诺莎用拉丁文写成的《伦理学》中，"corpus"这个词英译为"body"，贺麟先生的中译为"物体"。考虑到斯宾诺莎是一个心物平行论者，本文统译为"身体"，可参见《伦理学》第58、60、61页。

常多"是斯宾诺莎的核心观点,他在写给麦尔的信中提道:存在着人们称之为无限的量,更恰当地说,未限定的量,因为"我们不能以任何数字来比较和说明其部分的东西"。[①]斯宾诺莎给麦尔的信中还提到了第二种无限性,它与样态及其量的特性有关:一种广延的无限性。斯宾诺莎举了一个几何学的例子:两个非同心圆之间非均等距离之总和超越任何一个可被给出的数字。诸样态由实体和属性中流出,不只是想象出来的幻象,也不只是智识之物,它们的存有具有量的特性。它不是数目的,当我们从样态的无限性与强力的无限性着眼时就不能够将这个无限性切割成外在的不同部分。样态的本质内在地包括了不同强力的各个部分,这些部分彼此不可分。数目的区别将具有不同强力的各个部分彼此分离开来,也将它们与其生产之原则相隔离,因此只是抽象地把握了这些部分。如果我们考虑第二种无限性,即广延的无限性,这个无限性便可以被分割为外在的部分,这些部分构成了各种存在物。然而,这些外在的部分总是以具有无限性之诸多集成的方式出现;其总和超越任何可确定的数目。斯宾诺莎认为,当我们以数目上的区别来解释这些事物的组成部分,就丧失了对样态真实存在的把握,所把握者无非虚构之物。因此,写给麦尔的信展示了广延样态的无限的一种特殊情况,这种无限是可变的、可分割的。

广延的无限性关联到样态的存在,当斯宾诺莎在《伦理学》中主张复合之样态具有非常多的组成部分时,他把"非常多"当作一个无法进一步描述的数字,这是一个超越任何数字的多。这一样态的本质便是力量的程度;但是不管是什么程度的力量建构了这一本质,除非此样态具有无限多的部分,否则它就不能存在。如果我们考虑一个样态,其力量程度是前面的样态的两倍,而其存在由无限的部分所组成,那么它的无限性也是前者的两倍。每个构成诸般事物的众多整体都有无限的组成部分,但和另一个无限的整体比较,其本身是有限的,后面所指出的这个整体是由诸般事物之众多整体所构成的无限整体,换言之,是所有现存的以及时间上前后相续的存在事物之整体。存在样态具有无限的组成部分,它们的本质或所代表的不同程度的力量对应于某种限制(某种极大值或极小值的概念);所有存在样态,不只是同时存在的,也包括连续存在的诸样态,共同构成了最大的无限性,这个无限性可以被分割成无数的部分,每个部分自身又是由无数的其他部分所组

① 斯宾诺莎:《斯宾诺莎文集(第5卷):书信集》,洪汉鼎译,北京:商务印书馆,2014年,第59页。

成，而部分与部分之间有着大小、多少的区别。

实体可以分解成无数样态——将一个巨大且无限的力量分有为无穷多的、彼此差异的力量值，而承担力量值的样态就是身体。世界由无数身体组成，每个身体都是差异的、唯一的、独特的。每个身体并不是整体之局部，而是包含着全部，即便微小的身体，都蕴藏着无限的力量，如同一花一世界，一树一菩提，在一个身体中就可以看到整个世界。正如“莱布尼茨的单子(monad)在自身中包纳整个世界，尽管其包纳方式隐晦幽蔽。世界在单子中展露和阐发自身，世界裹藏、蕴含在每个单子之中，个体单子对世界的表达被其特殊视角的光源所规定”。①

这些不同的整体总是具有无限性：它们由无限的部分所组成，不管这些部分有多小，总是对应于一定程度的力量；整个宇宙则对应于包含了部分的所有这些程度的力量。斯宾诺莎认为广延属性具有广延的样态的量，这个量可以分割成无限的简单物体。这些简单物体是外在的部分，通过运动与静止而得以区分或联系，这个过程永不停息，简单物体始终是以许多具有无限部分的整体之方式被聚集起来的，每个整体被某种特定的运动与静止的关系所定义。正是通过这一关系，一个无限的整体方能对应于某个样态的本质(对应某种力量的程度)，也才能建构该广延之样态的具体存在。如果我们将所有这些由无限部分所组成的诸多整体以及它们之间的关系当作一个整体来看待，便可得到“所有处于运动状态中的不同物质之总和”，或者是广延属性下“整体宇宙之面貌”。一个本质就是一种程度的强力。但是广延的诸部分和强力的不同程度(或是有强力的诸部分)并非逐项地直接对应。

可以看出，斯宾诺莎认为，对任意强力的程度来说，不管多么微小，都对应一个广延的部分，而这些部分是无限的，在这些部分之间存在着许多纯粹的外在关系。各个具有广延的、无限的部分所组成的整体彼此间有大小多少的区别，但是每个整体本身都具有无限的部分，在这个意义上它具有无限性；每个由无限部分所组成的整体都具有一种本质，因为无论再怎么微小的本质也都具有与其相应的、无限的部分。

二、身体的繁复性和混合性

德勒兹认为在斯宾诺莎那里，身体是由无限的部分所组成的复合物。复合样态具有“非常多”的部分，即一切的存在都是复合的。身体的本质是

① 罗纳德·博格：《德勒兹论文学》，石绘译，南京：南京大学出版社，2022年，第46页。

一种由大小不同、强度各异的粒子聚合构成的复合物。而世界是无数能量粒子不断游离、振动、聚合的状态，当它们中某些粒子振动频率一致，就聚集在一起，形成一个身体，而这个身体又与其他身体交织、互动，形成另外一个复合物。

而身体如此显现，是因为事物努力保持自身存在。斯宾诺莎《伦理学》中的一个命题为：“每一个自在事物莫不努力保持其存在”。[①]其中一个重要概念就是conatus——“一物竭力保持其存在的努力不是别的，即是那物的现实本质”。[②]conatus一词来自拉丁语动词conor，conatus是其完成时的分词形式。该词原意是努力尝试，《牛津拉丁语词典》的解释有二：一是指为了完成一个心中向往的目标而进行的那种努力尝试；二是指要努力去完成的一个行为，一个谋划。英译者多把此词译为endeavor、striving、effort等，有努力、力量、动力、倾向等意思。德勒兹从样式的本质以及样式的存在着手说明从无限实体到有限样式的过渡。他特别提到conatus概念在斯宾诺莎那里与在莱布尼茨那里不同。在莱布尼茨那里，conatus有两个含义：从物理学上说，指一个物体朝向于运动的倾向；从形而上学来说，它指的是一种本质朝向存在的那种倾向。而在斯宾诺莎看来，只要一个样式已经存在，conatus实际上就是这个样式的本质（或者力量的程度）。因此，斯宾诺莎认为它不是事物保持在存在之中的那种倾向，而是“本质的存在功能”。德勒兹在《斯宾诺莎的实践哲学》中谈道：“样式得以存在，样式之本质作为力量之程度只是努力（conatus）”，[③]即对一个样式存在中的本质的那种肯定，具有动力性特征。一个存在着的样式的conatus与这个样式在每时每刻所经验到的各种感触（affections）互不可分，于是，斯宾诺莎认为与conatus相联系的是情感。在《伦理学》第三部分命题九和命题十一中，斯宾诺莎谈到了人的三种基本情感，即快乐（laetitia）、痛苦（tristitia）、欲望（cupiditas），“conatus是旨在增强行动力量或体验快乐的被动情感的一种努力”，[④]它受制于与外部事物混合表现的情状。

身体的本质就是不同程度力量的展现，这个力量程度将自身表现于某

---

① 斯宾诺莎：《斯宾诺莎文集（第4卷）：伦理学》，贺麟译，北京：商务印书馆，2014年，第104页。

② 斯宾诺莎：《斯宾诺莎文集（第4卷）：伦理学》，贺麟译，北京：商务印书馆，2014年，第105页。

③ Gilles Deleuze. *Spinoza Philosophie pratique*. Les Éditions de Minuit，1981，p.138.

④ Gilles Deleuze. *Spinoza Philosophie pratique*. Les Éditions de Minuit，1981，p.139.

种特定关系中，斯宾诺莎所采用的模式是：众多的部分处于某个单一的、相同的本质的统制之下，“我把事物看作为某个整体的部分，这是就它们的本性是这样相互适应，以致它们彼此之间尽可能一致而言”。[①]身体的本质将自身表现于某个特定的关系中，这些组成部分可以进入另一种关系中；这样一来，它们就被整合进另一种也是由无限组成部分形构而成的整体，这个整体或大或小或多或少，相应于这个整体的是另一种样态的本质，这些在另一种关系中具有广延的无限部分组成了另一种样态的存在。身体处于不断更迭改变的状态之中，处于运动与静止、快与慢之间，无限的广延部分在某种特定的关系之下组成某整体，只要这一关系继续维持，身体将会继续存在。因此，样态的本质（某种程度的力量）是在一种特定的层级关系中永恒地表现自身。除非此样态无限的组成部分确实地被归诸特定关系中，否则该样态无法存在。

如尼采所说，必须确立起对身体的“信仰”，这种“信仰”要比对精神的“信仰”更为重要，“因为，肉体乃是比陈旧的‘灵魂’更令人惊异的思想”。[②]这意味着首先要肯定感性经验的“多”，而传统思维总试图在“多”之外寻找“一”的形而上学。“主体：我们认为最高现实感的一切不同要素存在某种统一性，主体就是用以称谓这一信仰的术语。……‘主体’就是虚构，看去好像我们具有若干相同状态都是一种原因的结果。但是，我们首先创造了这些状态的‘一致性’；对这些状态加以同化，这是事实，但不是一致性。”[③]因此，尼采对身体的“信仰”正是呼唤着哲学的反思向身体层次的充实的经验回归。正如海德格尔指出的，身体并不仅是我们的一个部分，不是一个我们可随意处置的外在工具和器官，而是说，“在自我感受中，身体自始就被扣留在我们自身之中了，而且，身体在其身体状态中充溢着我们自身。……我们并非‘拥有’一个身体，毋宁说，我们身体性地‘存在’”。[④]肯定身体经验的“多”即肯定差异，从哲学把握“多”就必须创造出一种新的思索方向，能够把身体的这种涌现的过程“表现”出来，而这种“表现”不是向抽象和超越的“同一性”的“自我”的上升，而是要真正把“多”维持在“多”的层次。

德勒兹认为对斯宾诺莎来说：“一个身体的个体性（individualité）被界

① 斯宾诺莎：《斯宾诺莎文集（第5卷）：书信集》，洪汉鼎译，北京：商务印书馆，2014年，第171页。

② 尼采：《权力意志》，张念东，凌素心译，北京：商务印书馆，1991年，第152页，第659条。

③ 尼采：《权力意志》，张念东，凌素心译，北京：商务印书馆，1991年，第366页，第485条。

④ 海德格尔：《尼采》，孙周兴译，北京：商务印书馆，2015年，第116页。

定为当且仅当，在所有那些对身体的部分施加情动的变化之中，维持着某种动与静的复合或复杂的关系"，身体具有无限的构造，例如眼睛具有相对稳定性，是为贯穿它的各部分变化之中的某种动静关系所界定的，而眼睛已经具有无限多的部分，同时又是身体的一部分。眼睛是脸的一部分，脸是身体的一部分，以此类推，就形成了各种各样彼此构成的关系，在每个这样的层次上，个性体都被界定为动与静的构成关系。例如不喜欢、不舒服意味着它与我的身体混合方式使我产生了一种不愉快的概念，当我进入一次际遇，会有无数身体/物体的关系改变我，作用于我，与我的身体结合在一起。如果我的行动能力得到增强就是快乐的情动(affectus)，如果我的行动能力削弱甚至摧毁就是悲苦的情动。情状是指所有身体/物体的混合，它意味着一种物体在承受另外一个物体作用时的状态，是一种静态的效果。而情动是存在之力(force)或行动之力(puissance)的连续流变，这意味着我在一个不断与他物沟通交融的场域，我受到外界的影响，"从一个完备性的等级向两个(真实体验到的)转变和转化"，①这是一个动态的演变过程。"探索情动的故事及其相遇，你就会抵达内在性平面：它永远存在，永远有待被建造，永远不是静止不动的。它在情感上属于你，从它当中穿行而过，就是宇宙的整体(the whole of the universe)。"②

斯宾诺莎认为我们总是执著于讨论灵魂、谈论精神，但都不知道"一个身体能做什么"，"身体应该被界定为构成它的关系的集合，或它的承受情动的力量"。③在这个意义上，从亚里士多德以来认识世界的种、门、属、类等范畴模式就被打碎，区分一只青蛙和猴子不是根据属的特征，而是因为两者无法承受相同的情状。基于此，斯宾诺莎认为没有抽象概念，不存在对所有人都适宜的模式，任何秩序中的关系都可以相互结合，"如果我们知道整个宇宙所有关系结合于何种秩序之中，就能够界定整个宇宙承受情动的能力，就是 cosmos，作为一个身体或一个灵魂的世界"，④"整个世界化为一个单一的身体，这时，你真正拥有了一种承受情动的普遍能力：上帝，作为整个宇宙

① 汪民安，郭晓彦主编：《生产(第 11 辑)：德勒兹与情动》，南京：江苏人民出版社，2016 年，第 7 页。

② 查尔斯・J.斯蒂瓦尔：《德勒兹：关键概念》，田延译，重庆：重庆大学出版社，2018 年，第 268 页。

③ 汪民安，郭晓彦主编：《生产(第 11 辑)：德勒兹与情动》，南京：江苏人民出版社，2016 年，第 13 页。

④ 汪民安，郭晓彦主编：《生产(第 11 辑)：德勒兹与情动》，南京：江苏人民出版社，2016 年，第 19 页。

的原因，本质上具有一种承受情动的普遍能力”。[①]世界是一个多元结合体，一个繁复体(multiplicité)，但身体/物体并没有因此少了个体性，它们是身体的彼此结合，世界化为一个个别体，逾越了关系的彼此构成，逾越了共同界定的内在结合，还存在着特异的本质(l'essence singulière)，[②]斯宾诺莎所谓的独异性本质上就是一种强度的量，每个身体都被一种指向本质的强度复合体所界定，也被一种拓展的、广延的部分进行调节的关系复合体所界定，在动静之中、最高最低之间、诞生与死亡之间就是强度的阈限。

第四节　身体的“增殖”和“游牧”：一种新的身体诗学

一、身体的解放：强度的流变

身体作为一个复合体在与外界事物的相遇中不断地混合共通，德勒兹在《意义的逻辑》中通过对 Klossowski 的小说进行分析，提出“增殖的悖论”，“增殖”就是强调“意义”自身的不可还原和缩减的“多”：在 Klossowski 的小说中，属性是“运动的，互动的，彼此通过一种无限的程度和无限的变化而相互穿透”，[③]因此，个体的不是封闭的，而是处于相互影响、彼此独立、充满差异的运动之中。它的本质就是对差异的属性的增殖和拓展。“无限的程度”意味着这种运动不存在统一的衡量尺度，也不停留在单一的层面上，而是穿越着不同的层次与程度，如同强度即不可见的力是差异的“表现”，而力不可计算，没有单一的尺度，而是对差异的肯定。

基于此，德勒兹构建了与坐标系对立的块茎模式，坐标系统包括两条基本线：水平线和垂直线，水平线可以垂直地重合，垂直线可以水平地运动，在水平频率和垂直共鸣的条件下产生和繁殖新的点。这些层面或时刻又在这些水平或垂直、毗邻或相距的点的基础上产生频率和共鸣，这个系统是直线的、树状的、记忆的、克分子的、结构的，与坐标系统对立的是多元线性系统或块茎系统。《千高原》谈到块茎的特点：一是连接性和异质性原则。块茎

① 汪民安，郭晓彦主编：《生产(第 11 辑)：德勒兹与情动》，南京：江苏人民出版社，2016 年，第 19 页。

② 汪民安，郭晓彦主编：《生产(第 11 辑)：德勒兹与情动》，南京：江苏人民出版社，2016 年，第 21 页。

③ Gilles Deleuze. *Logique du sens*. Les Éditions de Minuit, 1969, p.345.

是可以任意生成与中断的平面,平面上没有起点、没有终点,“块茎上任意两点都能被连接,也必须被连接”。[①]传统树状模式有一个固定的起点,块茎没有秩序,也就没有起点。块茎将不同的、异质性的亮点连接,将各式各样的形式汇聚成一条符号链的推动力。二是多样性原则。“多样性是块茎式的,揭穿了树状伪装(多样性)的假象。……一个多元体既不具有主体,也不具有客体,它只有规定性、数量、维度——所有这些只有在多元体改变自身的本质的同时才能获得增长”,[②]“多”是块茎思维下的发散性。块茎的“多”不依附于某一个起点,随时连接与中断。三是“非示意的断裂原则”,即“一个根茎可以在其任意部分之中被瓦解、中断,但它会沿着自身的某条线或其他的线而重新开始”。[③]这意味着块茎随时可以展开或断裂,块茎的断裂也不是彻底的断开,它可能会中断,但随时能沿着原来的线或别的线重新开始。形形色色的线构成了一个块茎,当其中一条线断裂,它会被其他线自由地连接,形成新的线。因此,块茎路线繁多,毫无规律。四是绘图和印花原则。绘图指绘制地图。在德勒兹看来,地图是一个灵活的平面,绘图便是在上面进行创造与生成的活动。树状逻辑模仿古典的逻辑,块茎逻辑的绘图打破这种无意识编码行为,转向不断的创造;树状逻辑是一个踪迹,我们可以寻根到它的生成点,块茎逻辑则相反,它是一张地图,任何地点都是它的起点,所有维度都可以被连接,任意两点之间皆可连接。线打破了作为起源的点,它是一种解域线,解域意味着始终居于中间,不再具有水平的和垂直的坐标,它创造了自己的坐标,这是一个被解域的状态,抛弃了大小、位置和标量,线与线相融合勾画出一个多元系统,所有事情都是同时发生的。可以说,身体如同块茎一般,处于一种无中心、无系统、非平直、非组织的多样性之中。

德勒兹用身体的增殖理论来分析《追忆似水年华》。在普鲁斯特笔下,阿尔贝蒂娜的面容正是如此,当主人公深情一吻之时,她的面孔作为一个变幻不定的整体,在叙述者的嘴唇接近面颊的过程之中,经历了一个先后相继的平面构成的序列,这些平面对应着如此众多的阿尔贝蒂娜,而那颗美人痣

---

① Gilles Deleuze, Félix Guattari. *Capitalisme et Schizophrenie 2: Mille Plateaux*. Les Éditions de Minuit, 1980, p.13.

② Gilles Deleuze, Félix Guattari. *Capitalisme et Schizophrenie 2: Mille Plateaux*. Les Éditions de Minuit, 1980, p.14.

③ Gilles Deleuze, Félix Guattari. *Capitalisme et Schizophrenie 2: Mille Plateaux*. Les Éditions de Minuit, 1980, p.16.

也就从一个阿尔贝蒂娜跃向另一个，其间呈现着相互隔绝的“十个阿尔贝蒂娜”，直到那个最终时刻，所有阿尔贝蒂娜瓦解于过度接近中，在每个面容中，都有一个自我在体验、感知、欲望、回忆、醒来、睡去或重生。阿尔贝蒂娜被分裂成无数个形象，这是一种自我的无限增殖。德勒兹认为世界是如此，文学亦是如此，不同的形象相互分离，就像那些彼此无限远离的星体，每个都携带自身的符号和等级，它们不是一个单一的形象，而是众多碎片性的、异质性的真理，这些真理彼此争斗、相互差异。正如德勒兹所说：“即使是当过去在本质之中被重新给予我们之时，当下时刻和过去时刻之间的联结也更显得像是一场战争而非一种和谐，被给予我们的既非一个总体也非一种永恒，而是‘些许纯粹状态的时间’，即一个片段。”[①]艺术的本质就是无限差异，人物也不再是一个固定不变的形象，而是由无数碎片不停地游离、嬉戏、博弈形成的差异性的存在。可以说，身体已经从单一的、固定的、被精神控制的领域中跳脱，成为一种繁复的、多样的、自由生产的元素。

由此，德勒兹将块茎视为无器官身体可以自由“游牧”的平面。游牧指牧人群居无定所、四处漂移的生活方式，德勒兹将其转意为非主体、非整体、非基础、解结构、破层级的块茎式思维。无器官身体指身体是自由流动的，它反对强力主体，拒绝生成中心意义，无器官身体不只是具体的人体，而是任何具备这种条件的物体，正如块茎模式。在这个意义上，德勒兹将无器官身体与块茎相联系，块茎便是对无器官身体的比喻和象征，无器官身体也就在块茎这个概念上获得了极为形象和充分的呈现。那么什么是无器官的身体？在《千高原》中，德勒兹认为“无器官的身体”是卵、欲望和生成强度。无器官身体指的是一种无固定组织的身体，即“一种从它的被社会地连接起来、规范化、符号化和主观化了的状态中逃离出来的躯体，一种拆散了的、分解了的、非地域化的、因而能以一种新的方式重建的躯体”，[②]同时也是指活生生的、富于生命躁动的、自由的、充满积极欲望的与生成适当强度的身体。无器官身体是力量的混合，根据尼采对身体的定义，身体是力与力交叉时偶然形成的，身体不再是西方传统中被规训与塑造的主体，而是一个自由、纯粹的本体。无器官身体强调欲望的价值，德勒兹认为欲望在本质上是积极的，它摆脱了以往匮乏的一面，欲望可以通过生产达到充盈，德勒兹用“欲望机器”来解释身体如何通过在其之上的操作实现无器官身体，“吸毒者、受虐

① Gilles Deleuze. *Proust et les Signes*. Presses Universitaires de France, 1964, p.148.

② 冯俊等：《后现代主义哲学讲演录》，北京：商务印书馆，2003年，第254页。

狂、精神分裂症患者、爱人的 CoS 都向斯宾诺莎致敬"。[①]在无器官身体中，强度不断穿行，这是身体去机体化的过程，从有机体到无机体不是身体"失去了器官"，而是身体不再需要具体器官的约束，它是自由流动的身体，在强度的贯穿中不断生成的活泼的身体。无器官的身体处于强度性的、非广延性的空间之中，它是未成形的、非层化的物质，是强度的母体(matrice)，实体的属性所具有的一种形式上的多样性构成了实体在本体论上的统一性。不止如此，无器官身体是欲望的内在性的场域，欲望不是对外在索求，而是生产过程，它不是因匮乏而引发的空虚，而是由充实获得的快感。无器官的身体探索身体的各种可能，发现潜在的解域运动，可以说无器官的身体就是欲望的连接、流的结合、强度的连续体。

而德勒兹认为作品中的叙述者就是一个无器官的身体，德勒兹在《普鲁斯特与符号》中谈道："叙述者并不拥有器官(organe)，或者说，不具有那些他所需要的器官，而只具有那些他所期待的器官。……在初吻阿尔贝蒂娜的场景中，他抱怨说，我们没有恰当的器官来进行这种活动：它布满了我们的嘴唇、塞住了我们的鼻子并合上了我们的眼睛。事实上，叙述者就是一个巨大的无器官的身体(corps sans organes)"。[②]德勒兹将叙事者比喻为蜘蛛，蜘蛛无法看到、感觉到、回忆起任何东西。但从网的一端，它接收到了那种以强度波的形式传播到它的身体的最为微小的震动，正是这种震动使它跃向那个必然的地点。没有眼睛、没有鼻子，也没有嘴，它只对符号作出回应，那最微小的符号作为一阵波穿透了它的身体，并使它扑向猎物。

《追忆似水年华》并没有被建成一座教堂或被缝制成一件长袍，而是形成了一个蛛网。叙述者/蜘蛛的网由每根为某种符号所搅动的线所织成：蛛网和蜘蛛，蛛网和肉体是同一部机器。……他不具有任何器官，因为他被剥夺了这些官能的一切自觉的、有组织的功用。在他身上存在着相应的器官，却是作为一个被波所激起的强度的萌芽，这个波激发了它的不自觉的功用。[③]

不自觉的感觉、回忆、思想每次都是"无器官的身体"对于不同符号作出的不同强度的反应。正是肉体—蛛网—蜘蛛的叙事模式在运作，这一模式具有特异的柔韧性，不断地挑拨着无数的蜘蛛线，打开、关闭各种故事情节。

---

① Gilles Deleuze，Félix Guattari. *Capitalisme et Schizophrenie 2：Mille Plateaux*. Les Éditions de Minuit，1980，p.191.

②③ Gilles Deleuze. *Proust et les Signes*. Presses Universitaires de France，1964，p.218.

叙事主体被分化为无数碎片，如同无器官的身体和块茎。各个部件之间彼此中断又相互连接，不断破碎又再度聚合，这个过程永不停歇。

二、身体的生成：强度的共振

首先，生成是不同身体的异质性链接。身体是无限复合物的构成，身体内部充满了复杂性和混合性，身体与身体之间更是如此，德勒兹试图借助斯宾诺莎的思想资源破除种、属、门、类，让不同身体之间相互生成，让人与动物的界限破碎。“生成”意味着异质共生（symbiose）或者异质联盟（alliance）。不同序列、领域、形态的存在物皆可发生联盟。从这个角度来看，生成是不同身体/物种之间的联盟——人与动物之间、不同的动物之间、动物与植物之间等。“生成”打破了一切区分，跨越不同域界，创造新的可能。融贯的平面就是所有无器官身体的总体，一个纯粹的内在性的多元体。生成不是进化/退化，进化/退化试图寻求生物学上的亲缘关系，构想物种之间的相似系列或结构关系，这些血缘关系、相似系列构成某种同一性，预设了生成的方向和路线。而生成总是打破固定的预设，朝向任何可能。生成不是制造连续的系列，而是在任何地方产生断裂。生成断块、打破同一才是生成的延续。比如兰花（植物）与黄蜂（动物）相互生成。绽放的兰花是黄蜂的仿图，但兰花并未“进化”成黄蜂。而黄蜂是兰花延展的生殖器，却并未“退化”为兰花，两者没有血缘关系，而是异质联盟。在这个意义上，生成不是从低到高的遗传，而是异者间的横向传染，德勒兹称之为“缠卷”（involution），“生成是缠卷性的，而缠卷是创造性的”。①

德勒兹“生成—动物”的理论代表着一种不同身体/物种之间的相互生成，例如驯马的过程是人将被传送之力施加于马的本能之力之上，人对马进行调节、遴选、支配、超编码。受虐的马却实施着一种符号的颠倒：马将其被传送之力传送给他，使受虐者自身所内在固有的力能够反过来被驯服。存在着两个系列，马的系列（内在固有的力，人类所传送之力），受虐者的系列（马所传送之力，人类的内在固有的力）。一个系列于另一个系列之中爆发：力的激增或强度的流通。“主人”骑手确保了力的转换与符号的颠倒，构建起一整套配置，而这个配置同时勾勒出并充斥着欲望的场域；马和人构建起一个无器官的身体或融贯的平面。“腿仍然是器官，但是长筒靴所确定的仅

① Gilles Deleuze, Félix Guattari. *Capitalisme et Schizophrenie 2: Mille Plateaux*. Les Éditions de Minuit, 1980, p.292.

仅是一个强度的区域，形成一个无器官的身体，在其上流通着强度，而这些强度使得自我和他者都不复存在”①——这不是出于一种更高的普遍性或一种更大的广延的名义，而是根据那些（人们不再能称之为属人的）特异性以及（人们不再能称之为广延性的）强度。生成—动物不是模仿动物，生成是异质的，遵循创造逻辑，而模仿是同一的，是一种复制手段，人与动物遭遇之后，两者之间的分子会发生关联、产生共振、相互影响、改变彼此，形成一种混合作用，即情状。比如德勒兹所谓的生成—狼不是模仿狼，而是从狼身上获得某种要素，从而形成新的聚合体，释放出成为狼的粒子。德勒兹受斯宾诺莎行为生态学的影响，将个体看作无限微小元素组成的多元体，打破了从类别、形式、功能的角度来界定个体的方式。作为无限性存在的个体多元体没有数量，没有形式或形状，它们只能按照某种动与静、快与慢的关系得到界定。通过运动，元素根据快慢进入不同组合之中，形成不同配置。生成—动物意味着取消种属门类的编码，让一个身体的元素与另一个身体的元素在运动中发生组合，形成配置，在配置中双方发生融合与改变。

正如德勒兹详尽地论述了卡夫卡，他认为在卡夫卡的短篇小说中，动物之变不是原型，而是一张展现强度的地图。如果说原型、比喻、象征还保留着原来世界的残余，那么，动物之变更彻底地背离原有逻辑、制造差异，它设定一条逃逸线，跨越某种界域的管辖，形成强度的连续体，进入一个由纯粹的强度组成的世界。在强度世界里，任何形式、内容、属性、边界、价值都会解体，让位于一种不具形的质料、脱离领土的洪流以及非意指的符号。所以说，卡夫卡的动物之变跟神话、原型无关。耗子、狗、猴子、蟑螂等动物凭借块茎或地下通道进行逃逸，这些藏在地下的洞穴就是跨越层次、打破疆域、释放强度的地带，在那里，内容超越了自身的形式，表达超越了将其形式化的能指，事物都处于强度的、共振的运动状态。

动物之变不是复制形象，而是捕获新意义、占有新身份、增殖新内容，这是在一场不平衡、不对称的运动中形成的强度的连续体。这是一场脱离原有逻辑秩序的努力，而非局限于对自身的模仿，正如《致科学院的报告》中，卡夫卡写道，“模仿人类对我来说并没有什么乐趣；我之所以模仿他们因为我需要有个出路，完全没有别的原因”。②小说最后，“我的人猿脾气离开了

---

① Gilles Deleuze, Félix Guattari. *Capitalisme et Schizophrenie 2*: *Mille Plateaux*. Les Éditions de Minuit, 1980, p.194.

② 弗兰兹·卡夫卡：《变形记：卡夫卡小说精选》，高中甫选编，李文俊等译，中国友谊出版公司，2018 年，第 201 页。

我，一溜烟地逃得无影无踪，而我的启蒙老师自己却险些变成了人猿，他不得不立即停止执教鞭而进入了一家疯人院”。[①]在“我”变成人之时，启蒙老师变成了猿，卡夫卡笔下，人变为猿与猿变为人无等级之分，人与动物相互交流、彼此成就，被人类捕获的动物迫于人类力量脱离了领土，但脱离了原有理性的动物之力也加剧了人类脱离逻各斯的进程。在《一条狗的研究》里，卡夫卡采用的自传性独白的方式，看起来是一种拟人的手法，但卡夫卡有意识地抵制任何相似性和拟人化的诱惑，跟模仿、复制保持距离，达到最大程度的差异，这种差异制造多样性、开放性和生长性，倡导无意识的非结构性、去中心化和去组织化，欲望可以自由流动、自我生产，身体可以激发潜能、获得解放。

此外，生成是永不间断，朝向少数和差异。生成—动物没有终点，处于居间。正如尼采认为超人是人对自我的不断克服，这种克服没有终结状态。超人不是一个静止的概念，而是充满变化的动态过程。因此，“超人”不是名词，而是动词，是不断克服自我主体、向“他者”生成的行动。德勒兹认为生成也是动词，正在发生，永远进行，“终点只有在介入另一种生成之中时才能存在”。[②]生成“没有开端、没有终结，没有起点、没有终点，没有起源、没有目的”。[③]生成的居间状态还意味着开放性和不确定性，生成意味着所有的身体都可以抵达自己能量的边界，以“幂”的形式不断地突破解域。“生成”不是“成为”：“成为”是清晰确定的，而“生成”却充满不确定和模糊性。生成“构成了一个邻近性的和难以分辨性的区域，一个无人地带，一种卷携着两个相邻点或远离点的不可定位的关系　将一点带入到另一点的邻近区域之中”。[④]生成—动物就构成这样一种难以分辨的中间区域。这种中间地带使得不同物种之间的界限变得模糊，彼此关系也无法定位。当然，“中间不是均值，它是高速运动，是运动的绝对速度”。[⑤]而只有在绝对的运动之中，在之间，才能把握生成。德勒兹、加塔利在《千高原》中指出，“所有的生成都是一种生成—弱势”。[⑥]“生成”意味着以变动反对静止，以差异反对同一，构

---

① 弗兰兹·卡夫卡：《变形记：卡夫卡小说精选》，高中甫选编，李文俊等译，中国友谊出版公司，2018年，第202页。

② Gilles Deleuze, Félix Guattari. *Capitalisme et Schizophrenie 2: Mille Plateaux*. Les Éditions de Minuit, 1980, p.292.

③④⑤ Gilles Deleuze, Félix Guattari. *Capitalisme et Schizophrenie 2: Mille Plateaux*. Les Éditions de Minuit, 1980, p.360.

⑥ Gilles Deleuze, Félix Guattari. *Capitalisme et Schizophrenie 2: Mille Plateaux*. Les Éditions de Minuit, 1980, p.357.

成一种异质联盟。异质联盟可以在任何方向上展开,依据斯宾诺莎的理论,德勒兹从粒子组合的角度考虑生成的可能性,打破传统生物学上对物种属类的僵硬划分。《卡夫卡——为弱势文学而作》中的生成是弱势民族逃逸与抵抗的一种方式,与弱势文学的解域运动紧密相连。生成是人向动物、男人向女人、强势向弱势的单向生成,这意味着对同质结构的解域与逃逸。强势意味着僵化的克分子机器的统治,它对弱势群体进行结构化和组织化。如果生成是从动物到人、从弱势到强势,就意味着自身再次走向克分子的结构化和组织化,走向了生成的对立面。这是一种未成形的、不确定的状态,它打开了通往生成—动物的可能性。去除个体的主体性——这说明"生成"的政治实践是发生于每个个体身上的微观斗争运动,是分子性的生成。

《变形记》的格里高尔面目模糊,只是一个名字,一个符号,它实际上是没有所指的,没有外貌描写,没有性格描绘,具有虫的习性、人的思维,非人非虫、亦人亦虫。卡夫卡创造的动物之变模式揭开了一个纯粹的强度领域。动物的变形是动物与人之间的双向解域运动,这种解域运动是一种绝对解域,是穿越强度界限的旅行。强度世界没有等级,人的主体性就是在将动物他者化、低级化的基础上建构而成的,人与动物之间的划分同时也建构起优越/从属、理性/非理性的划分,并天然预设了人类拥有高级智慧和统治权力。在人类中心主义视角中,动物成为沉默的客体。基于此,德勒兹认为写作是生成他者,"是语言向内部变动力和外部逃逸线的敞开。无器官生命的轨迹是居间——在词语之间,在状态之间,在事物之间,以及在词语、状态和事物之间的通道。写作是逃离、制造逃离、谵妄、离开径迹、背叛、生成、汇合诸流、组构装置、解域化"。①

小　　结

20 世纪 60 年代,在法国思想界反黑格尔主义的思潮中,斯宾诺莎的价值被重新发现,理性、主体成为批判的靶子,而情感、身体成为反思西方传统哲学、构建当代认知的最重要的因素。到了当代,2007 年,纽约城市大学的帕特里夏·克劳弗(Patricia Ticineto Clough)与简·哈雷(Jean Halley)联合编著的《情感转向》标志着"情感转向"成为继"语言学转向"之后的新一轮

① 罗纳德·博格:《德勒兹论文学》,石绘译,南京:南京大学出版社,2022 年,第 232 页。

学科话语范式的转型。德勒兹的情感理论就成为情感转向中最浓墨重彩的一笔，他所谓的情感不是主体产生的感情（emotion），而是“情动”“情状”——一种不同身体间的混合关系，于是，身体的重要性浮出水面，它不再是受意志控制的躯壳，而是自由感觉、充满力量的肉。事实上，身体作为西方哲学一个重要的话题，已经在思想史的长河中被牢牢锁定并进行了系统编码，德勒兹从哲学史、思想史的脉络出发，寻找出自中世纪神学家司各脱到斯宾诺莎再到尼采的另一条曾被忽视的身体谱系，颠覆理智对身体的压抑、发现身体的独异性和先锋性，让一度被遮蔽的感觉、欲望、非理性的癫狂呈现出其丰富性、含混性和创造性，这成为构建新主体的一个重要维度。而身体的发现、情感的转向迫使我们重新反思主体、重新认识人、重新思考世界，于是，后现代理论更加强调“非人”、非中心主义、非主体性，试图探索和打捞身体中的潜能，生成一种崭新的审美范式和认识模式。

第十一章　德勒兹对黑格尔美学的挑战

——德国古典美学与后现代思潮交锋中的中国美学

从18世纪鲍姆加登开创了美学，经过康德、黑格尔、谢林、叔本华的发展，德国古典美学已经成为一个精致经典且无与伦比的水晶宫殿，它具有宏伟精巧的结构，包罗万象的内容，缜密思辨的系统。这对习惯于顿悟、朦胧、散文化的中国文论来说是一个全新的思维模式，中国现代美学就是在西方异质思维的影响下构建起来的。王国维最先接受了康德、叔本华的美学观念，成为中国现代美学的奠基人，之后的美学大师蔡元培、蔡仪都受到德国古典美学思想的影响。如果说20世纪50年代之前的中国美学对德国的借鉴侧重于理论资源，到了50年代之后则更着力于体系化的方法论。在最著名的1956年的当代美学大讨论中，德国古典美学的思维方式和建构方法成为学界的共识，并在整个美学界铺开，这一结果集中体现在王朝闻编写的新中国成立后的第一本最具权威和影响力的美学教材《美学原理》，当时青年编者李泽厚、刘纲纪、马奇、洪毅然、周来祥、李醒尘、朱狄、叶秀山、杨辛等日后撑起了中国美学的半壁江山。就这样，德国古典美学在中国的美学土壤中生根发芽，其研究方法、逻辑框架、论证内容都成为中国建构现代美学的基本参照和重要支柱。

由于德国古典哲学的影响，在20世纪80年代，德国古典哲学被更加全面地引入，德国古典美学严密的思维体系也深入人心，我们告别了中国古典文论的零散破碎、含混感性的思维模式，开始建构一种严谨系统的现代美学的深度模式。但随着思维的解放和大量西方理论的译介，之后的中国学界几乎在短短的数十年间见证了西方百余年形成的各种思想。现代思潮、后现代理论以折叠压缩的高浓度方式同时奔涌而来，我们发现德国古典美学的精密性和系统性在不断受到攻击，尤其是后现代理论家从各个方位拆解其理论框架。在德国古典哲学和后现代哲学的思想交锋中，我们获得了另一种视野去重新反思中国现代美学模式以及中国古典美学的价值。

第一节　黑格尔美学的内在理路以及对中国的影响

一、黑格尔与中国美学

在20世纪前30年，康德和黑格尔的著作被翻译得最多。到了30年代，情况发生了转变。在中国现代美学蓬勃发展且最具活力的30年代，学界对黑格尔研究热情也与日俱增。1928年至1938年，关于黑格尔的文章约100篇，几乎是康德研究的三倍，特别是1933年为了纪念黑格尔逝世100年，瞿世英、张君劢、贺麟、朱光潜、姚宝贤等重要的美学家在《哲学评论》上以"黑格尔号"为主题发表的一组文章，影响深远。到了20世纪50年代，中国学界对德国古典美学的接受是根据政治坐标筛选的，虽然康德的《判断力批判》译本在1964年出版，但在唯心主义与唯物主义对质的语境中，康德被冠以"德国唯心主义美学的奠基人"之称而受到冷遇，被批判为"资产阶级的反动美学"。[①]李泽厚就谈道："康德在中国埋没的时间太久了，讲康德的文章在中国极少"。[②]20世纪50到70年代，尼采由于与法西斯主义的渊源而被屏蔽，叔本华的唯意志论和悲观主义因与主流的马克思主义、革命思潮相左而被打入冷宫，席勒、谢林也没有被重视，[③]而黑格尔在中国享有特殊地位，由于马克思、恩格斯早年都属于青年黑格尔派，所以黑格尔被当作认识马克思主义重要的一环。1959年，朱光潜翻译的黑格尔《美学》第一卷出版，黑格尔美学的基本概貌在中国学界亮相，1979年《美学》二三卷出版，黑格尔的影响更加深入，朱光潜评价道："黑格尔在哲学中确实达到超过此前一切哲学家的成就。在美学方面也是如此"，[④]"对于深入学习马克思主义美学的人，《美学》这部书是值得细读的"。[⑤]1963年，朱光潜的《西方美学史》体现了他对黑格尔的思想理解和化用，作为西方美学史的开山之作，它为中国的西方美学研究奠基了基本思路，对中国现代美学思想建构具有导向性，其影响一直延续至今。

---

① 康德：《判断力批判》上，宗白华译，北京：商务印书馆，1964年，第208、223页。

② 李泽厚：《李泽厚对话集——九十年代》，北京：中华书局，2014年，第6页。

③ 席勒的《审美教育书简》译本1985年出版。谢林的《艺术哲学》译本1996年出版。

④ 朱光潜：《西方美学史》，北京：人民文学出版社，1979年，第460页。

⑤ 黑格尔：《美学》第三卷下，朱光潜译，北京：商务印书馆，1996年，第337—338页。

二、逻辑推演:美的概念

黑格尔对中国现代美学的影响体现在美这一概念所蕴含着的逻辑理路。首先,美是超越感性的理性精神。美学(Aesthetica)在鲍姆加登那里的意义是“感性学”。Aesthetica 所对应的德语词是 Ästhetik。但从黑格尔学生的美学笔记中,我们发现黑格尔非常反对用 Ästhetik,而是采用了“艺术哲学”(Philosophie der Kunst)的说法。黑格尔认为感性是基本的、低级的一种应激或接受能力,相当于康德先验感性论中的“感性”(Sinnlichkeit)或“接受性”(Rezeptivität),即“通过我们被对象所刺激的方式来获得表象的这种能力(接受能力)”。[①]黑格尔在《哲学科学全书纲要》说道:感觉作为“人和动物共有的”能力是灵魂最原始的能力,是对世界万物最直接的知觉接受;作为刚刚从自然回到自身的精神那无意识的、未被规定的愚钝的存在形式,感觉的核心规定乃是有如物质材料那般的直接性,其本身还没有同外部实存区分开来。黑格尔看来,感性是初级的,而美/艺术的感性形式也是为了显示蕴藏着的理性精神,这就是黑格尔的著名论断:美是理念的感性显现,“美者就是处于外在实存、处于感性表象中的真者”。[②]在黑格尔那里,理念有一群家族相似的概念星丛:“真者”“绝对者”“精神”“理性”“上帝”。“处于外在实存中”是指实在性,即感性形式,美即具有客观实在性的理念,即“理形”(Ideal)。周来祥评价道:黑格尔“不是从感性的经验出发,而是从抽象的思辨出发”。[③]

其次是关于美的概念推演。既然美/艺术是绝对精神的自我显现,那么,如何表达精神?黑格尔提出了概念:既然精神是事物总体,那么,概念是最完满的表达精神的方式,概念是精神自我规定的活动即精神的自我认识,精神的自我规定在主观精神和客观精神阶段仍然受制于物质对象,无法拥有完全的认识,只有发展到了绝对精神阶段,精神和现实性才真正达到同一,精神意识到自己在他物中依靠自己的力量而存在,在他物中显示自己。也就是说,概念可以对精神进行动态揭示,只有概念才能将事物总体变得清楚明白。在《美学讲演录(1820/1821)》中,黑格尔阐述了概念(内在精神)和实在性(外在表现)的关系:“概念与实在性之统一是真,实在性对概念并不

---

① 康德:《纯粹理性批判》,邓晓芒译,杨祖陶校,北京:人民出版社,2017 年,第 21 页。

② 贾红雨:《黑格尔艺术哲学重述》,《哲学研究》,2020 年第 2 期。

③ 周来祥:《论美是和谐》,贵阳:贵州人民出版社,1984 年,第 286—287 页。

十分重要，只是概念之表现，与概念相比就如肉体之于灵魂”。[①]概念和实在性如同灵魂与肉体，肉体是精神的载体，精神是肉体内核，两者无法分离，如同概念与实在性同一。也就是说，“美”作为概念和实在性的统一，是理念/真的显象，美/艺术的逻辑植根于黑格尔的精神学说。而那些复杂多样、生动活泼、转瞬即逝的感性经验就被筛选剪辑、提升抽象为概念，并在概念的逻辑中进行运动和演进。朱立元就说道：“黑格尔总是从绝对精神逻辑演进的角度来谈论艺术。”[②]“形成一种概念到概念、范畴到范畴的纯粹抽象形式的推移。……黑格尔美学中……包含着辩证法的合理内核和深刻的发展观、历史观……猜测到一些美学规律。”[③]概念以一种强大的逻辑思维和清晰的表达方式为感性经验的复杂性和模糊性代言，这在某种意义上是对感觉经验的删减、改造和遮蔽。

不仅如此，这种概念推演的逻辑运动预设了一种先验性和必然性，事物的发展是按既定的逻辑框架进行的，美学亦是如此，黑格尔从美的概念出发，辨析了美的基本问题、研究方法，厘清了传统艺术概念的偏差，并将这种预先推导出来的逻辑框架用以解释不同时期、不同地域的艺术作品，从而印证逻辑推理的合理性和历史发展的必然性。朱光潜说过黑格尔“完全运用理论思考的方式……美既然应该从它的本质和概念去认识，唯一的路径就是通过思考的概念作用”，“这种必然联系是一种向后的联系，从这向后的联系里它自己生发出来；也是一种向前的联系，从这向前的联系，它自己推动自己，因为它很丰富多产地从它本身又产生出其他东西，这样就让科学认识一直进展下去”。[④]黑格尔的方法论是“演变轴线”和“深层结构”，[⑤]演变轴线是作为客观的、中枢性的同一性，使得连续的阶段被系统地组建起来；深层结构则更像是一个基本的序列，它可以分解成同一性的基因密码，注入不同的事物，形成一种全面的复制。黑格尔的方法论在中国现代美学理论开山之作——王朝闻主编的《美学概论》中得到了全面的运用，作者直言不讳地说“美学研究的任务和方法”是学习并“力图运用”黑格尔《美学》的“历史

---

① Hegel. Vorlesung über Aesthetik, Berlin 1820/21. Eine Nachschrift. I. Textband[M]. Hrsg. v. Helmu Schneider. Frankfurt: Peter Lang Verlag, 1995, p.47.

② 朱立元：《对黑格尔“艺术终结”论的再思考》，《西南大学学报（社会科学版）》，2019 年第 2 期，第 146—156 页。

③ 周来祥：《论美是和谐》，贵阳：贵州人民出版社，1984 年，第 287—286 页。

④ 黑格尔：《美学》第一卷，朱光潜译，北京：商务印书馆，1979 年，第 27、31—32 页。

⑤ 吉尔·德勒兹，菲利克斯·加塔利：《资本主义与精神分裂：千高原》，姜宇辉译，上海：上海书店出版社，2010 年，第 14 页。

与逻辑相统一的方法”，[①]这造就了中国现代美学的研究路径：第一，将概念的逻辑推演架构放置在具体历史发展中，逻辑、理性即历史的本质，揭示出历史发展的必然性；第二，逻辑思维的经验对象是高度同一的，黑格尔由此设置了一个严丝合缝、精密系统的美学框架。这以后，中国现代美学著作基本沿用了这一思路，在美学史方面，在逻辑框架和概念推演中填充历史材料，从历史演进的纵向维度上展开美学问题的讨论；在美学原理方面，以抽象理论和思辨方法对各种美学问题进行横向铺展。

三、世界的结构：有机体

黑格尔从概念出发，层层推进试图绘制出世界的结构——一个上帝创造之前的蓝图，黑格尔的方法论即逻辑学，事物本身的规律就体现为逻辑，这个方法不是外部强加的，而是事物本身的规律性。所以黑格尔的理论模型不是外在于事物的机器，而是一个内在自发的有机体。如同《美学》从美/艺术的概念出发，将艺术展开为从象征型到古典型再到浪漫型的历史发展，并分析了各门艺术自身的理论，包括建筑、雕刻、绘画、音乐和诗歌。关于艺术概念的思考、艺术的历史发展、各个具体艺术门类的特殊本质，黑格尔聚焦于一个事物区别于其他事物的特殊本质，并循序渐进，环环相扣进而构造出庞大的理论体系，这就是黑格尔《美学》的基本逻辑结构。

18 世纪前后，德国浪漫派把“有机体”这一生物学概念用于解释文学艺术、社会政治，形成了一种不同于机械论的、内在的、可生长、可修复的自然模式。近代科学革命代替了经院神学开启了启蒙的现代性方案，其核心是机械论。机械论将物质抽象为广延，使其成为同质的、可用数字计量的客观对象，世界秩序被简化为力学关系，世界整体便被表象为一台精准、自动、严丝合缝的机械装置。而浪漫派以降的德国理论家意识到了这种思维模式的局限，康德认为自然产物/有机体不是偶然或盲目的，而是有“自然目的”，即“自己是自己的原因和结果”。[②]黑格尔深受启发，他认为判断力的理念“一方面为美，一方面为有机的生命；而后者是特别的重要”。[③]他进一步论述：“在这个有机体中，每一个部分同时就是整体，因为它作为与绝对者的关系而持存；作为部分，它在机身之外还有别的部分，它是一个受限制者，并且只

① 王朝闻主编：《美学概论》，北京：人民出版社，1981 年，第 8 页。

② 康德：《判断力批判》，邓晓芒译，杨祖陶校，北京：人民出版社，2002 年，第 219—220 页。

③ 黑格尔：《哲学史讲演录》第四卷，贺麟，王玖兴译，北京：商务印书馆，1978 年，第 294 页。

有通过这些别的部分才存在；他孤立地作为限制，是有缺陷的；只有通过与整体的关联，他才有意义和重要性"。[①]这就如同树的逻辑：它的各部分相互交替地作为自身形式的原因和结果，只有以这种方式构成整体，整体才可能反过来规定部分的形式和关联。有机体的内在合目的性不仅表现为部分通过整体而可能，还表现为整体通过部分的自我产生而可能，是一种"有组织的和自组织的存在者"。[②]

首先，有机内在性展现为一种复制模式，树的逻辑遵循一生二、二生四的法则，树形结构意味着有主杆、有枝杈，树自身可以衍生出侧根，复制出相似的衍生物，主杆先天拥有一个固定的内在逻辑，枝杈就是不断模仿的结果，它是基于一种权威的统一性来复制"多"，看起来无限延伸、多种多样，但实际上是闭合单一的，因为它预设一种根本的、强有力的同一，遵循一种最高精神来达到二、三、四、五。其次，树形逻辑是等级分明的系统，树形的整体逻辑是先于个体而存在的，其中包含着核心部分、复制部分和自动生长机制，其运作模式是：局部只能从一个中心或权威那里接受信息，并沿着预先确定的路径接受主体的情感，这种等级化结构就赋予树形结构以某种特权。基于此，黑格尔从一个既定的理论前提开始层层深入，成就了一个无所不包且井然有序的美学体系。

以德国古典哲学这一系统模式考察中国文化，就会发现中国无哲学。黑格尔认为哲学不是零碎知识的堆积，而是一个发展着的整体。哲学就是哲学史，而"思想的自由是哲学和哲学史起始的条件"，他认为"思想必须独立，必须达到自由的存在，必须从自然事物里摆脱出来，并且必须从感性直观里超拔出来。思想即是自由的，则它必须深入自身，因而达到自由的意识"。[③]"真正的哲学是从西方开始。惟有在西方这种自我意识的自由才首先得到发展……在希腊我们看见了真正的自由在开花"。[④]基于此，他认为"东方及东方的哲学不属于哲学史"。[⑤]同时，中国没有真正意义上的悲剧，

---

① 黑格尔：《费希特与谢林哲学体系的差别》，宋祖良，程志民译，北京：商务印书馆，1994 年，第 16 页。

② 康德：《判断力批判》，邓晓芒译，杨祖陶校，北京：人民出版社，2002 年，第 223 页。

③ 黑格尔：《哲学史讲演录》第一卷，贺麟，王太庆等译，北京：商务印书馆，1959 年，第 106—107 页。

④ 黑格尔：《哲学史讲演录》第一卷，贺麟，王太庆等译，北京：商务印书馆，1959 年，第 101 页。

⑤ 黑格尔：《哲学史讲演录》第一卷，贺麟，王太庆等译，北京：商务印书馆，1959 年，第 103 页。

受黑格尔影响的朱光潜在《悲剧心理学》谈道:“悲剧感是崇高感的一种形式……要给悲剧下一个确切的定义,我们就可以说它是崇高的一种,与其他各种崇高一样具有令人生畏而又使人振奋鼓舞的力量”,[①]这蕴含了一种形而上的精神力量,呈现出一种深度模式,而中国文化是一种平面的伦理秩序,多是“大团圆”结构:“戏剧在中国几乎就是喜剧的同义词,中国的剧作家总是喜欢善得善报,恶得恶报的大团圆结尾。……中国戏剧的关键往往在亚里士多德所谓‘突变’的地方,很少在最后的结尾。剧本给人的总印象很少是阴郁的。仅仅元代(即不到一百年时间)就有五百多部剧作,但其中没有一部可以真正算得悲剧”。[②]在这种语境中,在黑格尔为代表的德国古典哲学的思维模式对于非系统、散文化的中国传统文论来说,是一种极具吸引力和可操作性的异质思维,近一个世纪以来,它们已经成为构建中国现代美学理论体系重要思想资源,而中国古典文化也在这种视野下被删改、被矮化、被遮蔽。

第二节　德勒兹对黑格尔的反思和批判

20世纪前半叶,世界经历两次世界大战,人们变得心力交瘁,早已不再相信精确缜密、文明理性的世界秩序。随之,黑格尔的完美体系也受到了后学者的严重质疑和深刻反思,尤其是战后成长起来后现代主义理论家把黑格尔当作一种传统范式加以拒斥,他们认为如果上帝确如黑格尔所说通过计算来创造世界,他的计算始终不准确。而正是这种不准确、不可还原的“不等性”成为世界得以存在的条件,世界始终是一个“余数”,一切现象都取决于偏斜,一切多样、变化都取决于差异。在“弑父”的一代中,德勒兹最具代表,他跟康德、黑格尔一样从形而上学的角度思考世界,同时又将他们当作潜在对手逐一批判,他试图要开创一种打开世界的新方式。

首先,德勒兹认为黑格尔逻辑框架最终指向同一,黑格尔的《逻辑学》将差异看作一种无法体现事物的本质的杂多(divers),而体现本质的是对立最终被同一性收编,正是基于此,黑格尔的形而上学是一种“纵向性”的思维方式。它为了建立起一种体系,从一个不证自明的原初原则出发进行逻辑

① 朱光潜:《朱光潜全集》第二卷,合肥:安徽教育出版社,1989年,第301—302页。

② 朱光潜:《悲剧心理学》,合肥:安徽教育出版社,1989年,第120—121页。

推理。这种哲学按照不同的等级来安排“事理”，分配它们的位置，世界因而成为一个严整的等级体系，而背后的指挥棒始终是同一。而德勒兹认为世界即差异，他将差异上升到本体地位，这是一个不同于黑格尔的非中心化的系统，每个事物都是一个“平面”或“场”上的一个自由粒子，它绝对差异，没有固定指向，有跨越层级自动游离的潜能，它始终是不断运动的、变化的和生成的。

其次，概念是黑格尔逻辑学的命门，德勒兹从概念入手，他认为“黑格尔提出概念的抽象运动，而不是自然和心理的运动。黑格尔用特殊之于一般概念的抽象关系代替理念中独特之于普遍的真实关系。因此，他仍然存在于‘表征’的被反映因素之中，在简单的一般性之内。他再现概念，而不是戏剧性地表现理念：他创造了一个虚假的剧院，一种虚假的戏剧，一种虚假的运动。我们必须看到黑格尔如何背叛和曲解了直观的东西，以便把他的辩证法置于那种非内涵之中，以便把中介引入一种运动之中，而这种运动不过是他自己的思想及其一般性而已”。[①]德勒兹认为概念并非预先假设，而是一种创造，他进一步谈道：“概念不同于已经造就、静等人们去发现的天体。概念没有天空。它们必须被发明，被制造，或更准确地说，被创造出来，而且如果没有创造者的署名，概念便毫无价值”。[②]具体到美学上，德勒兹与黑格尔针锋相对，提出了新的概念——“感觉”“情动”和“无器官的身体”，试图解放传统美学对感觉的束缚。

一、感觉的逻辑

德勒兹将黑格尔忽略的感觉重新打捞起来，他是通过层层否定的方式来谈感觉的。首先，感觉具有“不可缩减的综合性特征”，[③]它拒绝再现事物、叙述故事，不能被简化、被通约、被工具化；其次，感觉也不是感情，而是本能，本能即从一种状态过渡到另一种状态的力量，正如培根的画“没有感情，只有感受”；再次，感觉并非源于运动，综合立体主义和未来主义，或杜尚的《楼梯间的裸女》呈现出无数运动的停止点或突发点，这些看似通过综合

① 吉尔·德勒兹，费利克斯·瓜塔里：《游牧思想：吉尔·德勒兹、费利克斯·瓜塔里读本》，陈永国译，长春：吉林人民出版社，2003年，第40页。

② 吉尔·德勒兹，菲力克斯·迦塔利：《什么是哲学》，张祖建译，长沙：湖南文艺出版社，2007年，第206页。

③ 吉尔·德勒兹：《弗朗西斯·培根：感觉的逻辑》，董强译，桂林：广西师范大学出版社，2017年，第50页。

各种感觉组织起来，并具有某种延续性，但实际上，速度和力量运动都不是感觉；最后，感觉不是单义的，而是一种变幻的延续性或系列。“每个感觉都处于不同的层次、范畴与领域中。以至于没有不同范畴中的种种感觉，而只有唯一的和同一的感觉中的不同范畴。”[①]感觉自身就包含不同的层次、阈限。

德勒兹用塞尚的画来谈感觉，塞尚的画不是在描摹事物、复刻景致、叙述故事，而是要画出感觉。感觉不存在于光线与色彩，而在于身体，不是作为客体而被再现的身体，而是作为感受到如此感觉而被体验的。感觉是从一个范畴到另一个范畴，感觉主宰了变形，是身体变形的催化剂。这意味着在绘画中，形象被拉到了感觉层面，可感觉的形状直接对神经系统起作用，它不是主体对客体的把握，而是肉体的感觉。它朝向主体，也朝向客体，我既在感觉中成为我，又有某物通过感觉而到来，是客体又是主体。每一个层次、领域都有一种与其他层次与领域相关的手段，独立于再现的同一客体和对象。正如塞尚所说：“风景在我身上思考自己，我是它的意识”，[②]“各种感觉的逻辑是非理性的，非智力性的”，[③]表现最深处就是节奏和感觉的关系，它是收缩与舒张：世界在封闭的过程中将我攫取，我朝向世界开放，并打开世界。在这个意义上，感觉的逻辑是要破除主体的认知模式，彻底地解放感觉，让感觉的多样性、繁复性和游牧性充分地展现出来，即感觉强度在不断交流、回旋、共振。感觉穿过了有机组织到达身体，直接诉诸神经之波或生命的激动，宛如一道波与在身体上起作用的各种力量的相遇。

德勒兹的感觉的逻辑批判的是德国古典美学中的“通感/常识”（德文为Gemeinsinn，法文为bon sens），康德在解决美学问题的时候求助于常识，他认为要使普遍有效的趣味判断成为可能，必须预先假定一个对一切主体都共同的常识，借助这一理想标准达成一致的判断。德勒兹认为“通感”蕴含着根深蒂固的同一思维，各种感觉最后被综合在“我思”这一主体中，那么，提出的任何问题几乎都有固定答案，而人们向着尚未被预设的、有待发现的问题的提问能力就被压抑了。通感/常识看似遵循着公平的分派原则，却通过固定的、成比例的规定区分种类、确定界限，从而使事物各自拥有自己的领域、范畴、属性，这是对感觉的一种钳制。

---

① 吉尔·德勒兹：《弗朗西斯·培根：感觉的逻辑》，董强译，桂林：广西师范大学出版社，2017年，第49页。

② 梅洛-庞蒂：《塞尚的疑惑》，《意义与无意义》，张颖译，北京：商务印书馆，2018年，第15页。

③ 吉尔·德勒兹：《弗朗西斯·培根：感觉的逻辑》，董强译，桂林：广西师范大学出版社，2017年，第68页。

而德勒兹所谓的“感觉的逻辑”是让身体的所有感知能力都挣脱通感/常识的铰链。身体的每一种感官、每一种能力都试图实现自己的极限，以幂的方式成倍增长，实现一种爆发式的、超越性的状态，这时，各个器官之间不是协调一致，而是各自独立、彼此对立、充满悖论，它们试图打碎原有的秩序、通感、常识的限制，从而每一种能力都能直面着自己的特性。感觉的多样性不应该整合到一个更高的同一性中，而是要呈现自己的特性和差异，在不协调中节奏中，每种能力都逼近自身的极限，并与其他能力交织、共振、相互作用。

二、情动与身体

在灵肉二分的传统哲学里，相较于灵魂，身体总是低级、脆弱、堕落的，而德勒兹的《感觉的逻辑》突出了身体的重要性，在其中，德勒兹重新思考了“身体能做什么”。他提出了另一个关键概念“情动”，德勒兹认为每一个事物都有一个身体，情动意味着身体之间的感触，是无数复杂的、“多元的”力相互碰撞产生的涌流，标志着身体属于一个相遇的世界，世界也属于不同的身体。德勒兹认为，“通过我所拥有的情状—观念，我不停地穿越着这些行动能力之流变，通过我所拥有的情状—观念以及我所发生的际遇，我不停地追随着情动的连续流变之线，以至于在每个时刻，我的承受情动的力量都得以完全实现。就是以悲苦或愉悦的样式获得实现。存在局部的悲苦和局部的愉悦。”[①]可以看出，情动是非表象性思想样式，是存在之力与行动之力体现出一种强弱交替进行的连续流变。情动不可以还原为某种观念间的比较，而是由一个完备性的等级向另一个的转变和转化。

情动与情绪不同，情绪是主体对客体的占有，而情动不是，两者遵循着不同的逻辑。西蒙·汤普森认为 affect 对立于 emotion：“一个 affect（如焦虑）是以身体的方式体验，而 emotion（如嫉妒）是直接指向对象（一个爱人、竞争者），给它以意义、重点和意向性。emotion 是嵌入话语中的，而 affect 则似乎是从中脱离的。”[②]emotion 依赖主体的形成，“情绪一般与主体性的内容相关，从社会语言学上确定一种经验的性质”；[③]而 affect 强调身体之

① 汪民安，郭晓彦主编：《生产（第 11 辑）：德勒兹与情动》，南京：江苏人民出版社，2016 年，第 14 页。

② Simon Thompson. *Politics and the Emotions: The Affective Turn in Contemporary Political Studies*. New York: Bloomsbury Academic, 2012, p.3.

③ Brian Massumi. *Politics of Affect*. Cambridge & Malden: Polity Press, 2015, p.205.

间的影响关系，一种纯粹强度和关系性的存在。具体来看，两种差异物质相遇，当一种事物遭遇另一种事物时，两者可以和谐共生，对它来说是“好”的；如果两者相互抵牾，对它来说就是“坏”的。“在第一种情况，可以获得更大的圆满，它的行动力量或存在力量在增进，称之为快乐，第二种情况，则获得较少的圆满。与此相应，行动力量或存在力量在减少，称之为痛苦，行动力量按照外部的诸原因而变化。”①这个意义上，好坏善恶不是一个伦理问题，而是身体的能力问题，情动意味着身体没有固定的、先验的本质，只有不同事物的相遇和不同的影响，身体就这样从伦理秩序、灵肉二分的框架脱离出来，被摆放到重要的位置。

第三节　后现代理论的视域下中国美学的再发现

一、树的逻辑与块茎思维

黑格尔“树”的逻辑意味着在树的凹陷处、分枝处，会形成一个新的枝杈，即便主根夭折，但根的统一性仍然持存，这意味着始终有一种替补维度，同一性在其中继续运作着。根的系统尚未真正摆脱二元论，它具有一个主体和一个客体、一种自然实在和一种精神实在之间的互补性：在客体中，统一性不断遭到阻碍，但在主体中，一种新的统一性却获得胜利。而德勒兹提出块茎思维，块茎自身具有异常多样的形态，从在各个方向上分叉的表面延展，到凝聚成块茎的形态。块茎是一个网状的多元体，可以无限衍生，不断生成状态，在无限差异的基础上寻求共性。

首先，多与一的关系：块茎中任意两点之间皆可连接，是异质性的共通体，德勒兹认为只有当“多”被视作实词和多元体，才能终止与“一”之间的任何关联。多元体是块茎式的，它揭穿了树形的伪多元体。统一性不再作为客体的中枢，不再被分化于主客体之中。多元体既无主体，也无客体，只有规定性、数量、维度——只有在多元体改变自身的同时才能获得增长，这意味着没有固定的组织原则，结合法则与多元体一起增长。这个多元体在扩张其连接时必然改变自身的本质。所以说，在块茎中，我们无法发现点或位置，只存在线。我们不再有度量的单位，而只有度量的多元体或多变体。所

① 吉尔·德勒兹：《斯宾诺莎的实践哲学》，冯炳昆译，北京：商务印书馆，2004年，第114页。

有的多元体都是平伸的，无数抽象线、逃逸线占据了其所有的维度，形成多元体的平面，它们在与其他多元体建立连接时也不断地改变着自身的本质。

其次，断裂和逃逸：一个块茎可以在任意部分瓦解、中断，但它会沿着自身的某条线重新开始，正如人们无法消灭蚂蚁，它们形成了一个动物的块茎：即使绝大部分被消灭，仍然能不断地重新构成自身。所有块茎都包含着节段性的线，并沿着这些线而被层化、界域化、组织化，被赋意和被归属，它同样还包含着解域之线，并沿着这些线不断逃逸。每当节段线爆裂为一条逃逸线之时，在块茎之中就出现断裂，但逃逸线构成了块茎的一部分，这些线不停地相互连接，人们再也无法通过二元论或二分法将其归类定性。然而，多元体可能遭遇到无数再度将其层化的组织、权力的构型，试图重新构造出一个主体，这需要无数次的、永不停止的解域。

再次，不是模仿，拒绝复制：树的逻辑通过模仿和复制形成一种等级，模仿将树的逻辑转译成一种形象，将主杆的逻辑植入为枝杈。模仿看似无限地生产他者，但只是单一地复现自身。而块茎拒绝模仿。德勒兹认为块茎“可以在其所有的维度之中被连接，它可分解，可翻转，易于接受不断的变化。它可以被撕裂、被翻转，适应于各种各样的剪接，可以被某个个体、群体、或社会重新加工”。[①]块茎是一种“反—谱系”，它不能被归属于任何固定的框架。

二、中国传统美学价值的再发现

首先，“千高原”式的中国美学。德勒兹认为树的逻辑主宰了西方思想，东方则呈现出另一种形象：它与庭园、草原（而非森林和耕地）相关联；通过个体的碎片化来培育块茎；将局限于封闭空间之中的畜牧业置于从属、次要的地位，或将其推向游牧民族出没的草原。西方是农业，它基于一条选定的谱系（其中包含着大量的可变的个体）；东方是园艺学，它基于少数（来自范围广泛的“无性繁殖系”的）个体。[②]德勒兹认为在西方，树的逻辑根深蒂固，而失去了块茎与草。他引用了亨利·米勒的话：

> 中国是生长于人类的甘蓝田之中的莠草。在我们赋予植物、野兽

① 吉尔·德勒兹，菲利克斯·加塔利：《资本主义与精神分裂（卷2）：千高原》，姜宇辉译，上海：上海书店出版社，2010年，第15页。

② 吉尔·德勒兹，菲利克斯·加塔利：《资本主义与精神分裂（卷2）：千高原》，姜宇辉译，上海：上海书店出版社，2010年，第23页。

和星辰的那些虚构的存在之中，莠草也许有着最具智慧的生命。莠草不开花，也没有产生出战舰，山上的布道。……最终，总是莠草占据了上风。所有的一切都要复归于中国的状态。这就是历史学家通常所说的黑暗时代。除了草，不存在别的出路。……草生长于广大的未耕耘的空间之中。它填补空隙。它在其他的事物之中、之间生长。①

块茎通过变化、扩张、征服、捕获、旁生而运作，始终是可分解、可连接、可翻转、可转变的，有多重入口、出口和无数逃逸线。块茎是一个去中心化、非等级化和非示意的系统，它没有一位将军，也没有组织性的记忆或中心性的自动机制，相反，它仅仅为一种状态的流通所界定。一个块茎是由高原构成，高原始终处于中间，既不是开端也不是终点。高原即一个连续的、自振动的强度区域，不根据某个最高预设或外在目的来构造自己，而是通过浅层的块茎与其他的块茎相连接的多元体。每座高原都可以从任意角度被阅读，也可以与任意其他的高原建立关联。德勒兹认为“西方欠缺的正是一门游牧学(Nomadologie)”，②它与历史学相对立，让叙事增殖，就像如此众多且具有多变维度的高原，一个多元体。

从柏拉图、毕达哥拉斯、亚里士多德、康德、黑格尔一路走来，美成了与概念相一致的现象表征，通过美的事物的特殊性达到普世性，复数之美被删减成单数的美。而中国文化不追问美的本质，不将其纳入“存有”之中，甚至没有固定的模式和概念。比如在《世说新语·品藻第九》中，美是“骨气”“简秀”“韶润”“思致”，在《二十四诗品》中，美是“元气”“冲淡”“纤浓”“沉着”“高古”等，不一而足。美多种多样，透过细微的差别，从一个内在逻辑将引向另一个，相互补充，环环相扣，却从没有赋予某一个视点权威性和永久性，使其本质化、固定化，从而独占优势。在中国文化中，美多种多样，生机勃勃。以后现代思维去看中国传统美学，中国非本质化的特点恰恰是德国古典哲学无法涵盖的部分，中国美学就是一种相互映射，彼此交流的千高原。

其次，中国美学的非本质化特征。一个块茎既没有开端也没有终结，它始终居于中间，树的逻辑强行规定了动词“是/存有”(être)，在这关系中，暗

① 吉尔·德勒兹，菲利克斯·加塔利：《资本主义与精神分裂(卷2)：千高原》，姜宇辉译，上海：上海书店出版社，2010年，第24页。

② 亨利·米勒：《哈姆莱特》，Corrêa，第48—49页。转引自吉尔·德勒兹，菲利克斯·加塔利：《资本主义与精神分裂(卷2)：千高原》，姜宇辉译，上海：上海书店出版社，2010年，第30页。

含着探寻一个开端、本质或基础的强力，而另一种方式从中间、经由中间出发，并非要抵达本质，它善于在事物之间运动，建立起一种“之间”的逻辑，颠覆了本体论，废黜了基础，取消了开端和终结。而“之间”(l’entre)的介词地位注定了它无焦点、不固定、非实存的特征。它亦此亦彼又非此非彼、不拘泥于任何本质实存、游走在两者之间，它没有本质、不是“是/存有”、拒绝定义、不是均值，而是事物在其中加速的场所。在事物之间，并不是一种从一个事物到另一个事物(及相反)的可定位的关联，而是一种垂直的方向，一种(卷携着一方和另一方的)横贯的运动，一条无始无终之流，它侵蚀着两岸，在中间之处加速前行。

朱利安认为在本体论思想笼罩之下的欧洲思想无法捕捉到“之间”：因为本体论关注事物之“存有”，并赋予它们属性，而“之间”不具本性，不能被赋予实质，“之间”是本体论的光芒无法照彻之地。如果说，本体论也探究“存有”之外的认知的话，那么这个“之外”也只是“之上”：一种对高度的向往，即“形而上”。朱利安绕道中国，在本体论语境之外，看到了“之间”的潜能。欧洲哲学无法抵达之处，中国文化却在发端处就已拥有，人们将风景称之为“山水”，将世界称之为“天地”，将事物称之为“东西”，将宇宙称之为“乾坤”，这其中都有一种“之间”思维，它并没有使某一方孤立存在进而将其本质化、神圣化，而是非此非彼，若即若离，形成配比关系，开辟出一条通道，这也就是庖丁解牛为何能游刃有余，畅通无阻——他找到了骨肉之间的通道。中国山水画从不像西方一样清晰明白、界限分明，而是擅长画欲晴还雨、朦胧缥缈的时分，这意味着中国绘画不在“形似”，而在“传神”，不被某一个事物绑架，而是要展现变化、差异、瞬间和感觉，在高低、动静、明暗、固体液体、视觉听觉之间，敞开一个虚空容纳世界万象。中国美学在手法上处处留白，呈现出若隐若现、虚虚实实的风格，它孕育着“之间”思维，不否认差别，也不刻意区分、依附或凝化，而是在差别之内溯源而上，使差别得以彼此相通、转化，获得活力。

再次，逃逸线与“迹”的对照。德勒兹的“逃逸线”是生成—他者的轨迹，蕴含着不断变化的创造性能量，主客体的稳定结构被打破，差异被激活，逃逸出固有的逻辑轨道，一切都变得跳跃、无常、自由。“它揭示的是体系的不稳定的、不清晰的、无法最终划定的边界，是体系内部的‘统一性’不再有效的界阈。”①在“逃逸”过程中，“粒子”流动着、散播着、延伸着，在这种不确定

① Gilles Deleuze. *Logique du sens*. Les Éditions de Minuit, 1969, p.298.

和差异性的情形下内外融合，这是生机勃勃、富有创新的生成活动。主客体的身份被打碎，被隐匿，化为一群流动"粒子"中的一员。在运动中，粒子的差异并无减少，反而在粒子共振中，差异被差异化了。逃逸线强调的并非起点和终点，这意味着已完成，如"存有"本身，已是僵硬的概念。逃逸线强调的是"之间"：永远不息、没有终点的运动，蕴藏无限可能，也即"生成"，"生成"是比"存有"更根本的时间性运动。

德勒兹的"逃逸线"与德里达的"踪迹"形成对话，德里达提道："踪迹的嬉戏不再属于存在的视域，但却传达和包含了存在的意义：踪迹的嬉戏，或延异，它没有意义，它不是。它不属于。没有支撑，没有深度，在这个无底的棋盘上，存在置于嬉戏中"。[1]他又谈道："因为踪迹不是某种在场，而是一个改变自身、移动自身、指涉自身的在场的假象，它没有合适的场所——抹擦则从属于踪迹的解构。……它变成一个普遍化的指涉解构中的功能，它是一个踪迹，是擦抹踪迹的踪迹。"[2]可以看出，德里达的"踪迹"是取消在场却又包含着在场的意义，意味着在有无之间，不被框定，自由嬉戏。

在后现代的视野下，中国美学中的"迹"点石成金般地获得了新的意义，它不是一个封闭的结构，而更像一条动态的逃逸线。何为"迹"？宋炳所言："神本无端，栖形感类，理入影迹，诚能妙写，亦诚尽焉"，[3]方熏又言："古人不作，手迹犹存"。中国古人发现了"迹"，并将笔触称之为"真迹"，朱利安以异域的眼光发现了我们熟视无睹的中国文化特质，他认为"'迹'恰恰在'有无''之间'，其身份属于既现实化又不黏滞，或被贯透却又不胶着，既被放'松'(舒展)却又立即被'取'回，抑或醒目、可见、甚至烘托可见，却又转瞬即逝，是从不强制的东西。它是在场的，但又栖居着缺席，如果说它是什么的(de)符号，那么应该是即将起航(partance)的符号：既虚又实，极具形体有含糊恍惚，既可触知又在逃逸"。[4]在若即若离之间，迹是生机勃勃、无拘无束的，石涛云的"山川与予神遇而迹化也"意味着在我与山川相逢交汇中间，迹便从僵化的事物中跳跃而出，成为生机换发的"逃逸线"。可见，"之间"具有跳脱桎梏、曲径而走的能量，在框架之外寻找新的生长点，正如朱熹《近思

① 雅克·德里达：《延异》，汪民安译，《外国文学》，2000年第1期，第81页。

② 雅克·德里达：《延异》，汪民安译，《外国文学》，2000年第1期，第82页。

③ 宗炳：《画山水序》《画山水序叙画》，宗炳，王微原著，陈传席译解，吴焯校订，北京：人民美术出版社，1985年，第7—8页。

④ 弗朗索瓦·朱利安：《大象无形：或论绘画之非客体》，张颖译，郑州：河南大学出版社，2017年，第218页。

录》提到“通曰智”,“通”即祛除晦暗,只有渗透、抵达更远的地方,才有更新知识的可能。

小　结

论述至此,我们发现中国美学在德国古典美学与法国后现代思潮的交锋中呈现出不同的思想特质,在德国古典美学的视域中,中国无哲学、无悲剧、无系统,是人类文明的“幼年”,而在后现代思潮中,中国传统美学成了西方思想无法抵达的“飞地”,无数理论家运用中国的思想反思西方的本质主义与二元模式,试图重新寻求一种新认知世界的模式。在不同的参照系中,我们一度因为西方的尺度而改变、反思,也误读着传统美学。这启示我们中国现代美学的建构需要牢牢扎根于本土问题,批判地学习西方,批判地吸收古典,不拘泥于某一种思潮,将所有的理论当作中介,在开放的视域中完成新的知识生产和创造。

第十二章　中国“时”与西方的“时间”

——中国思想对法国后现代力量的启示

从古希腊开始，西方本质主义、二元对立的思维就逐渐成形，在这样的思维关照下，时间被想象成一个可划分、可计量、均质的线性模型，从印欧语系的时态就可以看出，时间在过去、现在和将来的坐标轴上做着匀速直线运动。正如尼采所说，若我们特别检视时间连续体的特点，会发现它只是由相互并置的各种“状态”组成，柏格森认为这就像是“项链上的一串珍珠”，这些“状态”没有“融合”(fondus)在一起，它们并不像旋律一样不可切分。柏格森认为正是这一特点阻碍了人们思考“时间绵延”不可切分的连续性。而与印欧语系全然不同的中国，没有追求本体、存有、主客，没有动词变位、时间概念，是西方思维未曾照亮的地方，因而呈现出一种独异性。朱利安认为：尽管19世纪末开始，不少理论家已经开始反思线性的时间观，但在主体哲学、本质主义的土壤中浇灌出的人们无法揪着自己的头发离开地球，这需要跳脱时间视野、抽身西方思想、告别印欧语系。中国古典文化经过朱利安的提炼、发酵、调剂、加工，成为欧洲思想的一副强心剂，这不仅是对西方一直以来的哲学理念的再度审视和编码，也是对中国古典文化的重新建构和照亮，这是一个相互照应、彼此透视、抵达他者、反观自我的双向互动。而本文要追问的是，中西方的时间观呈现出怎样的差异？这差异背后是怎样不同的思维模式？在西方视野的比照中，中国呈现出了怎样独异的美学？

第一节　西方哲学中的时间谱系

首先，时间根据运动被定义为一个可计量的连续体。亚里士多德在《物理学》认为：“当我们感觉到‘现实’有前和后时，我们就说有时间。因为时间正是这个——关于前后运动的数。”①“自然是运动和变化的法则”，“时间和运动总是相连的”，②我们无法在它们之间做出任何分别。这里有两层含义：(1)时间的意识是依据变化来掌握的，时间若无变化便不存在；实际上，当我们的思维没有历经变化，或当我们没有察觉变化，我们就不会感觉到时间的流逝。(2)时间的本性是根据运动来分析的：我们探寻的是时间的本质，要从第一个分析出发去了解时间的运动元素为何；时间借由运动物体的轨迹而显露，于是变得可计算、可测量。亚里士多德将从变化出发去认知时间，替换成从运动出发去设想时间的本性。时间被视为“变化—运动”；在时间的讨论中，这两个词被相提并论。而这一替换深深影响了西方思想史，以至于此后思想家都将变化等同于运动，例如，康德从先验主体来看，一切现象(显象)的先天形式具有“诸范畴”及“时间与空间”，先天综合判断意味着预设了一种超出纯粹概念范围的构造规则，构造规则即时空规定性。通过时空操作，异质的概念被必然地连接起来，从而得到先天综合判断。此外，康德认为变化的概念以及与变化概念相关的运动概念(例如地点的变化)唯有透过时间的表象，并且只有在时间的表象里才可能发生。即便柏格森能够敏感地意识到把时间投射在空间上会造成扭曲，他还是认为两者的等同是不证自明的：“我说的是运动，但是我同样也说的是任意形式的变化……”。③可以看出，运动在起点和终点之间被思考，变化则从此状态进行到彼状态，两者可以被等量代换，正如亚里士多德说：“一切变化都由一事物变为另一事物”，④这意味着时间可以通过运动划分为阶段，这些阶段的数目可通过对运动的比较而计量出来。运动是连续的，时间也就是连续的。因此，时间是可度量、可划分的连续体。“前后”不仅被用于时间范畴，还用来在逻辑上表达顺序的第一第二。到了在中世纪，时间则成为神的规定，遵循着从神创世到末日审判的时间线。而到了现代，牛顿在《自然哲学的数学问题》中说：“绝对的、真正的和数学的时间自身按其本性均匀地流逝着，与任何外界事物无关”。⑤牛顿以独立于事物的时间为基础，建立了现代物理学，他假设时间是一种实体，均匀流逝，在此，时间表现为一个孤立的点，是绝对的、真实的、数学的，时钟就是这种匀速、统一的时间装置。

---

①② 亚里士多德：《物理学》，张竹明译，北京：商务印书馆，2019 年，第 115 页。

③ 亨利・柏格森：《思想和运动》，杨文敏译，北京：北京时代华文书局，2018 年，第 171 页。

④ 亚里士多德：《物理学》，张竹明译，北京：商务印书馆，2019 年，第 131 页。

⑤ 张操：《物理时空理论探讨超越相对论的尝试》，上海：上海科学技术文献出版社，2019 年，第 50 页。

事实上,将运动等同于变化是将空间等同于时间,我们呼唤时间之时,回应的总是空间,从空间转换到时间,就是用连续取代并列,而真正的连续性却从未被探索。我们不会在运动中看到一系列变化,选取的只是不同的点,运动的连续性在每个位置相对应的瞬间被分解了,所以,时间的刻度与移动的位置就被当作我们捕捉到的瞬间,而这只不过是用一个固定的、预设的、抽象的思想系统代替了运动的完整经验,是一种假设的建构,而运动的流动性、时间的持续性却从未被触及。时间被当作一个理想的空间,在这个空间里,我们将发生过的事情想象成在一条直线上。这是一种时间的展开,而非进化,柏格森区分了展开与进化,展开中各个部分是并列的,像扇子一般可以瞬间转开,但进化是从内部改变,它不能瞬间完成,这就是时间在进化中的连续性。①

其次,"现在"被当作把握时间的支点。对于西方形而上学而言,时间是一种以"现在"为中心的静止恒定之物,亚里士多德先把时间定义为"前后分离两端之间的间隔",又把变化设想为"在起点和完成点之间进行的变化",然后就止步了,他忽略了事物变化这一连续的过程。亚里士多德以瞬间(instant)为基点设想时间,他借由两个瞬间的界限规定一段时间,可以看出,他将瞬间这一微小的间隔定义为可切分的同一的"现在",规定了时间的可计量性和连续性,他所确定为现在(instant présent)之间的便是这种具有物理、数学特性的瞬间,而时间便根据此瞬间的前和后而成为"运动的数值",标识时间意义上的前后早晚,并以此定义"未来"和"过去"。

"现在"被赋予了一个至高无上的地位。亚里士多德认为,"以'现在'为限定的事物被认为是时间"。②"现在"将过去、将来两种时态连接在一起,使时间成为一个连续的线性整体;同时,"现在"又将它们相互分割,使之成为两个不同的时间线段。时间中的每一刻都是"现在",过去、现在和将来就分别成为已经过去的现在、处于当下的现在和尚未到来的现在,时间也就表现为一个由无数不同的"现在"所组成的均质序列。"作为这种分开时间的'现在',是彼此不同的,而作为起连接作用的'现在',则是永远同一的。"③于是,现在不再被个别地思考,而与另一个相邻的"过去"或者"未来"关连,瞬间仍然作为界限运作着,不过它结合了另一个同样为界限的瞬间,这便是被两个

① 亨利·柏格森:《思想与运动》,杨文敏译,北京:北京时代华文书局,2018年,第11—12页。

② 亚里士多德:《物理学》,张竹明译,北京:商务印书馆,2019年,第115页。

③ 亚里士多德:《物理学》,张竹明译,北京:商务印书馆,2011年,第123页。

瞬间包含而称为"现在"的时间间隔。"现在"须借助"膨胀"(distension)这一概念,透过膨胀起点和终点这两个瞬间的间距去认知时间;透过"膨胀作用"才能重新使得作为两端之间隔的"现在"具有延展性,继而重新让"现在"存在,并以此松动了时间之"可无限切分性"对"现在"所造成的钳制。事实上,现在从时间中被挑选、提炼为一个抽象的点,而失去了时间本身的黏稠度和丰富性,它是一个无从切分且无法构组的"时间微粒子",是不具延展性的。德勒兹提出了艾甬的时间,将每一个现在都细切为过去与未来的无厚度与无广延的瞬间,而不是未来与过去相互关联的广阔与厚实的现在,后者意味着现在是用来说明过去和未来的,但艾甬则不断分裂为未来与过去的动态瞬间,每个被分裂的时间都是一个临时的、独异的奇异点,艾甬让时间逃离现在,"在每一个瞬间中都有着不可测的未来与过去的共时性"。[1]

再次,当时间被定义为一条均质、匀速的时间之箭之时,就会发现很多时刻无法纳入时间之流中。亚里士多德也意识到了这一点,早在《尼各马可伦理学》结尾,他就谈论了"快感—运动"的命题。他指出,如果没有处于时间里,便不可能产生运动,却可能在时间之外体验快感。因为"在瞬间里发生的事是完满的整体"。如果说所有运动皆是为了某种形式目的而在时间里展开,例如房屋的建造,那么快感的"形式"则无论在何时皆是完满的,因为从能量到行动之间并没有流通的过道。快感是活动的圆满状态,所以快感的现在不再是一个点,而是一个"整体",瞬间是完整的。快感的瞬间让行动完满达成,它是另外突然来到的瞬间,它是个多出来的瞬间,就像增添在身体活力之上的年轻光彩,这样的瞬间让我们跳脱、变化和生成;如此一来,快感的瞬间让我们跳脱到"时间之外"。这意味着总有一些异质的元素无法纳入线性的时间秩序中。奥古斯丁在《忏悔录》中已经注意到人们对时间流逝的感知是内在的,是过去在大脑中留存的痕迹,康德也提到人的外在感知塑造了空间,内在感知塑造了时间,他将时间的客观外在性拉入内在的维度。

到了当代,胡塞尔在《内在时间意识现象学》中提道,在一段旋律中,人们感知到的连续声音并不意味着这些声音可以同时被听见,或前一声响持续存在于下一个声响里,而是由于构成意识作用的意向,作为对即将来到之声音的等待,会延伸为"前摄"作用,而作为让刚发生的声音维持现状的意识则会延伸为"滞留"作用。因此,保留下来的初始记忆作为在感知里刚流逝

[1] 杨凯麟:《分裂分析德勒兹》,郑州:河南大学出版社,2017 年,第 35 页。

的过去，会持续地扣住原始印象。它有别于将它重新再现的次要回忆，所以，当声音发出的当下转变为过去的声音时，印象层面的意识在持续的流动中总是“转换成”最新保留下来的意识，且该意识同样也持续不断地转换成保留意识，而印象层面的意识，在感知意识的“现在”(maintenant)之中，会一直把握所有流逝的声音，直至旋律完成。“每个声音感觉在那个使它得以产生的刺激消失后还从自身中唤起一个相似的、并带有一种时间规定性的表象，而这个时间规定性在继续变化，这是一种独特的变异，只有在这种变异出现时，对一个旋律的表象才会形成，在这个旋律中单个的表象具有其特定的位置，摒弃具有其特定的时间量度”，①这是一个连续的表象系列，在这种暂时展开的知觉活动中，有一种知觉可以赋予“现在”实质的厚度(une épaisseur)，犹如“彗星尾巴”拖着紧扣在它身上的过去而延伸开来。现象学不只改变了感知观念(人们所感知的现象由于包含了刚经过的过去，而从此溢出了瞬间)，也改变了“活动”的观念，而此“活动”是以“阶段”的方式来思考的，是一个“连续体”，具有意向性目标的活动，如图所示：②

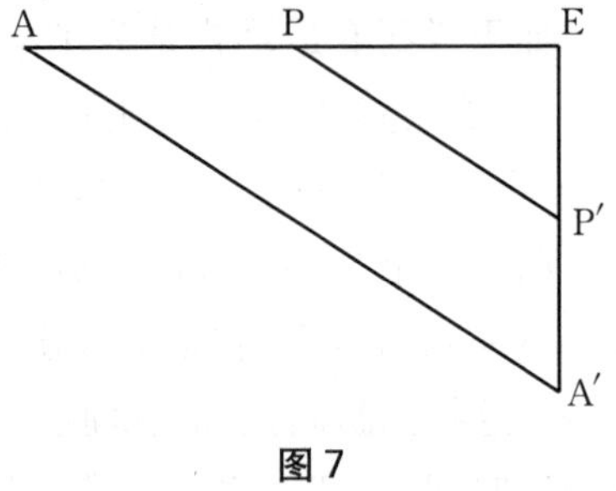

图7

A到E的水平轴代表流逝的时间，E到A′的竖轴代表时刻A的滞留，从A到A′连续下降。现象可以构成时间是因为在任意时刻E、P′、A′都存在。由于胡塞尔思考了“流动”(l’écoulement)的现象，他将注意力放在“持续改变的独特感知连续体”上，也就是说，滞留的时间形成一个有厚度的、不可切分且连续的状态，这意味着他悖离了目的论构想的时间之矢，经由“当下”的滞留状态发现了时间的独特性，将线性的时间秩序改写为叠加的、粘合的时间观。他在“现在”中所察觉的厚度并不能脱离感知的个别活动，它还是依附于特定的时间性客体，正是内在于此客体的时间性延展，透过其时间间隔

① 埃德蒙德·胡塞尔：《内时间意识现象学》，倪梁康译，北京：商务印书馆，2017年，第46页。
② 埃德蒙德·胡塞尔：《内时间意识现象学》，倪梁康译，北京：商务印书馆，2017年，第67页。

定义出意识之“现在”的延展。此当下的“厚度”关系到作为原始经验的感知，甚至关系到作为所有经验之根源的感知，而与总是全面展开的事物无关（其全面性甚至总是超越我们），也就是与我们只能将其命名为“生命”的东西无关。而且现在与未来和过去之间的界线不再是完全阻绝的，我们将发现现在仿佛笼罩着绵延的“光晕”(halo)。①

普鲁斯特的《追忆似水年华》开头冗长地描述了意识像气泡一样从深不可测的深渊里浮现的眩晕瞬间，这里没有跌宕的情节，而是记录了一个人的记忆，时间是一幅无序、散乱又详尽的地图，在这个无限空间里，神秘的细节、思虑、感觉、影像、色彩、气味、表情都储存在大脑的褶皱里，这就是与我们经验相似的时间滞留，它不作用于主体意识，而是在神经中留下痕迹。柏格森也认为：“运动物体的先后位置确实占着空间；但是这物体由一个位置移到另一个位置的过程是空间所捉摸不住的，它是一种在绵延中开展的过程，……这里所涉及的不是一件物体，而是一种进展……运动是一种在心理上的综合，是一种心理的、因而不占空间的过程。”②可以看出，时间不是单一的点的连续，而是每个瞬间都包含了过去、现在和将来。

柏格森谈道：“运动不同于经过的空间。经过的空间是过去时，运动是现在时，是经过的行为。这个经过的空间是可以分割的，甚至可以无限分割，而运动是不可分割的，或者要分割它，就必须在每一次分割时改变它的性质。这已经暗含着一种更加复杂的看法：经过的空间全部属于同一种同质空间，而运动是异质的，彼此之间不可代替。”③集合是一种人为的封闭，是由明确的部分组成的，而全体是敞开的，它是面向外部的联结，敞开是对封闭的内部进行敞开。封闭的局部集合是“静态分切＋抽象时间”，绵延全体的敞开是“实际运动→具体绵延”。运动有两面：一方面，运动穿梭于局部之间；另一方面，运动表现着绵延或全体，例如糖融化入水，糖发生了变化，水发生了变化，而等待着的我也发生了变化，“运动总是出现在一个具体绵延中，因此，每个运动都将有其质的绵延”。也就是说，真正运动的根本特点在于它体现绵延或全体中的变化。通常的运动看似是从空间中的某点向另一点的局部位移，但是在这种局部位移的同时，整体也会随之出现质变。柏格森在《材料与记忆》谈到了动物迁徙：每年6月左右，角马从坦桑尼亚大草原移动到肯尼亚，这不是一种漫无目的的纯粹移动，而是为了进食——由旱

---

① 埃德蒙德·胡塞尔：《内时间意识现象学》，倪梁康译，北京：商务印书馆，2017年。
② 亨利·柏格森：《时间与自由意志》，吴士栋译，北京：商务印书馆，1958年，第82页。
③ Gilles Deleuze. *Cinéma (tome 1): L'image mouvement*. Les Éditions de Minuit, 1983, p.9.

季的草原迁徙到更加肥美的草场;反之,当坦桑尼亚草原迎来雨季的10月,角马群又将重返故土,为来年的大迁徙做准备。在这从A到B的迁徙中,A点的环境变化所引起的资源耗尽,触发了角马群的运动,而当其到达B点,其进食行为引发了B点的环境变化,A、B各自变化的同时还带来了两点之间关系的整体状态。因此,运动总是对某种变化的反映,牵一发而动全身,这种变化涉及全体绵延的改变。并且,这在现代原子力学中可以找到印证。在这种意义上,德勒兹提炼出"静态分切/运动=作为动态分切的运动/质变"这样一个公式来说明瞬间、运动与变化之间的关系,由此表明运动的根本性质在于它呈现出整个开放全体的变化。

然而,意向性依然建构在西方主体哲学的基础上,这不过是一次装修,而非釜底抽薪的重建。柏格森批判了西方传承的时间概念之后,还是误入歧途,他借由"绵延"来唤醒我们,若我们专注在"真实的绵延"之中,在感知里沉睡的事物将活络起来,在我们内心深处苏醒。一种强烈的冲动将席卷万物。我们会觉得被煽动、鼓舞和牵引。我们将更深刻地活着……但当他所说的"我们"(召唤着某共享主体的我们)失去了"认识—行动主体"的规范性结构时,在"共同领会"的层面上,"我们"无形中建构出一个共享主体以使人振奋,这需要借助主体哲学完成,依然是一种主体哲学的残余。

基于此,德勒兹提出事件中的时间,他没有把事件视为一个单独的当下,且这个当下可以随着事件长度的变化而收缩或扩展,而是将事件视为多个同时进行的当下的并存。他以"寻找丢失钥匙"的事件为例:通常我们只关注找到钥匙的当下,但是在同一事件中还存在着"丢失""找到"和"重获"等不同的时刻,它们都围绕着"钥匙"构成同一事件的不同部分。同一事件存在三个不同的当下,即"过去当下"(不再拥有)、"现在当下"(找到的瞬间)和"未来当下"(将要重新获得),这三个当下包含在同一个事件中,纠缠并牵连于"找到钥匙"的这个现在当下。这三个"当下尖点"(pointes de présent),"全部被涵盖在事件之中,被事件所掩埋,因此,它们是共时的,不可解释的"。①这呈现了非时序时间的第二种悖论,即在非时序时间里,相互排斥的当下可能同时发生。在顺序的时间中,我们不能同时处于拥有钥匙、失去钥匙及再次拥有钥匙的不同状态,莱布尼茨将这种分别可能但无法同时的情况称之为"不可共在

① Gilles Deleuze. *Cinéma* (*tome 2*): *L'Image-temps*. Les Éditions de Minuit, 1985, p.132.参见吉尔·德勒兹:《电影2:时间—影像》,谢强,蔡若明,马月译,长沙:湖南美术出版社,2004年,第157页。

性”。然而，当我们站在宇宙宏大角度审视这个事件就会发现，由于光速的作用，同一事件有的星球已经收到，有的星球即将收到，有的星球则还有很久才收到，于是在同一个宇宙的共时的当下，同一事件在三个星球上按照截然不同的版本上演、生效、发生作用。当下这个概念是与我们邻近的事物，而非远处，当下不会延伸到整个宇宙，所以，就不同的空间来看，当下、现在是虚无的，德勒兹称之为“多元宇宙学”。在这里，时间作为一个整体被看作一场事件，诸多不可共在的当下尖点被事件所包裹，在事件中不可分割、无法解释。正如德勒兹在《褶子》谈到的博尔赫斯的《小径分岔的花园》，这是一个时间共在的平行宇宙，一个有关时间的迷宫小说，在小径分岔的花园里，我们在这一刻相遇是朋友，下一刻相遇就是敌人，无数的时刻有无数的你我，我们以何种方式相遇是很不确定的。“方君有个秘密；一个陌生人找上门来；方君决心杀掉他。很自然，有几个可能的结局：方君可能杀死不速之客，可能被他杀死，两人可能都安然无恙，也可能都死，等等。在彭家的作品里，各种结局都有；每一种结局是另一些分岔的起点。有时候，迷宫的小径汇合了：比如说，您来到这里，但是某一个可能的过去，您是我的敌人，在另一个过去的时期，您又是我的朋友。”[①]博尔赫斯借角色的口宣布“写小说和造迷宫是一回事”，“由相互靠拢、分歧、交错或永远不干扰的时间织成的网络包含了所有的可能性”。这并不是文学家的天方夜谭，而是有着一定的科学基础，在现代物理学中，量子力学在某些方面已经取代经典的牛顿力学，这个世界不是单一维度的线性的运转，而是量子叠加的状态，过去、现在、未来没有区别，变得不确定，都可以起伏涨落，一个事件可以同时在另一个事件之前或之后。这并不意味着现象永远无法确定，而是只能在特定的时刻，以不可预知的、偶然的状态被确定，当量子与其他事物相互作用时，不确定性就消失了，正如薛定谔的猫，猫的生死存活，只有在打开的瞬间，与打开这个动作相遇时才能确定，这意味着复数的时空层层叠加，在特定的时刻对于特定的事物突然出现，为我们提供了一个充满偶然、随机、不确定的世界，正如上帝掷骰子一般。而对偶然性的肯定自尼采以来就变得极为重要，接续尼采的衣钵，德勒兹试图将被固定的秩序、系统、组织所遮蔽的偶然的、差异的、流动的原初世界恢复。

无独有偶，利奥塔也强调事件的偶然性、不可知性以及无法预测性，他

---

① 豪·路·博尔赫斯：《小径分岔的花园》，《虚构集》，杭州：浙江文艺出版社，2008 年，第 79 页。

认为“当前”通过“发生”(qu'il arrive)而被展现,“发生”着的正是事件。发生意味着一种由无到有的创造,是事件涌现,进入存在的唯一方式。利奥塔汲取了列维纳斯的“本有”(il y a),世界正是处在不断的发生中,通过发生降临世界的事件是我们全部的体验对象,我们无法在“当前”认知事件,因为“当前”转瞬即逝,不可被概念捕获,而事件是不可还原、不可认知的,唯一确定的只有“发生了事件”这一事实,也即一个内容未知,因而是一个充满可能的“有”,而非一个清楚明白的“存在者”。“事件”(event)[①]与“行动”(action)不同,事件意味着自然发生的,作为他者跳脱意识的掌控,它是陌异的、偶然的,超拔于经验生活之外;而行动是人类可预测、可调控的活动,基于我们日常生活环境与普遍视域。可以说“事件”是概念、范畴、知性不能把握、无法触及之处,在时间中的时间是一种叠加的、涌现的、随机的复合状态。

第二节　朱利安借由“时”反思海德格尔的时间观

通过梳理西方的时间谱系就会发现,西方关于时间的思考从古至今都在不断地演化转变,而中国作为一种异质于印欧语系的全然不同的文明,进入了解构主义思想家的视域。在古老的中国,时间不是外在的、客观的计量单位,而是内在的,随生活、时空、朝代更迭而不断变化,这更接近时间的本来面目,朱利安就利用中国古代的时间之思来反思西方根深蒂固的形而上学时间观。对于时间,海德格尔的反思无疑是最为深刻和重要的,也是运用中国思想最为得心应手的,但在朱利安看来,他的思考依然离不开传统哲学主体、理性的框架。于是,他从海德格尔入手比照中西方的时间之思,进而比较中西两种文化截然不同的思维模式。

一、海德格尔的时间之矢

海德格尔接过胡塞尔的衣钵解构了主客体关系:时间性不是客观的存在者,而是一种无主体、无中心的纯粹超越性。流俗的时间有“过去—现在—将来”三维,其中“过去”和“将来”均以“现在”为基础,“过去”是曾经存

---

① 此处使用 event 方便同 action 区别开来。这一基本的区分在当代法国哲学中也得到了继承,譬如在阿兰・巴丢与让-吕克・南希等人处。

在但已经不在的现在，“将来”是尚未存在但终将到来的现在，只有“现在”是实在的，活生生的，因而是最重要的维度。而海德格尔的时间性，则指隶属于此在（Dasein）身上的某种属性（或结构），是以此在为主体出发来观察和感受时间现象的主观性。此在以外的存在者，比如数字、石头等，都是现成凝固的，它们没有时间性可言。只有对于此在，时间性才有意义。时间性包括曾在、当前和将来三个维度，它们与流俗时间的三个维度有着对应关系：“曾在”对应着过去，“当前”对应着现在，“将来”对应着将来。但两者各维度的具体含义和重要性有所不同。此在在世的本质是操心（Sorge，烦），操心包含着三个主要环节：“先行于自身的—已经在世界中的—作为寓于世内来照面的存在者”。时间性三维度和操心三环节也有一一对应关系。

但在海德格尔看来，时间性中的将来是最重要的维度。人不是任何一种现成的自身，他总是面向可能性筹划着自身，总是“先行于自身”地筹划着，不断地去是（to be），不断让自身来到自身。海德格尔说，将来就是让“自身来到自身”中的那个“来”。只要此在存在着，就无时无刻不面向将来，所以说将来是此在存在的基础。曾在是指人的被抛，即人总是“已经在世界中”和一定的处境中了。这种已经作为此在生存的前提条件，对此在为将来的筹划起着限制性作用。这种曾在对将来的限制，就是海德格尔说的“承担被抛状态”也即“罪责”。在时间性中，将来、曾在和当前的统一就是“绽出（ekstase）”，绽露为此在本真的源始的意义。时间性有始也有终，其三维随此在的被抛入世而统一展开，随此在的死亡而统一到时。死亡决定了此在时间性是有限的，限定了此在的时限，而存在是无限的。

绽出是此在进入时间性后的一种敞开的境域。此在的存在结构特征中的“朝向”“回到”和“让相遇”分别与时间性中的“将来”“已是”和“当前”相对立，它们把时间性展现出来。“朝向自身”指此在对自己的生存可能性的理解，但又要“回到”已经在世的自己，而“让相遇”则是与世内存在者的相遇。“这意味着‘将来’的本质在于‘向—自己—而来（coming-toward-oneself）’，‘曾在’的本质在于‘回到……去（going-back-to）’，‘当前化’的本质在于‘即……而在（being-with）’；因此，时间性就显示在‘向……而来（toward-）’、‘回到……去（going-back-to）’、‘与……相即（with）’这三个介词里。”①时间性在三者的统一中得到展现。德勒兹谈到海德格尔的积

① 宋继杰：《海德格尔与存在论历史的解构》，南京：江苏人民出版社，2008年，第182—183页。

极意义在于海德格尔认为只有打破了传统的线性时间观，我们才有可能重新思考问题、获得真知，具体来看，在海德格尔的论述中，只要思想还停留在自身的善良本性、善良意志的预设上，只要思想还处在通感、常识、理性的形式下，只要思想还依照线性的时间，按照经验、习惯去认知世界，就什么也没有思考——困陷于意见之中的思想只能被凝固在一种抽象的可能性之中……思想只有在"激发思的东西"、有待去思的东西在场时才会被强迫去思考，才会被强制着思考，有待去思的东西是不可思考的东西或非被思者，即"我们尚未(依循着纯粹时间形式去)思"①，所以真正的思考应当打乱时间的线性秩序，让突然的、原始的、革命性的契机涌现，从而展现无数奇异点和差异性。

尽管海德格尔的时间观已极具先锋性和反思力，但朱利安依然认为海德格尔对形而上学的拆解尚有未触及的部分。尽管过去、现在和未来这三种时态所指涉的不再是线性坐标中相互接续的"现在"，而是共通的、叠加的原初型态，但在其思想里仍然可以找到人类存在者的形象，这种作为"此在"(Dasein)的人类存在者形象总是"已存在于己身面前"。而作为通往"能在"(pouvoir être)的"此在"，它的未来"是从它的各个可能性出发而来到它的面前"，在此在之中，总会有其他等待着"能在"之到来的"其余此在"让"此在"处于自身之外，会让"此在"远离自身，并把"此在"定义为"朝向……的存在"。②也就是说，海德格尔的向死而生是一种前瞻性的、计划性的安排，只要有死亡的恐惧，那么生就犹如鼓点一般咄咄逼人，让人时刻感受到生命的端在。事实上，只要此在存在，就需要等待，此在是有限的存有，需要通过未来的死亡来确认此在的在场和价值，即此在的意义是透过提前准备自身之终结来理解的，它被视为"朝向终结的存有"。一旦"此在"不再等待，就不会再有"在此"的此在，此在便走向死亡，也就是说只要此在"存在"，不完满的感觉便会以"尚未"的模式出现，如鲠在喉，所以，在时间中"朝向终结"人们必须未雨绸缪。

朱利安谈到海德格尔追溯"本源"的时间概念虽然试图脱离派生性的时间框架，却仍停留在物理学的抽象、均匀的时间概念中，把人的存在视为预先投射的存在，并且是走向某处的存在。他无法完全不涉及此时间概念，否

---

① 海德格尔:《什么召唤思?》，李小兵，刘小枫译，见《海德格尔选集》，上海：上海三联书店，1996年，第1205—1206页。

② 弗朗索瓦·朱利安:《论"时间":生活哲学的要素》，张君懿译，北京：北京大学出版社，2016年，第182页。

则他如何设想从此端过渡到彼端的可能性，这种可能性让我从现在起就必须面对我的终点，而那是否为把握我的“能在”(pouvoir être)之整体的唯一方式？海德格尔为了跳脱主流的时间观念指出：死亡的“终结”(finir)对他来说并不是抵达终点，而是“朝向(vers)终点之存有”的终结，在时间的场域中，存在者与死亡相关，提前谋划就成为存在最重要的部分。而中国文化中的“时”不是射线一般朝向终点，因而不需要“先行”，智者“安处”在“时”里，没有任何未来的事物为了能够让智者完满地存在，而以“有待实现之可能性”的名义让他处于“时”之外。中国传统也提到“外”和“内”，相互敞开且无法分离，中国古典思想中的意识、观点、存有、工具性与过程性密切相关，与所属的世界共生共存，并没有树立一个孤立的主体，正如海德格尔指出认知无法以其主动性创造出主体和世界的“交流”(commerce)。中国以“用”“可行之道”“功能”思考“物”，海德格尔指出可用之物的特点在于“从其可用状态下抽身，以刚好成为严格意义上的可用”，这与《易经》道“隐匿(不显)在它的功用里”(藏诸用)异曲同工。世界运行的可能条件正是事物运作能力的隐匿(消除)造就了事物的“过程性”(processivité)，过程比目的更具力量。海德格尔提到“‘一个’工具从未‘存在’”，[①]这是因为工具从未独立存在，工具是“为了‘什么’而被制造出”的某物，它总是属于一个“工具整体”，唯有在此整体之中，工具才能作为工具而存在。[②]在这个意义上，中国古代思想中没有独立出“是/存在”这个动词，中国文化没有思考本质、没有走向本体，而聚焦于功能、功效，因而中国思想是关系性、全面性的，是动态、变化的。从认知、存有和理论使用的划分中可见，工具更注重可用性，而非思辨性。海德格尔受中国文化的影响强调人与时间的内在联系和动态变化。时间不再是外在于具体的生存着的人现成自在地存在着的，不再是从传统之概念“主体”的认知结构出发所去寻求的客体。而本真时间作为“时间性的到时”，是将来、曾在和当下同时绽出，具有“同时性”的特征，这是对形而上学把时间规定为一种不可逆转的前后相继，把时间当作无终的、逝去着的不可逆转的现在序列的翻转。

二、“时”对时间秩序的打破

朱利安认为“时”与西方的“时间”不同，“时”没有开始、没有结束，而是

①② 弗朗索瓦·朱利安：《论“时间”：生活哲学的要素》，张君懿译，北京：北京大学出版社，2016年，第189页。

敞开和闭锁;它不受端点的限定,在自我开凿中构筑出边际和等级。"'时'不像时间那样以流失的方式无止境地流向它的接续、流向它的消逝,而是透过重返自身而得到确定,不如说,是透过重返自身才形成;'时'在流动之中汇聚自身的性质而深化自身:新的视域便是从由此展开,但那不再是被西方名之为'时间'的东西所孤立而出的流通(passage)的视域,也不再是消逝的视域,'时'收纳变化,让变化更加多样化。"①"时"将时间分为各个差异的部分,并让不同的时间同等地展现出来,进而在时间中生活、感受、体味。正如卢梭认为恋爱时刻是一个"全部"(tout),它有别于亚里士多德所说的外在于时间之欢愉。在恋爱中,时间变得不可知,时间击碎并否认了原有的秩序。正如巴塔耶认为普鲁斯特《女囚》中描写了一种独特时间中的爱情,即"对于心灵变得敏感的时间",阿尔贝蒂娜对主人公来说"是无法进入的,未知的,她即将逃脱他。然而他愿意以任何代价守住她、占有她、'认识'她,说'愿意'实在太轻了:这种欲望如此强烈过度,以至于它注定要失败。一旦满足,欲望就会消失,她不再是未知"。②爱情让原有的时间秩序中的主体、认知、范式都发生了变形,事物不再是被主体把握的客体,而成为一种曲折难解、无法触摸的未知。巴塔耶认为这种"未知是通向同一个点的其他的道路,生命最终所揭示的未知、世界所是的未知,时时刻刻都会在某个新的客体上显形。在每一个这样的客体中,未知的那一部分都散发着诱惑力,但如果我想要占有,试图去认识这个客体,那么未知的(诱惑)就躲闪开。而普鲁斯特总是永不厌倦地想要用尽生活提供给他的客体,以至于关于爱情,他只知道令人难以忍受的嫉妒,而不是交流"。③只有在交流中,自我的感觉会减弱,我们会在过剩的欲望中相互给予。如果一个女人向那个爱他的男人表现出真正的东西是未知的、不可进入的状态,那么他就既不可能认识她也不可能触及她,而她却可以摧毁他。从巴塔耶的这段论述中可以看出,爱情中的时间不再是线性的连续体,也不是有预谋、有计划的先行,而是一种向着未知靠近的混沌之态,因为恋爱时刻在恋爱过程中展开、更新,从恋爱那一刻起,就无法预先设计,如此完满的时刻实现着一种"全部同在"(tout est là)。

---

① 弗朗索瓦·朱利安:《论"时间":生活哲学的要素》,张君懿译,北京:北京大学出版社,2016年,第173页。

② 乔治·巴塔耶:《内在经验》,程小牧译,北京:生活·读书·新知三联书店,2017年,第249页。

③ 乔治·巴塔耶:《内在经验》,程小牧译,北京:生活·读书·新知三联书店,2017年,第250—251页。

西方思想中，时间需要被计算、被预先筹划，当时刻与时刻间的差异越是被消除，时间越是均质化地笔直向前，生命就越是无止境地衰竭。因为一切存有焦急地奔赴未来，必须每时每刻确认自己的存在，生命成了一种外在的刻度，而不是内在的体验。亚里士多德也曾说，与运动同时产生的时间是属于潜能的范畴，而不属于行为和欢愉这两种“外在于时间”的范畴。在西方，时间总是匆忙地趋前，人们一面焦虑、一面谋划以弥补现在不断流逝的匮乏，而中国文化中的“时”没有时间流逝的缺失感，亦没有向死而生的紧迫感，体现了一种从容自若、平静适宜的状态。“时”制造出一个整体，开凿出一种完满状态，人们“安居”于“时”中(安居安处)；中国文化强调“时”是独特的、差异的、整体性的，世界万物在“时”之中找到栖居之所安然处之，从中开展，自得其乐。以“时”的来临思考生活，生活是一种持续性的过程，一“时”召唤着另一“时”，所有的“时”都会在它们的变化中各自显现并而相互衬托。正如王维的《鸟鸣涧》“人闲桂花落，夜静春山空。月出惊山鸟，时鸣春涧中”一诗所展现的世界，在这里没有死亡的迫近、没有向死而生的焦虑，也没有未雨绸缪的先行，有的是人在时间中自得其乐，人与时间共在的自然和谐。时间没有作为一种外在的刻度离间出人的生活，而是随着四季变换、风景转化、心境流动而内在于人的生命之中，可以说，时间是一种整全的、含混的方式与我们同在。

事实上，现代西方学者都在寻找本质主义、形而上学之外的一种生存模式，无论是胡塞尔的回到“生活世界”，还是海德格尔“诗意地栖居”，无论是德勒兹的感觉的逻辑，还是福柯回到古希腊罗马朝向自身的修身，都试图破除西方一直以来的在场逻辑，以获得一种全新的可能。而中国文化中的“时”以及在“时”中的生活无疑更自然、自由、丰富，使生活与原初经验再次融合。朱利安以王维的《辋川籍·临湖亭》为例传达这种“真”：“轻舸迎上客，悠悠湖上来”，这首五言绝句以这种最低限度、最少字数的话语以及不分隔的方式，将“悠悠”那些不确定的意涵平等地展现，准备好迎接生活到来的时刻。“当轩对樽酒，四面芙蓉开”，这个敞开的瞬间属于生活在门槛上的纯时刻(pur moment)，真生活既在朋友面对面会见里来到，也在水里绽开的芙蓉里来到。万事万物没有按照外在的时间刻度运行，因而没有慌张、紧迫、它们在有自己独特的内在节奏，它们都在“时”中自然而然地生长。

第三节　中国“时”的“变”与“通”

一、“时”是“过程”，而非“时间”

朱利安谈到中国古人言：“有生长却不见生长之始末者”（有长而无本剽者）是作为绵延的世界，我们无法知道它的开始和结束，“具有实在（实体）却不见确切处所的是作为延展的世界”（有实而无乎处者，宇也）[①]将时间的绵延设想为无止境的延续。“古往今来谓之宙，四分上下谓之宇，道在其间”，在这个句子里，每个词汇皆是一般陈述，而没有西方表达中的过去、现在、将来时态：“古往/今来”两组相互关联的词汇，既相反又互补，相互映照又彼此对立，一种恒常的变化古今，来去之中运作，这不是两种固定的极限，而是持续的流通（Passage），而“道在其间”，“道”没有明确的位置，道栖居在这两者之中却不占据特定的片刻或位置，可以看出，中国文化不设置二元对立，不拘泥于一隅，不追求本质，而是亦此亦彼、非此非彼，试图在两者之间开辟一条通道，这条通道包罗万象、潜能无限、不断生成。

基于此，朱利安断言中国没有像西方一样将“绵延”设想为一种纯粹的存有“时间”，没有把时间设想为一个孤立的自主体，也没有让时间脱离过程抽象成特定的时间。中国对自然的思考不是从运动中的个别物体出发，而是从阴阳这两种能产生无穷之交互作用的能量出发，当阳流散时，阴便会凝聚起来，阴倚阳而“发展”，阳取阴而“成形”；一则生，一则隐，两者的更迭是调节性的。中国思考的是这些阶段不间断的运行，不是“时间”，而是过程，例如“恒常”（constant）和“永恒”（éternel），“恒常是经由（au travers）变化来表现。是变化中的不变项；而作为存有的永恒则是不变者。两者皆表明持久性，不过是以不同的方式展开：永恒的持久性依附于存有而成为沉思的对象，而恒常的持久性则涉及了事物的运行、事物的运作（functionnement）（用的观念）”。[②]正如西方的建筑由石头构成，为了在瞬息万变的表象背后追求永恒、本质、超拔和形而上，一种固定的理念世界；而中国的建筑是木头

---

① 庄子：《庄子・庚桑楚第二十三》，郭庆藩：《庄子集释》，上海：中华书局，2016 年，第 800 页。

② 弗朗索瓦・朱利安：《论“时间”：生活哲学的要素》，张君懿译，北京：北京大学出版社，2016 年，第 16 页。

所制，这并不是因为中国古人不知道石头比木头更坚固，而是他们认为木头与人、一与万物都是生死轮回、一岁一枯荣，生命，乃至世界都在不断运行、变化，生生不息，这是一个不断发展演化的"过程"。

朱利安称永恒指向本质的同一，而恒常则属于"（自然的）能力"的范畴：恒常确保了不停转化之事物的运行，是使运行得以"畅通"（viabilité）的原因。恒常不以盲目混乱的方式演化，而是一如"天"或"道"之恒常性，让恒常的运行得以调节因而永不偏倚，并且得以不断更新。永恒存在于时间之外，恒常则是永不间断者。公元3世纪的王弼注解"道可道，非常道"的意思是"未形未名之前，以及有形有名之时"。道的后期清晰明白，但初始阶段却隐晦无形，难以言喻，深不可测。道之"常"（constance）是一种内在底蕴之"常"，它是生机勃勃、永不枯竭的底蕴、泉源和资产，是具有调节作用而使生死、阴阳、活灭不断交替的内在，是一种通往存在的特殊化过程，而其回返则是借由内化退隐至潜伏的状态。朱利安认为中国人思考的不是"永恒"（éternel），而是无穷（sans fin）。正如中国的图腾龙，它本身并不存在，正因为无，反而被赋予不可想象的能量，它可以上天入地，吞云吐雾，它潜藏能量，虚虚实实，神龙见首不见尾，正因为变，它的能量源源不断。龙深刻地展现了中国古人的思维模式，它象征着无穷、不竭、变幻、潜能。

二、"变"与"通"的变奏

朱利安认为把握过渡的两个面向，进而理解这种运作（用）的内在逻辑，需要以两个互补的观念来框住过渡，这两个观念源自古代《易经》："'变—化'（mondication-transformation）和'变—通'（modification-continuation）。因为'变'是过程连续性中可被辨识的元素，它朝向'转化'（transformation）发展的同时确保了'连续性'（continuation），这有别于'同一和他者'的逻辑"。①朱利安进一步谈道，变有影响（influence）、转化（transformation）两层含义，前缀"in-"和"tran-"意为穿越、转变，"-fluence"意为流动，"-formation"为形成之意。

《周易》提出一种混沌之思，但这并非缺乏秩序而被宇宙取代的原始混沌，而是无法被概念、定义、形式照亮的物质"暗面"（l'obscurit），是一种未分化的基底（le fond），所有个体的诞生皆源于此。在反思现代性的思潮中，

① 弗朗索瓦·朱利安：《论"时间"：生活哲学的要素》，张君懿译，北京：北京大学出版社，2016年，第83页。

海德格尔、布朗肖、巴塔耶、利奥塔、德勒兹等诸多理论家都试图回到世界的原初状态，这是一个混沌的、未分化的、不确定的、无规则的状态，这里充满了偶然性、随机性、差异性和不可预测性，这就是混沌现象。《易经》中的关键即变，正如“在天成象，在地成形，变化见矣”，这种变和西方的运动、异化都不同，而是自然而然的演化，它不是孤立的、有预设的，而是世间万物共生共在，自然演变，也正因为变，万物才通达、不腐、生生不息。朱利安的理论可以对照德勒兹的生成理论，正因为西方设置了诸多边界，所以解域才成为必然，德勒兹试图通过解辖域化（déterritorization）不断生成以通达他者发生事实上的链接。在他者的外部冲击下，块茎爆裂为逃逸线，“之间”的事物不断解辖域、再辖域（reterritorialisation），先/后与中心/边缘也得到了消解，可以说，生成就是一种不断变化，不断解域的状态。

中国文化把自然当作随时处于运作中的“过渡”（la transitions），或一种绵延的过程，没有用形式、目的等范畴解释变化，没有预设物质或主体来主导变化，中国思想崇尚虚实相生、有无之间，它提防分别、避免僵化，因为一物之发展无法缺少另一物，一物已在另一物之中，两者截然不可分。中国思想很早就发现事物无法独立运行，事物只有在关系中才能获得自身，所以，不是外在刻度计量的运动，也不是根据空间位移测量的变化，而是一种无法精准把握、内含无限潜能的“过渡”，这一思维不在于凸显单个事物的主导作用，而是强调事物之间的共生共在，强调流通的绵延不绝、强调不断更新演化的连续性。正如中国的园林艺术，它不是如西方建筑（古希腊神庙、古希腊剧场、古罗马斗兽场、各种教堂等）一般独树一帜、高大庄严、一览无余，而是曲径通幽，一步一景，它强调与周边环境、四季变迁的配合，与情、景、天、地、人相呼应，避免僵化、固定，追求变化，每个园子都有自己的特点，彼此交相辉映、相互衬托，这集中表现了中国文化的内在思想和精髓。

所以说，中国文化不存在本质/现象，在场/缺席的对立，并没有一定要颠覆二元对立的执念，也没有追求本质高于现象、在场大于缺席的等级之分和深度模式，反而更注重有无转化、互利共生的层面，更强调“他者”的“功效”。具体来说，将“他者”纳入“自我”之中，“自我”就有可能展开背离自己的一段旅行，如此，自我内部蕴藏的多重力量会相互角逐、对峙，“自我”不再是铁板一块，凝滞僵硬的本质化的“自我”，正是“他者”让“自我”重新敞开、呼吸、生成，不拘泥于任何定义；“就如黑格尔不是在辩证法发展史的开端而是在其末端所提出的，一项/一方的本性不只是要跟另一项/另一方沟通而‘交缠’（s’entremeler），还要不停地进入对方（passer écarter lui），不停地把自己抽离己身，或者可以说‘远离自己’，黑格尔说的以便‘成为自己’（pour devenir soi）；此刻，‘他者’产生‘成为’（génèrer le devenir）”，可以看出，“他者让双方总是‘畅通’，不停地在此之间里交流，永远都在开展的过程之中”。于是，朱利安得出他的结论：“必须有他者；也就是同时要有间距和之间，才能提升共同/共有”。纳入“他者”的共同不是相似，不是重复，不是同一，与其说“共同”是以超越差异而取得的，不如说，“共同”是来自“间距”并且透过“间距”被提升，“共同”在“之间”里才是实际而有效的。

第四节　非本质思维与独异的中国美学

一、中国文化中的身体美学：呼—吸

道家思想蕴藏着一种未分化、无分别的状态，道家与佛家不同，尽管佛家也强调无，一种未分别的状态，但佛家所谓无是指纯粹的虚无，无即空——一无所有，万法皆空。寂静涅槃就是空和无，一种不生不死、超越时空、无限存在的自由、无碍之境。事实上，这种绝对的、超拔的空是一种本体论的空，而道家不同，无是事物理解世界的一种视角、一种认识方法。道家认为宇宙、人生的本体是道，道法自然。道既是有，又是无，是无法分别、相辅相成、彼此转化。所以，生活没有被固定在一隅，而是在不断的调整、变动、应和中展开，基于此，道家认为我们以不同的方式向生活“敞开”（ouvre），一种完全有别于向知识敞开的方式。它源自主客两者未分化的状态，是未知不定、无拘无束、任凭恣肆。

基于此，朱利安认为在中国道家文化的人不是英雄，而是运时而生的真人、智者。英雄总是逆天而行，悲天悯人，充满悲剧色彩，而真人避免建构任何蓝图，不逆天改命、不支配世界、不雄成、不谟士，过而弗悔，当而不自得，没有什么机会是必须抓住或担心错过的，即便机会对他来说是值得追求、有利可图的。真人也一视同仁地迎接所有来临的“时”，没有因时机（kairos）而焦虑，故能跳脱逢时或不逢时此两种情况的交替。智者之所当朝向“适逢”的展开状态，以开放的态度面对来临的一切，而不是专注于机会的经营。庄子认为智者在面对所有迎面而来的事时，会避免保持完全固定的相对（分化）距离，他不会忘记自己的初衷，也不会去追寻自己的归处，“不忘其所始，不求其所终”：他不去想来临的一切在何时如何结束，也避免去追问意义和

结果；当他迎接满怀欣喜地迎来送往，而一旦“时”产生变化，他也懂得跳脱、遗忘。在这个意义上，真人保持中空的状态，既不是由能力一致的整体所构成，也没有支配性的观点，他没有赋予自己任何特权，不索取、不强求、不预判，“与物有宜而莫知其极”。没有任何特征可以在真人身上形成棱角，所以真人不会与他所遭逢之“时”产生冲突，“适来，夫子时也；适去，夫子顺也”；真人“安时而处顺”，即在时中寻找平静安稳，懂得居处于顺应的能力。从中西方的战争描写就能看出端倪：西方战争多描写两军交战的正面角斗，所以英雄应运而生；而中国则多描写战争之前的排兵布阵、谋划算计，所以《三国演义》中最出色的战争不是武力对决的正面战场，而是战争之前的排兵布阵，最让人惊心动魄的是草船借箭、周瑜打黄盖、借东风、空城计等，诸葛亮运筹帷幄、决胜千里谋略往往要比孔武有力、英勇无畏的英雄更出色，故智者被凸显出来了。中国文化讲究的是识时务者为俊杰，在变化莫测的环境中，智者可以安时处顺，借势造势，让天时、地利、人和都为我所用，这看似顺应服从，但其精髓是以变化的眼光看待世界万物，并善于与外在环境融为一体，我与世界共生共在。朱利安以他者的视野发现了中国文化的独特性，但需要指出的是，中国文化复杂多样，并不止于这一个面相，而精卫填海、夸父逐日的传说也展现出中国文化逆天改命的反叛精神。

在“时”的场域中，身体问题浮出水面。在西方，从古希腊开始，身体就被当作变动、堕落、感性的指称，对于理性、认知、灵魂、精神而言，身体是一种阻碍，被长期忽略、诋毁、甚至缺席。西方人崇尚本质的身体，即一种完美的、抽象的裸体，自亚里士多德以来，“现在”因其可以被把握、被感受就被当作时间中最重要的因子，时间是由无数现在构成的连续体，即过去的现在、现在的现在和将来的现在，这种对时间的理解方式意味着时间是均质的、无差别的现在的累加。但中国文化中，“时”与人共在，感觉每时每刻都是差异的、复数的，身体无时无刻不在体会时间中的变幻。朱利安发现了身体在时间中的重要性。

在虚待中，保持身体的敞开。道家认为真人其息深深，真人之息以踵，而众人之息以喉……身体的每一部分都在呼吸，呼吸经由持续更新而总是与“时”的即时性保持联系；它完全处于“时”之中，既不在前也不在后，“‘呼吸’借由调节式的交替作用来对应‘时’的变化规律，‘呼’的时刻必然引来‘吸’的时刻，反之亦然”；[①]呼吸中难以区分主动与被动，不同于通感、常识，

① 莫里斯·梅洛-庞蒂：《眼与心》，杨大春译，北京：商务印书馆，2019年，第42页。

不是基于主体对客体的把握，而呼吸让内与外在身体中交流、融汇，“息以踵”意味着体内的一切皆不会阻绝从外而来的更新作用，呼吸散发出的“气”能够超越本质主义，宇宙万有虽呈现出千差万别的分殊相，但追索其背后的生成动力和本性，万象实则皆出自连续性的气之流动，即气在不同的因缘情境下所呈现的不同模态之变化。气聚气散导向的是对世界之气“于我而扩充”，气在变化中的因缘聚合令万物暂时存在或消散，解构了西方传统的主客二元对立思维，解构了主体、理性、系统、中心和权威，在中国思想中，修身并非针对物理的形体，而是生气灌注充盈的身体。气是差异思维，是一种“解辖域”的有效方案，可以说，中国思想从身体的孔洞、以“进—出”的方式思考整体生命，这一“根本的”（radicale）展开状态构成了虚待，它是一种可被通过、可培养和部署的能力，透过整个身体来呼吸的虚待之存有轻松自如，而不再紧绷、僵化。正如庖丁解牛为何能游刃有余，畅通无阻，正是在找到了骨肉之间的通道，不拘泥、不固定、善于变通。在中医的理论中，养生通筋、运气活血取自身体的呼吸、运行和调理，可以看出，中国文化之端就孕育着内外共生的之间思维，它不否认差别，也不故意区分、依附或凝化，而是在差别之内溯源而上，使差别得以相通、彼此转化，获得活力。

朱利安与德勒兹的观点异曲同工，德勒兹认为时间是脱节的，[①]而形而上学的时间观认为时间本身附属于对象，被用于计算围绕中轴（节）旋转的周期性运动。康德代表的现代时间观使时间脱离对运动物体的依附，成为纯粹的空时间。时间就此解放，成为具有构成作用的“无度”，即不是对既定对象的度量。德勒兹将这种不可度量的时间称为事件，他以荷尔德林对《俄狄浦斯》戏剧的评论来概括这种更深刻的时间性：神本身是空的时间，人本身是时间中的顿挫。时间是穿越与推动所有变化之物的界限本身。充实时间—空间场域的是强度的量，而生成起源于强度的零度，即纯粹虚空，有限的存在者无法完全触及的混沌，一个过于充盈的虚潜维度。德勒兹认为体验（vécu）即“所生活的东西”，马苏米受德勒兹启发，用“被体验的抽象”来指涉对于身体—事件的直接感觉，这种感觉接触到的是虚空与强度的场域，即潜能。德勒兹将自己界定为“经验主义者”，他认为感觉世界指向一种内在性经验的生成、流动，这种内在性的经验是主客之外的自主区域，经验/感觉中的身体同样脱离了二元思维的范畴，在经验中不断由强力进行建构、解

---

① Gilles Deleuze. *Différence et répétition*. Presses Universitaires de France, 1968, p.379.参见中译本第489页。

域、生成，这强调了能动身体所具有的抽象性，一种充满力量的自身抽象。德勒兹与加塔利提出抽象线的概念来说明身体纯粹的时间性运动：“线被刻写在无器官的身体之上，在上面所有的一切都被绘制出来、都在逃逸，而这个身体自身就是一条抽象线。”[①]抽象线就是构成复多体的逃逸线或解域线，逃逸就是连续解域的运动。这种身体的动态抽象对立于观念化与客体化的抽象，具有反抗与解放的潜能。

朱利安认为真正的生活不是烦闷，而是无忧。海德格尔批判了主体哲学、理性原则对生命本真状态的遮蔽，重新打捞起原初而先决的存在样态，即先于认知活动而存在的“理解”(Verstehen)模式。但海德格尔还是陷入了时间的泥淖，所以，在时间的迫近的鼓点中，海德格尔提出了“被抛”之后的“向死而生”，而在真人看来，一切皆“无忧”(insouciance)，在“无忧”中，人们不是体验到遗忘、烦闷，而是以原初的方式体验到无从阐明的时间，正如孔子所说，只需“使日夜无隙，而与物为春”。所以说，智者的存有不是因为在他的主动能力里存在着一个主体的构造，也不是在于主体的理智、意志等各项官能，而是取决于智者反应能力的内在“机制”(dispositif)能不受事物的束缚、阻塞，让浩瀚宇宙的一切指示如呼吸般在内部流转，随时保持与“时”的联结，与天、地、自然相互照应、产生交流。

朱利安的理论与不少法国理论家彼此呼应，在罗兰·巴特《恋人絮语》《中性》等著作中。主体总是以一种攫取、占有的姿态面对世界，巴特就认为攫取是“科学的傲慢态度”，[②]“捕食，支配，他人应该受我控制”[③]的生活体验，他谈道：“我们整个西方世界：有关意志、权势的道德观念(把握、支配、实践和强加它的真理等)”。[④]这是一种主体企图了解并解释一切的姿态，而巴特对主体占有、攫取的姿态的批判受到道家的“无为”的影响，他通过拨开生存意志使之改变方向，避免求知意志的支配。[⑤]巴特于是引出“闲适”与“疲惫”，疲惫意味着“萎缩泄气，丰满性被清空，墙壁的张力松弛下来”，更意味

① 吉尔·德勒兹，菲利克斯·加塔利：《资本主义与精神分裂(卷2)：千高原》，姜宇辉译，上海：上海书店出版社，2010年，第284页。

② 罗兰·巴尔特：《中性——法兰西学院课程讲义(1977—1978)》，《罗兰·巴尔特文集》，北京：中国人民大学出版社，2010年，第241—242页。

③ 菲利普·索莱尔斯：《罗兰·巴特的友谊》，孔燕译，重庆：西南师范大学出版社，2019年，第26页。

④ 罗兰·巴尔特：《中性——法兰西学院课程讲义(1977—1978)》，《罗兰·巴尔特文集》，北京：中国人民大学出版社，2010年，第282页。

⑤ 罗兰·巴尔特：《中性——法兰西学院课程讲义(1977—1978)》，《罗兰·巴尔特文集》，北京：中国人民大学出版社，2010年，第281页。

着被允许感到疲惫，即社会对休息的承认，其实就是对理性、工作的认可，疲惫产生于"漂移之难，变换位置之难"；而闲适意味着身处一个"不固定位置"，"如船、浴池之类的空间"，①则会让人觉得最舒服。

这正如布朗肖的白天与黑夜，在布朗肖看来，白天是一种劳作逻辑，追求效率、理性，而夜通过睡眠、静息的方式积蓄着自身以期待并迎接下一个白日，在对白天的依附中，第一种夜被同一化，遵循着白天的逻辑，最终成为白天的仆人与影子。于是，在昼夜交替中、在日夜轮换中浮现出来的是白天自身的神话——以可能性、理性之名，于是片刻的休止也是对工作的服从和延续；而另一种夜，即"闲适"，却全然不同尽管另一种夜被白昼和属于它的夜晚所遮蔽，它才是夜本身的在场，跳脱了白天劳作的逻辑，是对白昼的取消。布朗肖将这另一种夜视为真正的晦暗体验，它并不作为人们自身权力实践的空间而存在。另一种夜存在，且以自律的原则存在。作为白日的他者，夜是绝对的缺乏与虚无。另一种夜消解了白日塑造的规律与秩序。白日象征着人所在的世界，它强调人的主观的能动性，世界不过是一种被征服的客体。白日以一种外在的力量暴力地迫使事物归属于主体自身。从此，我们在世界里遇到的只是我们想遇到的对象，是我们可以把握、理解的事物。甚至，我们只能遇到我们自己。静物就是第二种夜，它跳脱了白昼的逻辑，确保了自身的真实性，"让事物向光投降，接受太阳的审判，就是对事物本身的晦暗性的剥夺，而驱迫事物成为'形式'和'意义'的存在"。②对静物的凸显不是按照白天的逻辑，即有用性、理性和功能性，而是按照黑夜的法则，是对一种陌异于主体的事物本来面目的召唤，在对所有价值的悬置中，静物走向了自己的深处。也只有在这里，我们可以适意的"生活"。

于是，布朗肖提出"非功效"(désoeuvrement)，其核心概念是 oeuvre，oeuvre 的意思是工作品、作品主体、艺术作品，有劳作之意，在 oeuvre 基础上派生构词的 désoeuvrement，其原始意义是无作品、无作，无所生产和制造，没有一个合乎目的或者秩序的结果或者作品。在黑夜里，事物不再被转化为物品，物品是一种可见并因此可被认识、可供使用的作品，事物消亡、隐匿于不可见之中，作品同样消亡了，走向剥夺和虚无的转换之结果。布朗肖在 1953 年写作的小说《那没有伴着我的一个》谈道：

---

① 罗兰·巴尔特：《中性——法兰西学院课程讲义(1977—1978)》，《罗兰·巴尔特文集》，北京：中国人民大学出版社，2010 年，第 28—36 页。

② 朱玲玲：《走出"自我之狱"》，上海：上海人民出版社，2021 年，第 126 页。

> 我几乎没有感到疲惫，但我感到不知所措，无所事事到极致，无所事事（désoeuvrement）也是我的使命，它使我忙碌：也许无所事事象征着一段已逝的时间，象征着监视者被抛弃并完全消失的时刻，一种迫使我只做我自己的脆弱，然而虚空的摇摆（我在摇摆中改变）应该有另一种含义，它激发了渴望，也激发了漂泊的欲望、想要走得更远的欲望，与此同时我问自己：“为什么我来到了这里？我在寻找什么吗？”然而我或许没有寻找任何东西，而更远，其实就是这里、还是这里，一直如此。这点我是知道的。知道是这种孤独的一部分，成就了这种孤独，它忙于（be at work）无所事事（désoeuvrement），堵住了出路。①

désoeuvrement 意味着无所事事、没有目的、没有方向、没有索求地闲逛，是主人公工作的中断和暂停，即不作为，而中国的“闲适”不是主体对他者的占有，而是以“气”的轻盈激活双方的生命能量，这正是一种离开线性时间、逃脱以理性效率为准的一种悠然自得，从而获得一种“真生活”，其“真”并非认知之真，而是存在之真与感受之真，正如中国禅宗诗所言“安闲端坐无所用心，春天来临青草自生”。

二、中国文化中的“间性”美学：间距

从中国文化中特有的时间观念可以看出中国古典思想中独异的身体美学，而进一步延伸会发现中国与西方全然不同的思维方式。朱利安认为中国文化体现在“间距”之中，间距实际上就是差异的另外一种表达，朱利安延续了早在 1968 年就名声大噪的“差异”概念。1968 年，已经被拉康、阿尔都塞等理论家讨论过的“差异”（la différence）理论经过德里达的《延异》、德勒兹的《差异与重复》的再度阐释，成为反形而上学、反逻各斯中心以及反同一性哲学的一面旗帜，随后理论界的持续关注和再度发酵使其日渐成为法国思想史上一个重要的问题域。“间距”的法语词是 écart，有间距、差距、差异之意，“间距”是“生成性”的（productive），而“差异”只是“描述性”的（descriptive），描述性概念“除了下定义之外，什么也不生产”。②“间距”不同于差异之处在于形态与作用力，它不是以整理、排列、存放（rangement）为形

---

① 莫里斯·布朗肖：《那没有伴着我的一个》，胡蝶译，南京：南京大学出版社，2015 年，第 45—46 页。

② 弗朗索瓦·朱利安：《间距与之间：论中国与欧洲思想之间的哲学策略》，卓立，林志明译，台北：五南图书公司，2013 年，第 27 页。

态，而是得意于自身的扰乱（dérangement）的功效，因而它突显的不是同一性，而是对于“之间”（l'entre）的孕育力（fécondité）。[①]回到中国语境，繁体字“閒”意味着两扇门之间有月光穿透，这个字还有指向生活心态“闲”的一面，如“休闲”“悠闲”“闲情”等，其论述基本符合古文字的考证。“閒”的本义是“隙”，“闲”的本义是“栅栏”，在表示“闲暇”含义时两者可以通用，这可以说是“間”“閒”“閑”之内在关联。朱利安认为“间距”思维贯穿了中国思想中的生存方式、养生之源、文化诗学、审美体验，具体表现在以下几个方面：

首先，“间距”意味着一种我与世界的关系性思维。“间性”透露了一种关系性哲学，它不是只见树木不见森林的、单向度的思考，而是被放置在一个关系网中进行配比和交汇。关系性哲学在中国哲学中随处可见，从中国古代造词就可以体会到中国的“间性”美学，例如“东西”“阴阳”“有无”“虚实”“乾坤”“天地”，以“山水”为例，“山水”包含了高低、直平、动静、明暗、浓淡等诸多二元关系。它们把世界展开，又进行无尽融合交换，相互呼应，道出关系：山展开水面，水使山生动，正如郭熙所说：“山以水为脉，山得水而活，水以山为面，水得山而媚”，[②]可见，“之间”的潜能和张力表现在它不是偏执一隅，而是我与世界、我与天地的全面部署。

其次，“间距”是“孕含”与“气韵”所抵达的逍遥之境。朱利安认为“之间”的一种形态是“孕含”，另一种是“气韵”，孕含的意思是以点见面、无所不包、无所不在，不断地散播、游离、渗透（transpire）、传递（transmet），例如沈周画作《风雨归舟图》“笔法荒率，作迎风堤柳数条，远沙一抹，孤舟蓑笠，宛在中流。或指曰雨在何处？仆曰：雨在画处，又在无画处”，[③]雨不是封闭孤立的，而是弥漫开来，在有无之间，提供了“隐约”“遐思”。“孕含”的独异之处是，它提供了一种流连忘返的遐想，一种感性的生活憧憬，这让“生活不仅仅如新陈代谢作用只是交迭—交流，生活也不断地过渡到他者，离开自己而脱离‘自我’，伸向之外”，[④]与存在指向形而上学不同，生活则有一种悠然自得的境界在。“气韵”是不凝滞于物本身而散发出来的韵味和灵气，可以穿越单一事物，维持自由、饱满、舒展状态。例如“真山水之岩石，远望之以取

① 弗朗索瓦·朱利安：《间距与之间：论中国与欧洲思想之间的哲学策略》，卓立，林志明译，台北：五南图书公司，2013年，第37—39页。

② 弗朗索瓦·朱利安：《山水之间：生活与理性的未思》，卓立译，上海：华东师范大学出版社，2016年，第42页。

③ 方熏：《山静居画论》，北京：北京美术出版社，1962年，第121页。

④ 弗朗索瓦·朱利安：《山水之间：生活与理性的未思》，卓立译，上海：华东师范大学出版社，2016年，第119页。

其势,近看之以取其质",[①]形太似、太重质则匠气太重,绘画一定要脱离物质性而得其"气韵",多一分飘逸、逍遥之感,用一句话来表达,即"余复何为哉,畅神而已"。[②]可以看出,"之间"所体现的孕含、气韵相较于德里达和德勒兹多了御风而行的自得与闲适,超拔于生活之外,又融入生活之内的境界,似乎是中国艺术精神之特有。

再次,"转化"呈现出气象万千之势。朱利安认为变化是中国思维的一大特色,表现美学上则是画论中提到的"天能授人以画,不能授人以变,人或弃法以伐功,人或离画以务变"。[③]在绘画中,山虽静止,却变化无穷:"欲耸拔,欲偃蹇,欲轩豁,欲箕踞,欲盘礴";水流不息,更是变化无穷:"其行欲深静,欲柔滑,欲回环,欲肥腻,欲喷薄",[④]两者交替地重构了一个多样形态,不局限于任何形式,千姿百态,绵延不绝,所以处处都展现出神韵和生机,在作画用笔上,不只要工于笔墨,更要化其笔墨,"渲染烘托,妙夺化工"。[⑤]朱利安认为:"在西方,制造事物限定形式,并且其多样性作为结果产生世界之美的同时,我们从非存有过渡到存有,而中国作为世界运行或者笔画轨迹的中国人持续不断的孕育过程,通过交互更迭,产生变化。"[⑥]从一极转变到另一极,转化能够打破诸物在其中的相互孤立和静止,源源不断地生成。正如中国的园林是一个化腐朽为神奇的景观,他向自身敞开,又勾连其他景观,它们之间没有高下轻重之分,可以相互借景,相互生成,在每一峰回路转之处,景观都被更新,都在变化。可以说"化"意味着不停留于事物本身,而总伸向外界,获得无限能量和活力。

小 结

事实上,关于时间的想象已经在物理学中被得到印证,在爱因斯坦的广义相对论里,不存在单一的时间,而是复数的时间,如同两个先分开再放置到一起的时钟,他想描述的不是事物在时间中演化过程,而是事物在自己的

① 俞剑华编:《中国古代画论类编》上册,北京:人民美术出版社,2004年,第86页。

② 俞剑华编:《中国古代画论类编》上册,北京:人民美术出版社,2004年,第584页。

③ 石涛:《石涛画语录》,窦亚杰编注,杭州:西泠印社出版社,2006年,第84页。

④ 郭熙:《林泉高致》,郑州:中州古籍出版社,2013年,第102页。

⑤ 俞剑华编:《中国古代画论类编》上册,北京:人民美术出版社,2004年,第241页。

⑥ 弗朗索瓦·朱利安:《美,这奇特的理念》,高枫枫译,北京:北京大学出版社,2016年,第49页。

时间中如何演化,以及时间相对于彼此如何演化,世界中的不同事物交织在一起,以不同的韵律跳跃、舞蹈、共振。进一步说,时间是量子化的,它只能取特定值,不能取其他值,这说明时间是分立的,而非连续的,像袋鼠一样从一个值跳向另一个值。中国古人已经接近这样的思维模式,他们不把时间当作一条统一、均匀、有序的射线,而是无数个时间岔路的叠合,在这里,不同事物都惬意自由地栖居其中,这造就了差异的两个概念——“生活”(vivre)和“生命”(une vie)。“生命”是时间性的延展,即从出生到死去两个端点展开,这是外部视野下的一个客观、超验的维度。朱利安认为西方人对“生活”不具反思能力,甚至没有获取观看它的距离:“生活”不能倒退,不能延长,不是活在出生与死亡的起点和终点之间,也不活在生命的间隔里,因为主体的意识无法看到自己生命的开端或终点,出生和死亡只是一种随机且偶然的节点,它们都是从见证者也即他人眼里得出的。而“生活”所涉及的却是连续性的活动,“生活”不需辨识开始和结束,不需要意识的分辨与建构,在“生活”中,时间不能用形而上学来把握,而是以直觉、感觉的维度来体悟,“生活”是过渡性(transitionnel)的,属于内在性样式。在这个意义上,中国的“时”破除了西方二元对立、本质主义、形而上学等一切僵化固定的思维模式,它可以“游刃有余”(通畅)、“迂回进入”(自由)、“气韵生动”(生成),在时的变幻中逍遥自得。

结　　语

世界与我们的关系一直在变化。启蒙运动之前，世界大于人——世界无比巨大，而我们如此渺小，我们对世界充满好奇、敬畏与恐惧，相信自然拥有不可预测的神秘力量，从远古的熊鹰虎豹的图腾崇拜，到风雨雷电的自然之神，再到上帝创世、基督降临，都说明人站在一种弱小、卑微的位置上认知世界；近代以来，随着科学的发展、启蒙运动的影响和实证主义方法的普及，世界被看作一个可测量、可把握、有系统、有规律的统一体，世界呈现的特点是：分界、局部、机械、惯性、划一、精确、定域、割裂、被动、计划。人的理性为世界立法并测量世界，理性和科学的力量被放置在至高无上的位置，人等于甚至大于世界；但随着技术革命带来的环境污染、资源浪费、残杀动物、核能事故，以及惨绝人寰的两次世界大战，人们开始重新反思：原来我们掌控世界的雄心是否发生了错误，原来我们精确想象世界的方式是否已无法解释新的现象。从科技到人文，从技术到艺术，世界远不如我们想象的那样是一台严丝合缝的精密仪器，于是，人们开始探索一种新的思维方式。德勒兹的思想为我们提供了一种全新的认识范式，他更重视变动不居的微观世界，认为世界是无界、整体、灵活、多向、差异、可能、离域、联系、互动、难测的，充满了跳跃性、不连续性和不确定性。以此观之，居于宏观世界和微观世界交界的人类，也存在偶然性、随机性、断裂性，人、事、物的发展前景不可预测，随处都充斥着"蝴蝶效应"。世界复杂繁多，变化多端，不可能在未被干扰的情况下被测量和观察到，而作为参与者的人，是一个至关重要的变量。至此，人认识到自己依然小于世界，却不再是启蒙运动之前那般卑微，而是一个不容忽视的参与者。事实上，德勒兹深受当代科技哲学的影响，随着量子时代到来，身处变化中的我们如果依然沿用之前的固定思维，就无法解释当今世界的诸多问题，量子思维为我们提供了一扇重新打开世界的窗户，提醒我们重新思考世界与我们、世界与中国的关系。

第一节　启蒙运动以来想象世界的几种模式：从“钟”到“树”再到“块茎”

一、“机器”思维：“钟”的想象

牛顿力学的出现具有划时代的意义，自科学革命以来，经院哲学体系被击垮，机械论取代了目的论在人类精神领域的统治性地位，建立起一幅属于现代的世界图景。人们认为世界是由清晰的、非此即彼的经典粒子组成的，规律规则都由点、线、面、角、圆单元所组成，清晰确定、无误差、纯理性。这一进程便构成了启蒙主义的现代性方案，其核心特征就是机械论。自十七世纪中叶以来，机械论解释模式几乎覆盖了所有知识领域，成为启蒙主义话语的主导范式，其精神实质在于通过计算性的理智和操作性的程序来筹划一切事物，一切事物的个体性和多样性都瓦解于这种均质化的程序中。在机械论自然观中，物质被抽象为广延，成为同质的、可计量的客观对象，世界秩序被简化为力学关系，世界整体便被表象为一台精准、自动、严丝合缝的机械装置，成为可以通过单纯的数学方式加以筹划的对象，因而世界便被表象为一台自动机，它不假外力（上帝）便可以永远自行进行合规律性的运转。“钟”因此成为最为核心的时代标志——它的可计算性、可通晓性和自运动特征，使之成为完美的世界模型。但钟这样一种斗榫合缝、严密精准的模式使得世界缺少弹性。人成为机器之上的一个被动的螺丝钉，在这种看似体统、精确地把捉世界的过程中，真正有质感、有活力的世界反而被遗失了。

二、“有机”世界：“树”的形象

18 世纪前后，浪漫派德国理论家意识到了这种思维模式的局限，开始批判、反思，并重新设想了一种现代性的方案，他们把“有机体”这一生物学概念用于解释文学艺术、社会政治，形成了一种不同于机械论的、内在的、可生长的、可修复的自然模式，康德认为自然产物/有机体不是偶然或盲目的，而是有“自然目的”的，即“自己是自己的原因和结果”。黑格尔深受康德启发，他认为“在这个有机体中，每一个部分同时就是整体，因为它作为与绝对者的关系而持存；作为部分，它在机身之外还有别的部分，它是一个受限制者，并且只有通过这些别的部分才存在；它孤立地作为限制，是有缺陷的；只有通过与整体的关联，它才有意义和重要性”。如同“树”的逻辑：它的各部分相互交替地作为自身形式的原因和结果，只有以这种方式构成整体，整体才可能反过来规定部分的形式和关联。有机体的内在合目的性不仅表现为部分通过整体而可能，还表现为整体通过部分的自我产生而可能，是一种“有组织的和自组织的存在者”。于是，“树”这样一种可以自我生长、自我修复、自我繁殖的模式就成为想象世界的最重要的一种模式。

然而，有机内在性展现一种复制模式，“树”的逻辑遵循一生二、二生四的法则，树形结构意味着有主杆、有枝杈，树自身可以衍生出侧根，并复制出相似的衍生物，主杆先天拥有一个固定的内在逻辑，枝杈就是不断模仿的结果，它是基于一种权威的统一性来复制“多”，看起来无限延伸、多种多样，但实际上是闭合单一的，因为它预设一种根本的、强有力的同一，遵循一种最高精神来达到二、三、四、五。不仅如此，“树”形逻辑是等级分明的系统，树形的整体逻辑是先于个体而存在的，其中包含着核心部分、复制部分和自动生长机制，其运作模式是：局部只能从一个中心或权威那里接受信息，并沿着预先确定的路径接受主体的情感，这种等级化结构就赋予树形结构以某种特权。这样一个看似不断生长的世界，实际上等级森严，思维同一，这个思维系统错失了一个差异的、多元的、众生平等的、变幻无穷的世界。

三、“无机”模式：“块茎”诞生（量子的流动性、随机性、叠加性）

随着信息时代与智能时代的到来，世间万物的联系更加纷繁复杂，传统的“定域”范围被现代科技所突破，远隔万里的信息也可以被快速传递、分享和利用。世界已经不再是有限的、必然的、系统的、可被精确把握的。在信息时代，关联无处不在，人们对一个信息的提取，既受到其他信息的制约，也会瞬间影响其他信息的表达，使得系统无法得到完全精确的描述，显然，这是一种不同以往的崭新思维模式。“钟”的思维方式强调分解和约化，如分解问题、分离变量，关注主要的是变量对系统的影响，将次要因素视为对系统的微扰；而“块茎”的思维方式强调整体关联，一个微小的扰动，都可能深刻地影响系统的整个演化过程。“树”的思维方式是排他性的，即事物在某一个瞬间只能呈现唯一的状态，或在此处，或在彼处，不可兼得；而“块茎”思维方式允许状态的叠加性，即便是互斥的状态也可能同时集于一身。传统的思维模式让人们相信自己有能力精确描述事物在任何时刻的确定状态；而在“块茎”理论中，不确定性无处不在，人们无法同时得到一对共轭可观测的确定值，一切都处于非定域、非局限、非固定的游离状态中，以概率决定论来替代因果决定论的思想，任何事物都不必处在非黑即白、非此即彼的状态。正是这种非定域性量子思维，打破了固定、单一、系统、有机的认知模式，迫使人们采用全局性、随机性、多方位、多视角的方法处理问题，让那些差异、多元、偶然、变化的元素被重视，精确测量之外的晦暗地带被打捞。

第二节　德勒兹思想与中国：古代文化与当代视野

一、激活古代中国思想的潜能

尽管德勒兹的思想是西方舶来品，事实上，它作为一种认知世界的方式与中国古典思维的模糊性、跳跃性、变化性关系密切、精神相通。无论老庄哲学、周易八卦、孙子兵法、禅宗思想，还是书法绘画、武术功夫、园林艺术、中医理念，都有一个内在核心，就是“变”“化”，中国古代很早就认识到随机性、偶然性的重要，每一个元素随时随地处在变化之中，每一个微妙的变动都能带来全新的布局。在量子测量中，微观粒子的物理量不像经典物理学那样是一个数值，而是每次测量几乎都有一个不同的值相对应，单次测量行为将造成波函数向物理量的某个本征态的不可逆坍缩，这个坍缩过程的结果是随机的，不可预知且不可控制。对处于量子纠缠的两个量子体系的其中一个进行测量，会瞬时（超光速）地影响另外一个体系的测量结果。这意味着事物随时随地、每时每刻都以不同的状态呈现，且处于遥远的某个元素，会不可预知地影响到某个元素，变才是世界的常态。在《道德经》中，类似于多态叠加、纠缠关联、飘忽多变的描述比比皆是。祸福相依、阴阳相生相克强调动态性、关联性和无限转化，三生万物强调事物的多样、差异、复杂和创造，要将“常”与“变”有效地结合在一起。

例如，中国古代的战争并不像西方那样注重兵戎相见的正面冲突，而更加注重战争中无数随机的、变化的微小因素，并因此产生的蝴蝶效应。草船借箭、四面楚歌、运筹帷幄、决胜千里的故事告诉我们，任何一个微量的信息都可以成为影响全局的重要元素。又如中国古代山水画不重描摹清晰分明的图景，却看重欲晴又雨、晦暗朦胧、变幻莫测的风景，为何有这样的审美冲动？因为要画出阴晴转变时的不甚分明、阴阳交替，就得抛弃固定的思维和秩序的羁绊，展现一个欲显又藏、欲出又没的原初世界，如此一来，世界就不会被精准地确定为客体，而是画出“有无之间”的不确定性和偶然因素。这种模糊感、朦胧感摆脱了种种客观规定，引人进入那乍现还隐的、处在持续转变中的过程。中国草书亦展现了动态随机,变化无穷。再如中国的园林,要一步一景,步步不同,曲径通幽,变化莫测,是一种化腐朽为神奇的景观,它向自身敞开,又勾连其他景观,它们之间没有高下轻重之分,可以相互借景,相互生成,在每一峰回路转之处,景观都被更新。可以说,"化"意味着不停留于事物本身,而总伸向外界,获得无限能量和活力。此外,还有中国的图腾——龙,它不是某一个动物,而是无数动物特质的叠合,神龙常常是见首不见尾,只有变化才有力量,每一个局部都可以影响全部,这蕴含了远古中国想象世界的一种方式,世界就如同蛟龙一样变幻无穷、难以预测、彼此叠加,世界中的阴阳相生相克,阳推动阴,向外铺成,阴蕴含阳,内蓄力量。正如量子思维所显示的那样,组成系统的粒子的状态存在着不可分离的关联,而每个粒子均不处于确定态,中国古代思维也认为事物时时刻刻处于不可确定的状态中,这造就了中国文化特有的模糊性、顿悟性、瞬间性和变化性。

二、打开当代艺术的多种解读方式

德勒兹的思想受到当代科技哲学尤其是量子思维的启发,而量子思维已经在当代中国的不同领域中都发挥着潜移默化的作用。随着现代物理理论的不断发展,人们越来越意识到世界是混沌的、不确定的,且处于充满未知、复杂性和不确定性的状态中,现代物理学的解释使我们不断接近这个世界的真实样态。当量子思维成为一种认知事物的方式时,任何领域都将发生翻天覆地的变化。

德勒兹的认知模式涉及分子结构优化、分子相互作用模拟、化学反应路径预测、复杂非平衡分子体系等方面;涉及黎曼空间、拓扑空间、时间叠加、量子"纠缠"、"繁复体"等问题,更加注重对偶然性、不确定性、复杂性的探索。21 世纪初,人们意识到一些人类遭遇的问题已经无法用经典理论来解释,而德勒兹的诸多概念、思路试图打破时空的维度,建立起一个更为完整、更加开放的世界观,它在人文学科、社会科学、教育教学、经济管理等各个领域越来越受到重视,例如面对新近出现的"社会激射模型(social laser)",可以运用德勒兹的"块茎"信息场理论解释当今社会中发生的"信息海啸"现象;还可以用来阐释玄奥的后现代艺术,例如对培根、表现主义、抽象表现主义、波普艺术的解读;可以用来思考先锋电影、未来世界等,例如对好莱坞电影、意大利现实主义、法国新浪潮、后现代科幻电影的解读;可以用来揭示现代主义文学的种种奥秘,例如对普鲁斯特、卡夫卡、梅尔维尔、阿尔托、马拉美、布朗肖的分析。他打破了一种思维，即世界是固定、精确、可被测量描绘的同一状态，开启了另一种思维，即世界是随机、偶然、关联、变化、充满无限可能的差异状态，这让我们的思想总是朝向未知，总是不断更新。

可以说，建立在牛顿经典力学之上的现代科学、启蒙运动以来的有机哲学，以及基于同一性基础上的认知范式依然支撑着我们现有的知识体系，但这些已经渐渐开始不适用于强调偶然性、随机性和不稳定性的量子力学，不适用于知识裂变、信息爆炸的数字时代，也不适用于无机、无序的后现代艺术。新的力量已经打开了一个随机的复杂的世界，并试图一劳永逸地关闭那个机械的、可测量的同一世界。我们也需要更换一种新的认知方式，更新我们已有的思维模式，以便去对应蜂拥而至的新现象。事实上，从量子学说诞生以来，量子思维就已经在各个领域中运作、发酵、生长，它一直润物细无声地改变着世界，而德勒兹试图从哲学的角度对其进行提炼、总结、加工、诠释、创化。思维改变行动，行动造就结果，结果改变世界，这场思维革命让我们每个人都置身其中，迫使我们直面问题、反思过去，只有这样，我们才能不断探索世界、不断企及真理、永远充满活力、永远创造奇迹。

参 考 文 献

一、德勒兹原著

[1] Gilles Deleuze, Felix Guattari: *L'Anti-Oedipe*, Paris: Les Éditions de Minuit, 1972.

[2] Gilles Deleuze: *Nietzsche and Philosophy*, New York: Columbia University Press, 1983.

[3] Gilles Deleuze: *Cinéma I*: *L'image-mouvement*, Paris: Les Éditions de Minuit, 1983.

[4] Gilles Deleuze: *Spinoza et le problème de l'expression*, Pairs: Les Éditions de Minuit, 1968.

[5] Gilles Deleuze, Felix Guattari: *Capitalisme et Schizophrenie 2. Mille Plateaux*, Paris: Les Éditions de Minuit, 1980.

[6] Gilles Deleuze: *Logique du sens*, Paris: Les Éditions de Minuit, 1966.

[7] Gilles Deleuze: *Empiricism and Subjectivity*: *An Essay on Hume Theory of Human Nature*, New York: Columbia University Press, 1991.

[8] Gilles Deleuze, Felix Guattari: *What Is Philosophy*?, New York: Columbia University Press, 1994.

[9] Gilles Deleuze: *Différence et répétition*, Paris: Presses Universitaires de France, 1968.

[10] Gilles Deleuze: *Bergsonism*, New York: Columbia University Press, 1995.

[11] Gilles Deleuze: *Francis Bacon-Logique De La Sensation*, l'Ordre philosophique, 1981.

[12] Gilles Deleuze: *Proust et les Signes*, Presses Universitaires de France, 1964.

[13] Gilles Deleuze, Felix Guattari: *Kafka*: *Pour une littérature mineure*, Editions de Minuit, 1975.

[14] Gilles Deleuze, Felix Guattari: *Qu'est-ce que la philosophie?*, Paris: Éditions de Minuit, 2005.

[15] Gilles Deleuze: *Pure Immanence Essay on A Life*, Trans. by Anne Boyman, ZONE BOOKS, 2001.

[16] Gilles Deleuze: *Spinoza Philosophie pratique*, Paris: Les Éditions de Minuit, 1981.

[17] Gilles Deleuze: *Le pli*: *Leibniz and the Baroque*, Pairs: Les Éditions de Minuit, 1988.

[18] Gilles Deleuze: *Cinéma* Ⅱ: *L'image-temps*, Paris: Les Éditions de Minuit, 1985.

[19]【法】吉尔·德勒兹:哲学与权力的谈判[M],刘汉全译,北京:商务印书馆,2000 年。

[20]【法】吉尔·德勒兹:康德与柏格森解读[M],张宇凌,关群德译,北京:社会科学文献出版社,2002 年。

[21]【法】吉尔·德勒兹:游牧思想:吉尔·德勒兹、费利克斯·瓜塔里读本[M],陈永国编译,长春:吉林人民出版社,2003 年。

[22]【法】吉尔·德勒兹:时间—影像(电影Ⅱ)[M],谢强,蔡若明,马月译,长沙:湖南美术出版社,2004 年。

[23]【法】吉尔·德勒兹:斯宾诺莎的实践哲学[M],冯炳昆译,北京:商务印书馆,2005 年。

[24]【法】吉尔·德勒兹:哲学的客体:德勒兹读本[M],陈永国,尹晶编译,北京:北京大学出版社,2010 年。

[25]【法】吉尔·德勒兹:弗兰西斯·培根:感觉的逻辑[M],董强译,桂林:广西师范大学出版社,2017 年。

[26]【法】吉尔·德勒兹:《荒岛》及其他文本(1953—1974)[M],大卫·拉普雅德编,董宝树,胡新宇,曹伟嘉译,南京:南京大学出版社,2018 年。

[27]【法】吉尔·德勒兹:尼采与哲学[M],周颖,刘玉宇译,郑州:河南大学出版社,2016 年。

[28]【法】吉尔·德勒兹:批评与临床[M],刘云虹,曹丹红译,南京:南京大学出版社,2012 年。

［29］【法】吉尔·德勒兹：在哲学与艺术之间——德勒兹访谈录［M］，刘汉全译，上海：上海人民出版社，2019 年。

［30］【法】吉尔·德勒兹，菲力克斯·迦塔利：什么是哲学［M］，张祖建译，长沙：湖南文艺出版社，2007 年。

［31］【法】吉尔·德勒兹，克莱尔·帕尔奈：对话［M］，董树宝译，郑州：河南大学出版社，2019 年。

［32］【法】吉尔·德勒兹：差异与重复［M］，安靖，张子岳译，上海：华东师范大学出版社，2019 年。

［33］【法】吉尔·德勒兹：福柯·褶子［M］，于奇智，杨洁译，长沙：湖南文艺出版社，2001 年。

二、相关外文专著

［1］Adrian Parr：*The Deleuze Dictionary*，Edinburgh University Press，2005.

［2］Anna Powel：*Deleuze*，*Altered States and Film*，Edinburgh：Edinburgh University Press，2007.

［3］Charles J. Stivale：*Gilles Deleuze*：*keyconcept*，London and New York：Routledge，2014.

［4］Damian Sutton，David Martin Jones：*Reformed Deleuze*，London and New York：I.B.Tauris & Co. Ltd，2008.

［5］Eugene W. Holland：*Deleuze and Guattari's Anti-oedipus*：*Introduction to Schizoanalysis*，London and New York：Routledge，1999.

［6］E. Willatt，M. Lee：*Thinking between Deleuze and Kant*：*A Strange Encounter*，London and New York：Continuum，2009.

［7］G. Genosko：*Deleuze and Guarttari Critical*：*Assessments of leading Philosophers*，London and New York：Routledge，2001.

［8］Gillian Howie：*Deleuze and Spinoza-Aura of Expressionism*，New York：Palgrave，2002.

［9］Graham Jones，Jon Roffe：*Deleuze's Philosophical lineage*，Edinburgh：Edinburgh University Press，2009.

［10］Jeffrey A. Bell，Clairec Colebrook：*Deleuze and History*，Edinburgh：Edinburgh University Press，2009.

［11］Paul Patton：*Deleuze*：*A Critical Reader*，London：Blackwell

Press, 1996.

[12] Paul Ration, John Protevi: *Between Deleuze and Derrida*, London and New York: Continuum, 2003.

[13] Ronald Bogue: *Deleuze on Literature*, London and New York: Routledge, 2003.

[14] Todd May: *Gilles Deleuze—An Introduction*, London: Cambridge University Press, 2005.

[15] Peg Rawes: *Space, Geometry and Aesthetics: Through Kant and Towards Deleuze*, Palgrave Macmillan New York, 2008.

[16] Ronald Bogue: *Deleuze on Music Painting and Art*, London and New York: Routledge, 2003.

[17] Pierre Klossowski: *Un si funeste désir*, Paris: Éditions Gallimard, 1963.

[18] Pawel Ernst: *The Nightmare of Reason—A life of Franz Kafka*. New York, 1984.

[19] Jean-François Lyotard: *L'inhutnain: Causeries sur le temps*, Paris: Éditions galilée, 1988.

[20] Simon Thompson: *Politics and the Emotions: The Affective Turn in Contemporary Political Studies*, New York: Blooms bury Academic, 2012.

[21] Brian Massumi: *Politics of affect*, Cambridge & Malden: Polity Press, 2015.

[22] Theodor W. Adorno, *Aesthetic Theory*, Translated by Robert Hullot-Kentor, University of Minnesota Press, Minneapolis, 1998.

[23] Fredric Jameson: *Marxism and Form: 20th Century Dialectical Theories of Literature*, Princeton: Princeton University Press, 1974.

[24] Roland Barthes, *Camera Lucida: Reflectionson Photography*, translated by Richard Howard, Farrar, Straus & Giroux Inc., New York, 2002.

[25] Jacques Derrida: *The Work of Mourning*, Edited by Pascale-Anne Brault & Michael Naas, Chicago and London: The University of Chicago Press.

[26] Thomas Eisaesser, Malte Hagener: *Film Theory: An introduc-*

tion through the senses, New York and London: Routledge, 2010.

[27] Alain Badiou: *Deleuze. La clameur de l'Être*, Paris: Hachette, 1997.

[28] Roland Baflhes: "*Le degré zéro de l'écriture*", in *Roland Barthes e-ruvres complètes*, t.l, Paris: Seuil, 1993.

[29] Paul Virilio: "*L'imaginaire, pour moi c'est le fragmentaire ...*", In *Hors cadre*, n°4, Paris, 1986.

[30] René Schérer: *Regards sur Deleuze*, Paris: Kimé, 1998.

[31] Gilbert Simondon: *L'individu et sa genèse physico-hiologique*, Paris: Jérôme Millon, 1995.

三、相关中文论著与译著

[1] 程党根:游牧思想与游牧政治试验[M],北京:中国社会科学出版社,2009年。

[2]【美】道格拉斯-凯尔纳,斯蒂文·贝斯特:后现代理论——批判性的质疑[M],张志斌译,北京:中央编译出版社,2002年。

[3] 高宣扬:当代法国思想五十年[M],北京:中国人民大学出版社,2005年。

[4] 姜宇辉:德勒兹身体美学研究[M],上海:华东师范大学出版社,2007年。

[5] 潘于旭:断裂的时间与“异质性”的存在——德勒兹《差异与重复》的文本解读[M],杭州:浙江大学出版社,2007年。

[6] 麦永雄:德勒兹与当代性——西方后结构主义思潮研究[M],桂林:广西师范大学出版社,2007年。

[7] 莫伟民,姜宇辉,王礼平:20世纪法国哲学[M],北京:人民出版社,2008年。

[8]【德】沃尔夫冈·韦尔施:我们的后现代的现代[M],洪天富译,北京:商务印书馆,2004年。

[9] 汪民安:文化研究关键词[M],南京:江苏人民出版社,2007年。

[10] 汪民安:生产:德勒兹机器[M],桂林:广西师范大学出版社,2008年。

[11] 张之沧,林丹:当代西方哲学[M],北京:人民出版社,2007年。

[12]【法】米歇尔·福柯:词与物:人文科学的考古学[M],莫伟民译,

上海:上海三联书店,2016 年。

[13]【法】让-保罗·昂托旺,拉斐尔·昂托旺:普鲁斯特私人词典[M],张苗,杨淑岚,刘欢译,上海:华东师范大学出版社,2020 年。

[14]【爱尔兰】萨缪尔·贝克特:贝克特全集 21:论普鲁斯特[M],陈俊松译,长沙:湖南文艺出版社,2017 年。

[15]【法】马塞尔·普鲁斯特:追忆似水年华[M],桂裕芳,袁树仁译,南京:译林出版社,1990 年。

[16]【荷】斯宾诺莎:斯宾诺莎文集[M],贺麟译,北京:商务印书馆,2014 年。

[17]【德】马丁·海德格尔:依于本源而居:海德格尔艺术现象学文选[M],孙周兴编译,杭州:中国美术学院出版社,2010 年。

[18]【德】尼采:权力意志[M],孙周兴译,北京:商务出版社,2006 年。

[19]【德】尼采:道德的谱系[M],梁锡江译,上海:华东师范大学出版社,2015 年。

[20]【古希腊】亚里士多德:物理学[M],张竹明译,北京:商务印书馆,2011 年。

[21]【英】牛顿:自然哲学之数学原理[M],王克迪译,北京,北京大学出版社,2006 年。

[22]【法】柏格森:时间与自由意志[M],吴士栋译,北京:商务印书馆,1958 年。

[23]【法】柏格森:创造进化论[M],高修娟译,北京:北京时代文化书局,2018 年。

[24]【德】胡塞尔:内时间意识现象学[M],倪梁康译,北京:商务印书馆,2017 年。

[25]【法】柏格森:物质与记忆[M],姚晶晶译,北京:北京时代华文书局,2018 年。

[26] 杨凯麟:分裂分析德勒兹[M],郑州:河南大学出版社,2017 年。

[27]【德】尼采:权力意志——重估一切价值的尝试[M],张念东,凌素心译,北京:商务印书馆,1991 年。

[28]【德】瓦尔特·本雅明:启迪[M],汉娜·阿伦特编,张旭东,王斑译,北京:三联书店,2014 年。

[29]【德】莱布尼茨:人类理智新论[M],陈修斋译,北京:商务印书馆,1982 年。

[30]【德】马丁·海德格尔:林中路[M],孙周兴译,上海:上海译文出版社,2004 年。

[31]【斯洛文尼亚】斯拉沃热·齐泽克:无身体的器官:论德勒兹及其推论[M],吴静译,南京:南京大学出版社,2019 年。

[32]【法】米歇尔·福柯:声名狼藉者的生活[M],汪民安编,北京:北京大学出版社,2015 年。

[33] 汪民安编:后现代性哲学话语[M],杭州:浙江人民出版社,2000 年。

[34]【日】篠原资明:德鲁兹:游牧民[M],徐金凤译,石家庄:河北教育出版社,2001 年。

[35]【美】查尔斯·J.斯蒂瓦尔编:德勒兹:关键概念[M],田延译,重庆:重庆大学出版社,2018 年。

[36]【澳】保罗·帕顿:德勒兹概念:哲学、殖民与政治[M],尹晶译,郑州:河南大学出版社,2017 年。

[37]【法】布朗肖:从卡夫卡到卡夫卡[M],潘怡帆译,南京:南京大学出版社,2014 年。

[38]【法】德里达:文学行动[M],赵兴国等译,北京:中国社会科学出版社,1998 年。

[39]【法】阿甘本:裸体[M],黄小武译,北京:北京大学出版社,2017 年。

[40]【奥】卡夫卡:变形记:卡夫卡小说精选[M],高中甫选编,李文俊等译,北京:中国友谊出版公司,2018 年。

[41]【以】马克斯·布洛德:卡夫卡传[M],叶廷芳等译,石家庄:河北教育出版社,1997 年。

[42]【德】汉斯·昆,瓦尔特·延斯:诗与宗教[M],李永平译,北京:生活·读书·新知三联书店,2005 年。

[43]【德】尼采:查拉图斯特拉如是说[M],钱春绮译,北京:生活·读书·新知三联书店,2014 年。

[44]【德】尼采:反基督:尼采论宗教文选[M],陈君华译,石家庄:河北教育出版社,2003 年。

[45]【法】笛卡尔:第一哲学沉思录[M],庞景仁译,北京:商务印书馆,1986 年。

[46]【法】莫里斯·梅洛-庞蒂:知觉现象学[M],姜志辉译,北京:商务印书馆,2003 年。

[47]【法】莫里斯·梅洛-庞蒂:梅洛-庞蒂现象学美学文集[M],刘韵涵译,北京:中国社会科学出版社,1992年。

[48]【法】莫里斯·梅洛-庞蒂:眼与心·世界的散文[M],杨大春译,北京:商务印书馆,2019年。

[49]【法】莫里斯·梅洛-庞蒂:可见者与不可见者[M],罗国祥译,北京:商务印书馆,2008年。

[50]【法】莫里斯·梅洛-庞蒂:梅洛-庞蒂文集(第4卷)[M],张颖译,北京:商务印书馆,2019年。

[51] 张尧均:隐喻的身体——梅洛-庞蒂的身体现象学研究[M],杭州:浙江大学出版社,2004年。

[52] 尤昭良:塞尚与柏格森[M],桂林:广西师范大学出版社,2004年。

[53]【英】罗杰·弗莱:塞尚及其画风的发展[M],沈语冰译,广西:广西师美术出版社,2016年。

[54]【古希腊】柏拉图:理想国[M],郭斌和,张竹敏译,北京:商务印书馆,1986年。

[55]【德】康德:纯粹理性批判[M],邓晓芒译,北京:人民出版社,2004年。

[56]【法】乔治·巴塔耶:内在经验[M],尉光吉译,桂林:广西师范大学出版社,2016年。

[57]【德】诺瓦利斯:夜颂中的革命和宗教——诺瓦利斯选集卷一[M],林克等译,北京:华夏出版社,2007年。

[58] 高宣扬:当代法国哲学导论[M],上海:同济大学出版社,2004年。

[59]【美】尤金·W.霍兰德:导读德勒兹与加塔利《千高原》[M],周兮吟译,重庆:重庆大学出版社,2016年。

[60]【澳】保罗·帕顿:德勒兹与政治[M],尹晶,张璟慧译,郑州:河南大学出版社,2018年。

[61]【德】彼得·比格尔:先锋派理论[M],高建平译,北京:商务印书馆,2017年。

[62]【法】米歇尔·福柯:马奈的绘画:一种目光[M],谢强,马月译,郑州:河南大学出版社,2016年。

[63]【美】夏皮罗:艺术的理论与哲学:风格、艺术家和社会[M],沈语冰,王玉冬译,南京:江苏凤凰美术出版社,2016年。

[64]【法】雅克·德里达:书写与差异[M],张宁译,北京:生活·读

书·新知三联书店,2001年。

[65]【德】康德:判断力批判(上)[M],宗白华译,北京:商务印书馆,1964年。

[66] 李泽厚:李泽厚对话集——九十年代[M],北京:中华书局,2014年。

[67] 朱光潜:西方美学史[M],北京:人民文学出版社,1979年。

[68] 朱光潜:悲剧心理学[M],合肥:安徽教育出版社,1989年。

[69] 汪民安主编:生产:德勒兹与情动[M],南京:江苏人民出版社,2016年。

[70]【法】弗朗索瓦·朱利安:美,这奇特的理念[M],高枫枫译,北京:北京大学出版社,2016年。

[71]【法】弗朗索瓦·朱利安:大象无形:或论绘画之非客体[M],张颖译,郑州:河南大学出版社,2017年。

[72]【加】布莱恩·马苏米:虚拟的寓言[M],严蓓雯译,郑州:河南大学出版社,2016年。

[73]【法】保罗·利科:解释的冲突——解释学文集[M],莫伟明译,北京:商务印书馆,2008年。

[74]【德】莱布尼茨:莱布尼茨后期形而上学文集[M],段德智、陈修斋译,北京:商务印书馆,2019年。

[75]【英】E.H.贡布里希:艺术的故事[M],范景中译,南宁:广西美术出版社,2019年。

[76] 白轻编:文字即垃圾:危机之后的文学[M],尉光吉,张凯译,2016年。

[77]【法】雅克·朗西埃:马拉美:塞壬的政治[M],曹丹红译,郑州:河南大学出版社,2017年。

[78]【德】莱布尼茨:神正论[M],段德智译,北京:商务印书馆,2016年。

[79] 万胥亭:德勒兹·巴洛克·全球化[M],台北:唐山出版社,2009年。

[80]【美】弗雷德里克·詹姆逊:后现代主义与文化理论[M],唐小兵译,北京:北京大学出版社,2005年。

[81] 朱立元主编:法兰克福学派美学思想论稿[M],上海:复旦大学出版社,1997年。

[82]【德】本雅明:德国悲剧的起源[M],陈永国译,北京:文化艺术出版社,2001年。

[83]【德】莱布尼茨:神义论[M],朱雁冰译,北京:生活·读书·新知

三联书店,2007 年。

[84]【古希腊】柏拉图:蒂迈欧篇[M],谢文郁译,上海:上海人民出版社,2005 年。

[85] 司露:电影影像:从运动到时间——德勒兹电影理论初探[M],上海:华东师范大学出版社,2009 年。

[86]【英】科勒布鲁克:导读德勒兹[M],廖鸿飞译,重庆:重庆大学出版社,2014 年。

[87] 周冬莹:影像与时间——德勒兹的影像理论与柏格森、尼采的时间哲学[M],北京:中国电影出版社,2012 年。

[88]【法】莫里斯・布朗肖:未来之书[M],赵苓岑译,南京:南京大学出版社,2015 年。

[89]【法】安托南・阿尔托:残酷戏剧:戏剧及其重影[M],桂裕芳译,北京:中国戏剧出版社,1993 年。

[90]【法】莫里斯・布朗肖:无尽的谈话[M],南京:南京大学出版社,2016 年。

[91]【法】莫里斯・布朗肖:文学空间[M],顾嘉琛译,北京:商务印书馆,2003 年。

[92]【法】弗朗索瓦・朱利安:迂回与进入[M],杜小真译,北京:商务印书馆,2017 年。

[93]【法】弗朗索瓦・朱利安:间距与之间:论中国于欧洲思想之间的哲学策略[M],卓立,林志明译,台北:五南图书出版股份有限公司,2013 年。

[94]【法】雅克・德里达:多重立场[M],佘碧平译,北京:生活・读书・新知三联书店,2006 年。

四、相关期刊和论文

[1] AlbertoToscano: *The Theatre of Production*: *Philosophy and Individuation bewteen Kant and Deleuze*. Parrhesia, 2009(7).

[2] Michel Foucault: *This Is Not a Pipe*, Trans. by James Harkness, Press University of California, Berkeley Los Angeles London, pp.34—35.

[3] Jacques Rancières: "*Existe-t-il une esthétique deleuzienne?*" in *Gille Deleuze Une vie philosophique*, Paris: Le Plessis-Robinson: Institut synthélabo pour le progrès de la connaissance, 1998:525—536.

[4] 安靖:论时间的第三综合在德勒兹形而上学中的作用——以德勒兹的柏拉图阐释为线索[J],安徽大学学报(哲学社会学科版),2018(2)。

[5] 程党根:异域中的异样主体之维——德勒兹视域中的后现代主体模式[J],南京社会科学,2003(6)。

[6] 崔增宝:德勒兹与单子世界的复魅[J],天津社会科学,2008(6)。

[7] 崔增宝:从欲望的压抑到欲望的表达——德勒兹后现代唯物主义欲望观的转向[J],求是学刊,2009(4)。

[8] 黄文前:德勒兹和加塔利精神分裂分析的基本概念及其特点[J],国外理论动态,2007(10)。

[9] 姜宇辉:先验直观何以可能?——康德与德勒兹的“先验”概念辨析[J],杭州师范大学学报(社会科学版),2017(4)。

[10] 李科林:真理、思想与自由——德勒兹是否超越了康德?[J],世界哲学,2009(5)。

[11] 李科林:时间的生命内涵——德勒兹的时间概念[J],世界哲学,2012(5)。

[12] 麦永雄:德勒兹:生成论的魅力[J],文艺研究,2004(3)。

[13] 麦永雄:解辖域化——德勒兹后结构主义诗学研究(之二)[J],长江学术,2006(3)。

[14] 潘于旭,夏传海:德勒兹的“死亡本能”探源——德勒兹前期哲学观简论[J],浙江社会科学,2006(2)。

[15] 潘于旭:“差异”逻辑:德勒兹反表象主义的理论特质[J],浙江学刊,2006(3)。

[16] 潘于旭:德勒兹的差异与文本革命[J],青海社会科学,2006(3)。

[17] 吴静:先验的经验主义与资本主义批判理论——德勒兹的主体性哲学思想解读[J],南京大学学报(哲学·人文科学·社会科学),2017(3)。

[18] 张东来:浅析吉尔·德勒兹的哲学思想[D],2015 年。

[19] 周宪:现代性的张力:从二元范畴看[J],社会科学战线 2003(5)。

[20]【加】布莱恩·马苏米:比真更真:德勒兹与加塔利作品中的拟像概念[J],见 https://www.douban.com/note/741253139/。

[21]【法】雅克·德里达:恢复绘画中的真实[J],何状实译,《外国美学》第 11 辑,北京:商务印书馆,1995 年。

[22]【法】米歇尔·福柯:不同空间的正文与上下文[J],包亚明主编:后现代性与地理学的政治[M],上海:上海教育出版社,2001 年。

[23] 朱立元:对黑格尔“艺术终结”论的再思考[J],《西南大学学报(社会科学版)》,2019(2):146—156。

[24]【法】雅克·德里达:延异[J],汪民安译,《外国文学》,2000(1)。

[25] 朱玲玲:走出“自我之狱”:布朗肖论死亡、文学以及他者[M],《文艺理论研究》,2013(4):211—216。

[26] 尚杰:语言的“延异”与解构的价值[J],《哲学研究》,2008(9)。

图书在版编目(CIP)数据

德勒兹"差异"思想研究/吴娱玉著.—上海：
上海人民出版社，2022
ISBN 978-7-208-17997-4

Ⅰ.①德… Ⅱ.①吴… Ⅲ.①德鲁兹(Deleuze，
Gilles 1925—1995)-哲学思想-研究 Ⅳ.①B565.59

中国版本图书馆 CIP 数据核字(2022)第 205346 号

责任编辑 陈佳妮 陶听蝉
封面设计 夏 芳

德勒兹"差异"思想研究
吴娱玉 著

出 版 上海人民出版社
(201101 上海市闵行区号景路 159 弄 C 座)
发 行 上海人民出版社发行中心
印 刷 上海商务联西印刷有限公司
开 本 720×1000 1/16
印 张 17
插 页 4
字 数 279,000
版 次 2022 年 11 月第 1 版
印 次 2022 年 11 月第 1 次印刷
ISBN 978-7-208-17997-4/B·1659
定 价 78.00 元